国家社会科学基金项目资助 | 中央编译局出版基金项目 | 前沿问题系列 |

当代俄罗斯青年政治组织

曲延明◎著

图书在版编目（CIP）数据

当代俄罗斯青年政治组织/曲延明著. —北京：中央编译出版社，2018.1
ISBN 978-7-5117-3553-9

Ⅰ.①当…
Ⅱ.①曲…
Ⅲ.①青年组织-研究-俄罗斯
Ⅳ.①D435.12

中国版本图书馆 CIP 数据核字（2018）第 012419 号

当代俄罗斯青年政治组织

出 版 人：	葛海彦
出版统筹：	贾宇琰
责任编辑：	薛迎春
责任印制：	刘 慧
出版发行：	中央编译出版社
地　　址：	北京西城区车公庄大街乙5号鸿儒大厦B座（100044）
电　　话：	（010）52612345（总编室）　（010）52612336（编辑室）
	（010）52612316（发行部）　（010）52612346（馆配部）
传　　真：	（010）66515838
经　　销：	全国新华书店
印　　刷：	北京紫瑞利印刷有限公司
开　　本：	787 毫米×1092 毫米　1/16
字　　数：	215 千字
印　　张：	14.5
版　　次：	2018 年 1 月第 1 版
印　　次：	2018 年 1 月第 1 次印刷
定　　价：	65.00 元

网　　址：www.cctphome.com　　邮　　箱：cctp@cctphome.com
新浪微博：@中央编译出版社　　微　　信：中央编译出版社(ID: cctphome)
淘宝店铺：中央编译出版社直销店(http://shop108367160.taobao.com)
　　　　　（010）55626985

本社常年法律顾问：北京市吴栾赵阎律师事务所律师　闫军　梁勤
凡有印装质量问题，本社负责调换，电话：（010）55626985

前　言

在当代俄罗斯，青年组织的类别很多，大体上可以划分为青年文化组织、青年宗教组织、青年经济组织、青年政治组织等。本书关注的是当代俄罗斯青年政治组织，这些组织是20世纪90年代初以来，特别是2000年普京执政以来，主要由14—30岁的青年人组成和领导的从事政治活动的政治性组织。

随着苏联于1991年年底解体，其国家唯一的正式的青年政治组织——曾经囊括青年运动一切方面的苏联列宁共产主义青年团（简称"苏联共青团"）也瓦解了。在20世纪90年代，俄罗斯的青年人大都不关心政治，积极参加政治活动的更是少之又少。各种政治力量通常也并未关注到青年，只是在选举运动时期才对青年给予比较多的重视。回顾当代俄罗斯的政治发展，青年人首次较为广泛地被卷进选举进程是在1996年总统选举的时候。当时青年们受到关注的一个十分重要的原因，是当局力图把那些支持"叶利钦的改革方针"的青年人吸引到投票站去。但是，青年们参与投票的积极性并不高。一般而言，在两次大选之间的时期青年人的政治积极性明显下降，只有2.7%的青年人参加各种政治组织的活动。[①] 那么，为什

[①] А. С. Бушуев: «"Голосуй или проиграешь!": предвыборная кампания 1996 г. и российская молодёжь», «Власть», 2011 г., No. 6.

么在2000年以后俄罗斯青年政治运动逐渐掀起了高潮呢？俄罗斯主要有哪些青年政治组织？它们在俄罗斯处于什么样的地位，发挥了什么样的作用？本书将对这些问题进行研究和阐述。

俄罗斯青年的政治积极性在2003年俄罗斯国家杜马选举之后开始活跃，当时在俄罗斯国内形成了一党制的议会，当局对媒体的控制日益加强，反对派受到的压力越来越大。但是起初，青年当中并没有广泛地表现出对政治的兴趣。社会调查表明，年龄在35岁以下的公民，只有33%的人对政治感兴趣，只有不到一半的人参加联邦级的选举。[①] 然而从2004年开始青年人的政治化倾向越来越强，表现之一就是采取激进抗议形式的青年人越来越多。俄罗斯青年政治组织活跃的直接原因是原苏联地区发生的"颜色革命"的影响。"颜色革命"——非暴力的政权更迭大大提高了对青年的关注度，也对俄罗斯产生了重要影响。

2003年11月在格鲁吉亚发生的"玫瑰革命"和2004年12月在乌克兰发生的"橙色革命"中，格鲁吉亚的青年政治组织"够了！"（Кмара!）和乌克兰的青年政治组织"是时候了！"（Пора!）分别起到了至关重要的作用，显示了将青年用于政治目的所能带来的巨大价值和效果。格鲁吉亚的"玫瑰革命"迫使谢瓦尔德纳泽总统辞职，乌克兰的尤先科通过"橙色革命"掌权，这种非暴力的政权更迭被称为"颜色革命"。青年政治组织在"颜色革命"中起到了关键性的作用。在原苏联地区发生的这些事件对俄罗斯产生了重大影响——青年"醒了"：已经在俄罗斯存在的持反对派立场的各种青年政治组织纷纷加紧活动，新的反政府青年政治组织纷纷加紧成立，一些反政府青年政治组织跃跃欲试，试图掀起俄罗斯版"颜色革命"。为了与反政府青年政治组织相抗衡，化解它们对政权构成的威胁，防止和瓦解街头的大规模抗议行动，防范"颜色革命"和维护现政权，俄罗斯政府也大力加强和成立各种亲政府青年政治组织。

2005年俄罗斯青年政治组织的数量明显增长，"我们的人"、"青年俄

---

① 《Кумиры молодёжи-звёзды шоу-бизнеса, телегерои и олигархи》，《Пресс-выпуск ВЦИОМ》，2004 г., No. 102.

罗斯"、"我们"、"民主抉择"、"欧亚青年联盟"等与20世纪90年代初复兴的各个青年共产主义组织以及"统一俄罗斯"党、"亚博卢"党、俄罗斯联邦共产党等政党的青年组织一起,构成了相当活跃和有影响力的青年政治组织的活动态势,在俄罗斯出现了一定规模的青年政治组织活跃浪潮。

当代俄罗斯青年政治组织繁多,依据政治立场,可以分为两大类:亲政府青年政治组织和反政府青年政治组织;在反政府青年政治组织中,依据其思想主张又可以分为五个类别:共产主义青年政治组织、自由主义青年政治组织、民族主义青年政治组织、无政府主义青年政治组织和生态主义青年政治组织。

本书对当代俄罗斯青年政治组织进行了系统梳理。在俄罗斯,亲政府青年政治组织主要有:"我们的人"、"青年近卫军"、"青年俄罗斯"、"地方的人"、"新人"等。它们明确表示支持"主权民主"思想,宣布其意识形态准则是"主权民主"和作为国家2020年前发展战略的普京计划,表示要和政府一起克服国内的停滞、使俄罗斯在世界大国中占据应有的地位。它们坚决反对俄罗斯跟随西方,不希望在俄罗斯发生"颜色革命"。它们表示,支持普京不是支持普京个人,而是支持他保卫国家主权、实现国家经济和政治现代化、保障国家和平稳定发展、实现国家的未来全球领袖地位的政治方针。这些组织成立以来积极举行支持现政权的活动,对政府反对派的抗议活动进行挑衅,其行动目标不仅是政府的青年反对派,而是针对所有反对现政权的政党和组织。

在反政府青年政治组织中,共产主义青年政治组织形成和开展活动比较早,这一类型的青年政治组织在苏联解体、俄罗斯联邦建立之际就已经组建和展开活动。2004—2005年俄罗斯政府开始社会福利政策改革后,越来越多对政府不满、向往"父辈在苏联社会主义制度下的美好生活"的青年加入其中,有一定的社会影响。在这类组织中,具有代表性的有:"红色青年先锋队"、"'劳动俄罗斯'的红色青年先锋队"、"革命共产主义青年团(布尔什维克)"、"俄罗斯共产主义青年团"和"俄罗斯联邦共产主义青年团"。它们坚持共产主义、反对资本主义,主张对社会进行革命改造、政治上实行苏维埃制度、经济上实行国有化，要求恢复苏联。重建苏联是共产主义青年政治组织的基本思想。它们的政治行动主要分为三类：维护十月革命和卫国战争、要求恢复苏联的行动；反对现政府的行动；反对美国为首的资本主义国家的行动。

自由主义青年政治组织主要有："民主抉择"、"青年'亚博卢'"、"青年正义力量联盟"、"我们"、"青年人民民主联盟"、"接班"、"捍卫"等。它们接受西方自由主义的价值观，信奉自由高于一切，主张政治民主化、社会多元化，在国家制度上主张法制国家、分权原则，在经济上主张私有制不可侵犯、建立自由竞争为基础的市场经济，它们反对共产主义，否定苏联社会主义的历史。这类组织的目标是以一切合法手段更换俄罗斯联邦的政治制度。这些组织举行了反对对普京的个人崇拜、反对极权主义制度、抗议书报检查、反对福利货币化、要求言论自由和要求自由公正的选举的抗议活动，是幻想实现俄罗斯版"颜色革命"的重要推手。

民族主义青年政治组织以复兴俄罗斯民族为宗旨，具有代表性的主要有："青年同盟"、"欧亚青年联盟"等。它们认为自由主义的政党和组织是美国间谍，必须对这些政党和组织的行动进行挑衅破坏。它们呼吁欧亚人立即承认南奥塞梯和阿布哈兹作为真正国家的独立，它们认为南斯拉夫是斯拉夫民族大家庭不可分割的一部分，坚决支持塞尔维亚捍卫领土的努力，坚决反对科索沃独立。它们要求惩治腐败分子。从这些组织的纲领主张和行动上可以看出，它们只是表面上反对俄罗斯政府，实际上，它们拥护"主权民主"思想、拥护普京的政纲，它们支持普京，是当局的"假反对派"。

无政府主义青年政治组织奉为圭臬的是巴枯宁和克鲁泡特金的思想，主要有："自治行动"、"不与普京一起的人"等。它们的目标是消灭资本主义制度，消灭国家，建立自由社会——没有统治的社会，实行生产资料社会所有制，实现社会自治。它们举行了反对车臣战争、反对法西斯主义、反对在索契举办冬奥会、反对在俄罗斯建设核废料储存库、反对向俄罗斯运进放射性废料等抗议活动，还举行了要求取消义务兵役制和反对取消延期服役的抗议行动。

生态主义青年政治组织虽然结构松散，但是在民众中颇具号召力，主要有："暴风雨"、"彩虹卫士"等。它们主张生态教育，保护居住环境，建设一个由不进行相互经济或政治扩张的群落联合在一起的、爱惜自身居住环境的人类社会，一个没有国家参与的自治社会，反对跨国公司、国有部门性公司、金融寡头组织。这些组织举行了反对建设破坏环境的化工厂、炼油厂、采石场、无线电废金属加工厂、交通干线的活动，举行了反对建设核电站，反对从国外运进核废料和在俄罗斯建设核废料储存库，反对建设海底天然气和石油管道，反对举办索契冬奥会，反对森林私有化等抗议活动。

在俄罗斯受到"颜色革命"威胁的时期，右翼、左翼、俄罗斯政府等各方政治力量都在想方设法吸引青年人，但是随着"颜色革命"威胁的消失，各方政治力量对青年以及青年政治组织的态度也发生了变化，青年政治组织出现新的态势。笔者认为，总体而言，俄罗斯发生非暴力的"颜色革命"的可能性不大。在当代俄罗斯青年政治组织当中，虽然很多组织积极反对政府，但是并不亲近西方，而是反对美国为首的西方世界。普京领导的俄罗斯政府也严密防范"颜色革命"，高度警觉身边出现的异动，有计划地培养亲政府的青年组织力量，加强爱国主义思想教育，以努力保持俄罗斯政局稳定，抵御"西方民主"的渗透。俄罗斯政府严厉打压反政府青年政治组织，通过颁布《反极端主义活动法》[①]、《反恐怖活动法》[②]和修订1996年1月颁布的《非商业组织法》[③]等法律手段以及组建并加强亲克里姆林宫的青年组织等一系列措施，来保持和加强社会的稳定。经过努力，已经见到成效，"颜色革命"在俄罗斯的影响日渐消退，显示出俄罗

[①] Федеральный закон от 25 июля 2002 г. No.114-ФЗ «О противодействии экстремистской деятельности». 普京政府于2006年、2007年、2008年、2012年、2013年、2014年对该法律进行了9次修订完善。

[②] Федеральный закон от 6 марта 2006 г. No.34-ФЗ «О противодействии терроризму». 普京政府于2006年、2008年、2010年、2011年、2013年、2014年对该法律进行了12次修订完善。

[③] Федеральный закон от 12 января 1996 г. No.7-ФЗ «О некоммерческих организациях». 普京政府于2002年、2003年、2006年、2007年、2008年、2009年、2010年、2011年、2012年、2013年、2014年共对该法律进行了42次修订完善。

斯政府对政局具有很强的掌控力。但是，不可忽视的是，俄罗斯国内一些反政府青年政治组织对政权的不满情绪和激进行为依然存在，譬如"红色青年先锋队"和"革命共产主义青年团（布尔什维克）"已经提出进行暴力革命的口号，提出要像当年列宁领导的布尔什维克那样做职业革命家，准备为"第二次十月革命"献出生命。

在俄罗斯，国家人口的三分之一是青年人，根据俄罗斯联邦政府2006年12月18日命令所批准的《俄罗斯联邦国家青年政策战略》[①]，14—30岁的俄罗斯公民属于青年范畴，俄罗斯联邦的青年人口约为3960万，占国家人口总数的27%。面对社会现实，俄罗斯政府已经意识到，青年的反政府浪潮的根源在于一系列关乎青年切身利益的问题没有得到解决，在青年政策方面还存在许多问题，要想杜绝"颜色革命"、保持社会稳定，必须彻底解决这些问题。俄罗斯政府把2009年宣布为俄罗斯青年年，2009年2月19日，普京主持召开了俄罗斯联邦青年年组织委员会的第一次会议。普京在会议上宣布，要集中联邦政府、地方政府和整个公民社会的力量解决有关青年政策的一揽子问题：经济问题、社会问题、人口问题、科学和教育问题、住房问题，等等。有理由相信，如果俄罗斯青年人面临的一些现实问题得到很大程度解决的话，一定会对当代俄罗斯青年政治组织的状况产生重要影响。

本书主要关注当代俄罗斯青年政治组织对政治进程的参与，相应地主要关注的是作为政治进程的积极参加者的那些青年政治组织群体，试图在深入评介当代俄罗斯主要青年政治组织的主要活动、纲领主张、组织结构等方面的基础上，探察青年政治组织与社会政治进程的联系，展现当代俄罗斯青年政治组织的整个发展画面，分析当代俄罗斯青年政治组织的特点和发展趋势。

青年政治组织曾经是当代俄罗斯政治舞台上引人注目的重要角色，虽然不能说它们对苏联解体之后的俄罗斯的政治进程产生了决定性的影响，

---

① Распоряжение Правительства РФ от 18 декабря 2006 г. No.1760-р «Стратегия государственной молодёжной политики в Российской Федерации».

但是它们的独特影响、它们的"街头政治"的影响力也是不能忽视的。当前青年政治组织在俄罗斯的发展，在经历了20世纪90年代的低潮阶段、21世纪之初的高潮阶段之后，又回复到了低潮阶段。有俄罗斯研究者认为，2005年前后俄罗斯青年政治组织的迅速发展是一季"陨星雨"，之后青年政治组织的发展已经终结了。① 对此，笔者并不赞同。笔者认为，当前处于低潮中的俄罗斯的青年政治组织，特别是反对派的青年政治组织，是"休眠中的活火山"，在时机成熟时，它们还会再次"喷发"。比如，2011年年底和2017年年初俄罗斯许多城市爆发的大规模抗议行动的组织者之一阿·纳瓦里内，就是2005年成立的自由主义青年政治组织"民主抉择"的领导人之一。

  本研究在开展过程中，遇到了一些困难，当代俄罗斯青年政治组织数量多，组织和活动状况也变化频繁，较为全面地了解这些组织的发展动态比较难；关于各个组织的资料搜集工作进行得比较艰难，在这些青年政治组织处于高潮的活动时期，在它们较为活跃地开展和参与各种活动的发展阶段时，这些组织的网站也会较为及时地更新它们的信息，因此，很多组织的资料主要来自它们的网站；在青年政治组织活动频繁时期，俄罗斯的报刊等媒体对它们的介绍和关注较多，也就能较为全面地了解这些组织的态势。但是，在2008年以后，这些组织的活动走入低潮，很多组织的网站上的资料更新并不及时，有很多组织基本上销声匿迹，并且按照有些组织的说法，它们的网站不时遭到黑客的攻击，以致无法浏览它们的网站，因此，本研究所展现的这些组织在活动低潮阶段的态势，由于资料的搜集方面存在的困难和疏漏，介绍和评论难免不够全面及时，这也是本研究的一个遗憾。

---

① Павел Данилин: «Новая молодёжная политика (2003 – 2005)», М.: Европа, 2006 г., с. 4 – 5.

目 录

第一章 苏联时期的非正式青年组织 ································ 1
  第一节 早期青年组织的"非正式运动"的特点 ················ 3
  第二节 苏联列宁共产主义青年团的瓦解 ······················ 6
  第三节 非正式青年组织的政治化发展 ························ 9
  第四节 对非正式青年组织的几点评价 ······················· 11

第二章 苏联解体初期的青年政治组织及其影响 ············· 14
  第一节 混乱中的俄罗斯对青年的影响 ······················· 16
  第二节 俄罗斯新的青年政治组织的特点 ····················· 18
  第三节 20世纪90年代俄罗斯的青年政治组织的状况 ········ 21
  第四节 对20世纪90年代青年组织的评析 ··················· 23

第三章 普京时代的青年政治组织 ······························ 28
  第一节 普京政权对俄罗斯青年的政治影响 ·················· 29
  第二节 2005年以来俄罗斯青年政治组织的活跃 ············· 37
  第三节 普京时代青年政治组织的类别 ······················· 42
  第四节 对"颜色革命"以来的俄罗斯青年政治组织的评析 ······ 198

第四章　当代俄罗斯青年政治组织：态势与政策 …………… 206
　　第一节　当代俄罗斯青年政治组织的现实态势 …………… 206
　　第二节　当代俄罗斯的国家青年政策概况 ………………… 211

参考文献 ……………………………………………………………… 217

第一章 苏联时期的非正式青年组织

十月革命胜利之后,为了管理完全新型的政权机构,俄国需要建立完全崭新的、特殊性质的干部培养体系。1918年10月29日成立的俄国共产主义青年团①承担了这项任务。苏联的共青团员们在国内战争、外国武装干涉、饥荒的最艰难条件下努力捍卫苏维埃政权,共青团员们和所有苏联青年同全国人民一起努力建设祖国,巩固世界上第一个社会主义国家。随着时间的推移,共青团的任务逐渐扩大,共青团被赋予了用马克思列宁主义的伟大思想、用革命斗争的英雄主义传统培养青年的使命,几乎全体苏联青年都参加它的活动。按照《苏联列宁共产主义青年团章程》,共青团员的年龄界限为14—28岁。到1977年,作为苏联共产党的"可靠助手"和"后备军"的苏联共青团,已经有超过3600万名团员,在人数上大大超过了保持相对严格干部培育机制的苏联共产党。

在苏联,尽管成为共青团员是非强制性的,但是,是不是共青团员一直是能否升入名牌大学,能否从事诸如教学、司法、新闻之类职业,能否在军队里被提拔为军官的重要条件。苏联共产党和苏联共青团鼓励的青年的公民积极性,表现为参与各种形式的社会工作和参与解决苏联国民经济

---

① 从1926年起称为苏联列宁共产主义青年团。

的各种任务。① 长期以来，苏联青年运动的活动都处于苏联列宁共青团中央委员会下辖的专门的青年组织委员会的监督之下。青年运动被看作统一的苏联政治空间不可分割的、在社会监督之下的一部分。社会上出现的不接受传统观念的个别青年潮流（持不同政见的潮流、追赶各种时髦音乐的潮流，等等），都被看作危险的越轨，会立即遭到意识形态机构的干预。在苏联共青团庇护下活动的青年团体，主要是从事休闲类活动的旅游组织、体育协会等等。

1985年戈尔巴乔夫上台以后，推行民主化、公开性，带来的直接结果之一，便是非正式社团在苏联社会大量涌现。其中，自发的青年组织——非正式青年组织大量萌生，数量日益增多，活动面不断扩大。随之而来，非正式的、带有对抗性质的青年文化活动逐渐兴盛起来，出现了许多可供选择的、在共青团之外的非正式青年政治团体，例如阿富汗老战士协会以及各种政治俱乐部等等。② 与此同时，共青团员的数量开始减少。非正式青年组织的发展和共青团的削弱是戈尔巴乔夫民主化和公开性政策带来的一个结果。

在苏联，传统上是不承认非官方的群众组织的。正是由于这种传统的思想，20世纪80年代越来越多的非正式青年组织的出现和活跃，就尤其引起人们的担心和不安。这些组织的问题起初还主要是组织成员的外在形象奇异怪诞，例如借用了来自西方的名称的"嬉皮士"、"罗克尔"（摇滚乐崇拜者）、"布莱克尔"（霹雳舞乐崇拜者），随着时间的推移，人们慢慢习惯了这些青年人的怪异形象。在这些组织的活跃之下，一些人开始认识到新的东西：这些非正式青年组织希望摆脱传统的价值观和体制、建立

---

① 承载着共青团员青春和汗水的第聂伯罗水力发电站、土耳其斯坦—西伯利亚运输建筑托拉斯、乌拉尔机器厂和斯大林格勒拖拉机厂在20世纪30年代就闻名苏联全国。卫国战争结束后，50万共青团员和优秀青年奔赴东部和北部地区建设大型的工业基地，35万青年到远东的荒地上为向祖国提供亿万普特粮食而付出艰辛劳动。到20世纪80年代初，在苏联国民经济部门中有60万个青年生产集体，在物质生产部门工作的青年占职工总数的32％，1981年苏联有135个大型项目被宣布为"共青团突击工程"。（《苏联共青团中央第一书记帕斯图霍夫在苏联共青团第十九次代表大会上的总结报告》，«Комсомольская правда» от 19 мая 1982 г.）

② Р. Д. Браунгарт, М. М. Браунгарт: «Советская и американская молодёжь: сравнительный взгляд. Предисловие В. Н. Шубина», «Политические исследования», 1991 г., No. 4.

某种自己的东西，这些倾向的展现和发展使人们感到不安、深感忧虑。有研究者分析了这种现象："非正式青年组织的活跃，说明青年的价值观及其社会行为、政治行为、道德行为产生了变化，青年的交往需求和精神需求的提高和多样化，传统的青年工作无论在组织形式上还是在活动的内容与方式上已经越来越不能适应青年的需要。非正式青年组织的不断发展是广大青年对共青团工作的形式主义的必然反应。"①

20世纪80年代和20世纪90年代之交开始的苏联共产党的瓦解过程也波及了苏联共青团。1989年11月成立了以"劳动者联合阵线"（Объединённый фронт трудящихся）和"'团结——为了列宁主义和共产主义理想'联合会"（общество "Единство - за ленинизм и коммунистические идеалы"）为指针的非正式的青年组织——"青年共产主义者同盟"（Союз молодых коммунистов）。1990年年底在"青年共产主义者同盟"基础上成立了更加广泛的、具有苏联共青团内部党团地位的"'共产主义倡议'青年运动"（Движение молодёжи "Коммунистическая инициатива"）。而且，可以看到，苏联共青团内部成立党团的过程只是包括了共青团的活跃分子中的激进部分和正统部分，在这一时期，持温和观点的共青团员就已经不把自己的人生信仰与苏联共青团联系在一起了。

第一节　早期青年组织的"非正式运动"的特点

在戈尔巴乔夫担任苏共中央总书记之后，苏联共青团面临一个新的任务，就是动员青年一代投身经济政治改革运动。在这一时期，国家在意识形态领域的控制也有所放松和减弱，最高层领导人开始有意识地疏远之前在苏联社会中具有头等重要性的政治因素和意识形态因素，这相当迅速地影响到"非正式青年组织"②的活动方向。

1985—1986年开始了非正式青年组织的大规模形成过程，绝大多数

---

① И. Ю. Сонзиев: «Неформальные молодёжные группы», «Социологические исследования», 1987 г., No. 5.

② 当时被称作"自己搞起来的青年组织"（самодеятельные молодёжные организации）。

非正式青年组织是在现有的、但是没有形成一定结构、没有在组织上最后形成的青年群体基础上自发地形成的。这些青年群体有着某种共同的兴趣爱好或者持有相近的信念和观点,借此,这些组织把青年联合在一起。俄罗斯社会学学者弗·帕斯图霍夫在评价青年一代参加非正式青年组织的动机时,划分出两个基本的东西:青年"本性固有的对一切官方东西的憎恶"和青年缺乏"在体制内捍卫自身观点的手段、能力和联系",也就是说,"青年与现有的社会和政治制度的一体化程度低"。①

非正式青年组织在形成阶段和活动初期,主要在不被官方机构视作企图进行意识形态破坏活动或者反对派活动的领域进行活动,例如,音乐或者生态问题领域。非正式青年组织的活动完全没有超出官方的"社会生活民主化的方针"的范围。所以,大多数非正式青年组织得到的或者是共青团组织的鼓励态度,或者是共青团组织的中立态度。在1985—1988年非正式青年组织的形成时期,共青团组织的许多工作人员认为出现的这些非正式青年组织的积极分子所遵循的心理动机与共青团的活动的动机是相似的,不足为虑。

1988—1989年在制度上和组织上形成了非正式的青年社会群体——非正式青年组织,在此之前非正式青年组织没有任何正式地位。② 这一时期的特点是,大多数青年的俱乐部和组织在名称上、活动特点上都主要具有非政治的性质。正是这一点将这一时期的非正式青年组织与之前的非正式青年组织彻底区别开:在赫鲁晓夫解冻时期和直至20世纪80年代中期之前,在苏联出现的非正式青年组织主要具有政治性质,有着"真正的马克思主义倾向"或者"真正的共产主义倾向",基本是大学生的组织,处于

---

① В. Б. Пастухов: «Три времени России. Общество и государство в прошлом-настоящем-будущем», М.: ИНФРА-М, 2007 г., с. 53.

② 1985年苏联官方允许青年社团登记注册。截至1988年底,登记的青年社团已经超过3万个,60%的青年参加了这些社团组织。这些社团成员的90%都是共青团员。(见张跃进:《五光十色的苏联青年群体》,载《今日苏联东欧》1989年第5期。)

半地下或地下活动状态。① 在1988—1989年这一时期，唯一在名称上具有政治倾向的非正式青年组织，是早在20世纪80年代初成立的、有着当时的时代特点的名称的"共产主义打击犯罪同盟"（Коммунистический союз борьбы с преступностью），这一组织在1986年更名为"前哨"（Форпост）。②

20世纪80年代末期的非正式青年组织的另一个特点，是非正式青年组织大多在成立时都有具体的、直接的目的，例如在列宁格勒，要求保护位于弗拉基米尔广场的具有历史古迹意义的安格列捷尔旅馆的"拯救小组"（Группа спасения），要求为音乐家彼·柴可夫斯基树立纪念碑的"纪念"（Мемориал），要求禁止在芬兰湾建设堤坝的"三角洲"（Дельта）等。③

表面看来，在非正式的青年组织的这一发展阶段，共青团的态度和作用是反常的。实际上，共青团的组织机构已经敏锐地觉察到了在党的路线中出现的变化，所以采取了不同的方针，以前的传统的方针是共青团组织与业余青年群体——非正式青年组织做斗争。非但如此，共青团还是自发的青年社会群体在组织上得以形成的倡议者，共青团还为这些新兴的非正式青年组织的活动提供场所和其他资源。许多非正式青年群体的名称或自我描述中的附加说明部分表明了这一特点，在许多非正式青年组织的附加说明部分中的"附属"字样显现了它们与共青团之间的关系。例如，列宁格勒青年宫附属"综合"社会科学俱乐部（Клуб общественных наук "Синтез" при Ленинградском дворце молодёжи）。又如，当时在列宁格勒，正是根据非正式青年组织在共青团的保护人——苏联列宁共青团列宁格勒市委员会业余联合部主任谢·皮拉托夫的倡议，在1986年5月成立了苏联

---

① 20世纪60年代的苏联，是所谓苏联"持不同政见者"运动较活跃的时期。其中作为"非正式青年团体"具有代表性的，是20世纪60年代初出现的"公社社员"运动。其自身定位是，强烈的社会正义感促使他们这些"社员"去同阻碍社会主义建设事业的那些力量进行无情的斗争。（见刘成彬：《苏联的非正式青年团体》，载《青年研究》1988年第6期。）

② В. Березовский, Н. Кротов: «Неформальная Россия: О "неформальных" политизированных движениях и группах в РСФСР（опыт справочника）», М.：Молодая гвардия, 1990 г., с. 371.

③ О. Н. Ансберг, А. Д. Марголис: «Общественная жизнь Ленинграда в годы перестройки. 1985 - 1991», СПб.：Серебряный век, 2009 г., с. 107.

列宁共青团列宁格勒市委员会列宁格勒创造倡议中心（Ленинградский центр творческой инициативы при ЛГК ВЛКСМ）。一些青年组织［如"生态研究委员会"（Бюро экологических разработок）、"拯救小组"、"纪念"、"三角洲"等等］都是在该中心的财政帮助和组织支持下活动的。该中心还经常举行面向青年的音乐会或者音乐节。1989年8月在列宁格勒成立的苏联列宁共青团瓦西里岛区委员会附属瓦西里岛青年中心（Василеостровский молодёжный центр при Василеостровском РК ВЛКСМ），也是与上述创造倡议中心在活动的目的和形式上类似的组织。20世纪80年代末期最受欢迎的青年政治辩论俱乐部之一——"抉择"（Альтернатива）正是在瓦西里岛青年中心里开始活动的。

在这一阶段，共青团试图在越来越多的青年的活跃的社会主动性、活跃的自我组织当中扮演主要角色，试图利用这些组织来控制青年的社会积极性，抑制青年的社会积极性中的政治成分。在青年的"非正式运动"的早期阶段，这样的尝试有时给共青团带来了积极的结果，虽然这些结果并不那么巩固。例如，在列宁格勒，共青团组织比较成功地使列宁格勒的"巅峰"足球队的大多数球迷自我组织起来，该球队的球迷们响应共青团列宁格勒市委员会的号召举行了几次星期六义务劳动日活动。在组织起来后，这些球迷们不再在球赛失利后掀翻有轨电车，但是，最终共青团组织并没有建立起全市统一的球迷俱乐部。

第二节　苏联列宁共产主义青年团的瓦解

苏联列宁共产主义青年团的解体不是一下子完成的，而是有一个演变过程，这一过程是从共青团在意识形态上和物质上的分化开始的。

一、青年中共产主义意识形态面临的挑战

苏联共产党的各级组织并没有随着苏联社会的政治发展而对非正式的社会运动采取姑息态度，依然态度严厉，甚至是完全禁止非正式社会运动的活动，而苏联共青团管理青年业余组织的部门则试图促进在共青团控制

之下建立青年的组织。但是,现实的发展与试图将非正式青年群体置于共青团控制之下、使其融合在共青团组织之内的一些设想相反,实际发生的是更加矛盾得多的过程。一方面,非正式青年组织在共青团一定程度的鼓励下有所发展,增加了自身参加者的人数,并且增强了对社会政治进程的影响;另一方面,与此同时,共青团组织自身在各种影响之下,包括受到非正式青年组织的影响在内,却在向着与非正式青年组织相反的方向发展。

在要求青年人加入共青团问题上,原来的、在戈尔巴乔夫"改革"之前的很大程度的强制性质逐渐减弱,共青团员的人数开始逐年减少,在青年人中,在对待共产主义意识形态的态度上的消极趋势开始占据主流。许多青年逐渐对共青团产生了厌倦、冷漠和不信任的态度。共青团的声誉下降,作为对戈尔巴乔夫的多元化和民主化的伟大许诺的反应而出现的非正式的青年组织——非官方的青年组织,特别是各种青年政治俱乐部,对共青团构成了严重挑战。当时的苏联共青团中央第一书记维·米罗年科指出,共青团这一有着 10 万名专职工作人员、年活动经费预算为数亿卢布的组织陷入官僚主义和以自我为中心之中,共青团员总数从 1985 年以来已经减少 400 万,尤其是 14—15 岁的正属于入团年龄的青年人数约减少四分之一,"这显然是因为共青团丧失了权威",也是由于"团组织有意识地放松了要求青年入团的压力"。① 当时,苏联的现实是,许多共青团工作者不是赋予非正式的青年组织以相应的政治色彩和意识形态色彩,而是相反,他们自己就满怀新思想、自己就不与官方意识形态学说的"狭窄框架"和谐一致,成了新的青年组织的支持者或参加者,上文提到的列宁格勒的非正式青年组织在共青团列宁格勒市委员会的保护人——皮拉托夫就是这种类型共青团工作人员的鲜明例子。谢·皮拉托夫在 1989 年成了列宁格勒最早的广告公司——青年信息广告公司的合伙人之一。

二、苏联共产主义青年团内部的物质分化

从 1987—1988 年开始,在苏联,青年科技创造中心(Центр научно-

---

① 《苏维埃青年团面临的困境》,陈保平译,载《当代青年研究》1989 年第 1 期。

технического творчества молодёжи）与非正式的青年组织平行地得到了发展。戈尔巴乔夫上任之初提出了"加速苏联社会经济发展战略"。为此，当局创建了青年科技创造中心，旨在用具有智力潜力的青年消除生产中的薄弱环节，创造并掌握新的科学技术，使之在未来成为青年的创造集体，成为生产和先进科学之间的中间环节。第一个青年科技创造中心于 1986 年 7 月 25 日正式成立。青年科技创造中心具有独立于部委之外的企业的特殊法律地位，在科学研究和组织设计制造之间履行居间职能，在获得贷款和上缴利税方面享有相当大的优惠。青年科技创造中心成为了"共青团经济"的重要组成部分，这导致共青团的结构不仅开始意识形态上的分化，而且开始物质上的分化。

负责管理青年科技创造中心的那些共青团干部相当迅速地捕捉到了苏联社会的变化，逐渐深深地卷入青年科技创造中心的活动，有时这些团干部自己就成立这样的中心或者进入已经建立的青年科技创造中心的领导层，与青年科技创造中心签订合作合同，利用青年科技创造中心的渠道来增加自己的财富。随着青年科技创造中心的出现和发展，共青团的领导干部陶醉于物质上的安逸、经济上的自由（包括脱离党内年长同志的制约的自由），这就更加削弱了共青团领导干部的意识形态建设，削弱了党的机构对他们的监督。据苏联解体后的调查显示，在"新"俄罗斯，在银行、交易所等等的经理人中原来的共青团干部占有极大比例。

共青团的干部与日俱增地向商业组织的渗透，导致共青团的重要职能——对青年的思想政治教育、共产主义意识形态教育在很大程度上被阉割。现实的发展不是把最突出、最有创造才能的青年人——社会运动的领袖和青年科技创造中心（青年合作社）的开办人集中在共青团之下，实际发生的是逆向的过程：许多最有主动性、最有前景的共青团干部在从事共青团工作的同时，也在新的社会组织和经济组织中工作或者积极参与其中。结果在共青团内部出现了意识形态上和物质上的分化，这导致了共青团内部发生复杂的变化，内部的成分变得多样和复杂，最终削弱了共青团的机构。

在变化面前，一部分有影响的共青团干部试图使用原来的形式主义工作方法来使共青团保持对于共产主义意识形态的忠诚,对共青团进行了不大的改变。1987年4月召开的苏联共青团第二十次代表大会以共青团工作面临的问题以及对共青团工作的改革为中心议题,如何科学地认识青年、克服共青团工作的形式主义,是议题中一项重要内容。另一部分有影响力的共青团干部则作为积极的主体进入了市场关系,主张拒绝或者彻底修正"传统的意识形态教条"。在各种影响之下,曾经是吸引社会各个活动领域的"青年精英"的地方的共青团组织,开始失去魅力的光环,出现了在共青团组织之外的可供"青年精英"选择的表现机制和自我实现机制,"青年精英"们在新的组织中获得了更多增长财富和名望的机会。这一时期以后,对于青年的社会招募和政治招募的职能不再为一个青年组织——苏联列宁共产主义青年团所垄断,出现了独立于共青团的、其他的吸引"青年精英"的制度,这一变化对于苏联青年成分的演化十分重要,这一变化既受到了苏联社会政治制度变化的影响,也影响了苏联社会政治制度的变迁。

第三节 非正式青年组织的政治化发展

苏联政治进程的变革导致非正式青年组织的政治化和激进化,从1988年年底开始,非正式的青年群体和青年组织参与苏联社会中由反对派主导的"民主社会运动"的过程逐渐加强,非正式的青年群体和青年组织的政治化进程日益加快。在非正式的青年群体的出版物和口号中,具有鲜明的反体制意味、后来具有鲜明的反共产主义意味的社会主题和政治主题逐渐被提到首位。非正式青年组织和以共青团为代表的政权之间从起初的友朋关系变成了竞争和政治对立的关系。

大多数政治化的非正式青年组织的基本思想,是声称它们所宣布的目标在现有的社会政治体系范畴内不可能实现。这些群体的积极分子越来越被卷入建立已经纯粹政治性的社会组织之中,包括非青年的社会组织在内,他们在这些政治性社会组织的领导结构中寻找自己的位置。到1989—1990年,起初本着非政治目的建立、对共青团有很强依附地位的青年社会群体——非正式的青年组织，实际上都成了相当政治化的组织，最终完全脱离了共青团的制约和控制。在苏联的民主化改革中，正是形式上在苏联列宁共产主义青年团的州委员会和市委员会监督之下的组织，例如"纪念"、"拯救小组"、"抉择"等组织，和"人民阵线"（Народный фронт）一道成了20世纪80年代末90年代初在苏联社会政治生活中发生的"民主进程"的主要参与者。

在这个巨大的变化过程中，那些并不是政治进程和政治事件直接参与者的社会文化方面的青年组织，在改变社会政治意识和影响社会舆论方面也起了很大的作用。青年文化先锋派作为反对官方价值观和渗透新的政治价值观的代表，起到十分巨大的作用。例如在列宁格勒，在共青团列宁格勒市委员会的参与下成立了列宁格勒摇滚乐俱乐部，在该俱乐部的乐队["滴滴涕"（ДДТ），"电影"（Кино）]的许多最流行的歌曲中占主导地位的主题是社会抗议，例如该俱乐部成员、20世纪80年代末苏联摇滚乐运动的代表人物之一维克多·崔的著名歌曲《我们想改变》。摇滚乐俱乐部这样的青年乐队群体，使成百上千的年龄在12—30岁的摇滚乐迷形成了对于现有社会政治制度的消极认识，并且相应地成为了这些摇滚乐迷的消极政治情绪的表达者。阿·雷宾的书——《"电影"乐队：从起点到终点》非常准确地考察了这些摇滚乐乐队群体的活动："当时在俱乐部第一任主席格·扎伊采夫的领导下整个俱乐部在准备'起义'……扎伊采夫自己的解释是：总之就是这样……一切当然都是为了'起义'。为了缓慢的'起义'。'起义'发生了，人们把它称为'改革'。"① 列宁格勒摇滚乐俱乐部就是这样性质的一个青年组织，在当时非常活跃，影响颇大。

1990年俄罗斯苏维埃联邦社会主义共和国的人民代表选举，对于将苏联共产党机构的领导人从公共政治权力中推开起了关键作用。当时许多非正式青年组织的领袖和积极成员成了于1990年春天成立的反共产主义的反对派竞选联盟"民主选举—90"（Демократические выборы - 90）的主要

---

① А. В. Рыбин: «"Кино" с самого начала и до самого конца», Смоленское областное книжное издательство "Смядынь", 1992 г., с. 77.

的人民代表候选人，在"综合"（Синтез）的基础上甚至组建了有选前纲领的"独立经济学家小组"（Группа независимых экономистов）。

苏联共青团的自我毁灭进程的尾声，是共青团的正式机关报——《接班报》（«Смена»）在1990年3月公布苏联共产党的反对派的人民代表候选人的完整名单，《接班报》的主编弗·尤金也是"民主选举—90"联盟的人民代表候选人，这表明共青团不仅已经完全没有能力控制正式地在它管理之下的青年组织，也没有能力控制自身的结构了，共青团组织的许多领导人已经有意识地站在了政权的反对派一边。

共青团解体过程结束的标志是1991年年初从共青团州委员会中开除区委员会，即共青团解体为独立的区的组织。共青团州委员会在形式上则继续存在到1991年下半年。1991年9月27—28日召开的苏联共青团第二十二次（非常）代表大会正式宣布苏联共青团自行解散。

第四节 对非正式青年组织的几点评价

应该说，1985—1991年时期的青年群体、青年组织和青年运动是当时苏联社会政治形势的产物。社会上大量出现的非正式青年团体对共青团构成了严重的挑战。非正式的青年组织的形成过程以及它们后来的演变过程——它们参与以改变国家政治制度为目的的政治活动，与共青团组织的解体过程紧密地交织在一起。

第一，非正式青年组织的形成与发展有一个过程，在这一过程中，苏联青年起初表现出高度的社会积极性和经济积极性，后来发展到政治积极性。这特别明显地在一些青年社会群体中表现出来，首先是在从事创造、从事科学的青年和青年学生当中率先发展："在改革年代，过去由于某种原因没有能够获得承认，没有能够在自己的领域站在前列的教授副教授、科学工作者和工程师蜂拥向政治……青年运动一片混乱，迅速发展。"[①]苏联青年表现出的高度社会积极性主要是出于那些在青年运动中占优势的

---

① Г. Г. Дилигенский: «Социально-политическая психология». М.: Наука, 1994 г., с. 234.

非正式青年群体的高度积极性。

第二，20世纪80年代末的业余青年社会群体——非正式青年组织成了20世纪90年代初在政治生活中许多方面占据主要位置的新一代非共青团青年政治家、第一轮民主浪潮政治家的"孵化器"。在社会经济领域的新的经济制度（青年科技创造中心）则对于形成不是出身于党的结构或者"影子"结构的商人阶层起到了类似的作用。这些新形式和新组织成了青年人表现领袖才能和创造天赋的地方，给了他们积极参加政治活动或者经营活动的推动力。正是青年辩论俱乐部、青年科技创造中心等这些青年非正式群体使20世纪90年代初的俄罗斯出现了政治家、企业家的汹涌浪潮。

20世纪80年代末期的大多数青年组织在其领袖进入政权机构、进入工商界之后停止了存在。一些研究指出，对于这些组织的领袖来说，在他们的行为中起着主要作用的最深刻心理动机，是在这些组织范围内的自我表现天地过于狭窄，他们想要彻底扩大活动规模，想要走出社会舒适地带，达到在更高和崭新的政治天地水平——国家政权水平上的自我实现。"他们当中有着怀有各种动机的人，其中许多人后来轻率地就改变了政治立场，表明纯粹的'地位钻营'需要对于这一代俄罗斯政治家来说是非常典型的。"① 这一点与在一些经验性研究中观察到的"'民主俄罗斯'运动"（движение "Демократическая Россия"）的积极分子或者矿工运动的积极分子在20世纪90年代初离开运动进入商界的趋势是类似的。②

第三，正是这些新的社会制度（青年社会组织，青年科技创造中心）使共青团这一重要社会制度的解体过程没有对社会造成严重后果，规避了一些社会动荡。在国家的政治经济改革进程中，它们承担了共青团曾经执行的那些社会职能。在共青团被取代和被挤出政治领域的现实政治生活的过程中，共青团的领导干部成了对政治并不特别感兴趣的日益发达的企业

---

① О. Н. Яницкий: «Социальные движения: 100 интервью с лидерами», М.: Московский рабочий, 1991 г., с. 49 – 50.

② 参见：Л. Гордон, Э. Клопов (ред.): «Новые социальные движения в России: по материалам российско-французских исследований», вып. 1, М.: Прогресс-Комплекс, 1993 г., с. 70; Л. Гордон, Е. Груздева, В. Комаровский: «Шахтёры – 92: Социальное сознание и социальный облик рабочей элиты», М.: Прогресс-Комплекс, 1993 г., с. 87。

经营者，而大多数的普通团员则是共青团内部发生的解体过程的旁观者。

总的来说，共青团是戈尔巴乔夫改革时期的初期唯一有影响的正式的青年社会政治组织，拥有巨大的物质资源和干部资源，由于苏联社会中发生的政治经济改革进程而使这一组织逐渐变得成分不纯，这使共青团遭到了彻底的削弱。一方面，苏联共青团曾几何时统一的、坚如磐石的结构逐渐地越来越模糊不清，在对于该组织的未来而言最重要的意识形态问题和组织问题上，共青团的领导人缺乏一致的认识。另一方面，共青团失去了其在苏联社会的政治体系中传统地执行的功能，这些功能逐渐地转给了青年人是主要参加者的新的青年组织（既有青年政治组织，也有青年经济组织）。这些青年组织和它们的领袖在20世纪80年代末、20世纪90年代初的社会变革和政治变革中起到了极其重要的作用。

整体而言，这一时期的非正式青年组织是俄罗斯民主运动的重要组成部分，它们的形成与发展与俄罗斯民主运动的基本发展阶段相似，它们的命运也与俄罗斯民主运动的命运一致。在它们的领袖进入政权机构之后，这些组织实际上都停止了存在。

第二章 苏联解体初期的青年政治组织及其影响

20世纪90年代初发生了苏联社会主义制度的崩溃，随着苏联解体、苏联共产党和苏联共青团解散，苏联的国家青年政策也成为过去。青年人不得不在新生的资本主义和市场条件下学习生存。在人均生活水平急剧下降、大多数居民极端贫困的背景下，发生了青年的非政治化。青年所处的复杂社会经济状况加剧了大部分青年的政治冷淡并且造成一部分青年人的行为激进化。

多党制在当代俄罗斯建立之前——1986—1989年的各种非正式运动时期，伴随着青年参与政治生活的倾向增强。这一时期在社会上成立的政治化的非正式联合中，很大一部分是基本由青年人组成的，而且组织越"左"，其成员就越年轻。其中，无政府主义者的所有组织，包括最大的无政府主义者组织——"无政府工团主义者联合会"（Конфедерация анархо-синдикалистов，1989年成立）在内，基本是由青年人组成的。社会主义倾向的"社会俱乐部联盟"（Федерация социально-общественных клубов，1988年成立）的成员也主要是青年人。然而，新的联合的这种主要由青年人构成的特点并没有被这些组织自身特别注意，这些组织并不认为它们是青年的联合。

1991年8月之前，青年政治组织数量的扩大主要是在政党和政治运动的领导或者倡议之下出现的。有在苏联共产党的平台下成立的组织，例如

"青年共产主义者同盟"（Союз молодых коммунистов）、"'共产主义倡议'青年运动"（Движение молодёжи "Коммунистическая инициатива"），有在新的政党［例如，俄罗斯民主党（Демократическая партия России），"'民主俄罗斯'运动"（движение "Демократическая Россия"）］之下成立的组织。总体而言，在苏联解体初期，这些青年组织并没有特别大的发展。政党和政治运动建立青年分支的活动在20世纪90年代中期和后期才开始蓬勃地展开，大多数活跃的政党和政治运动都建立了自己的青年组织，试图通过这些青年组织吸引潜在的青年选民和吸引青年在选举运动中担当志愿助手。唯一的例外，是俄罗斯政党当中最大的政党之一——俄罗斯联邦共产党，该党直到90年代末都没有联邦级的青年组织。俄罗斯联邦共产党在1999年才成立自己的青年组织，正式承认俄罗斯联邦共产党的领导的俄罗斯联邦共产主义青年团。

在20世纪90年代的青年政治组织中，属于政党或者政治运动的青年政治组织是相对活跃的。在90年代还出现了与活跃的政党或者政治运动没有组织关系的独立的青年政治组织，例如"俄罗斯共产主义青年团"（Российский Коммунистический Союз Молодёжи）、"'青年反法西斯行动'运动"（движение "Антифашистское молодёжное действие"）、"自由青年同盟"（Либеральный молодёжный союз）、"'自由的一代'俄罗斯运动"（Российское движение "Поколение свободы"）。还出现了专门以捍卫青年这一特殊社会群体的政治利益作为自身任务的组织，例如"青年俄罗斯"党（партия "Молодая Россия"）、俄罗斯青年党（Молодёжная партия России）、"青年社会政治运动"（Общественно-политическое движение молодёжи）、"'俄罗斯青年大会'全俄罗斯社会政治组织"（Общероссийская общественно-политическая организация "Российский молодёжный конгресс"），等等。但是，实际上，这些组织的生命力都很弱小，后来逐渐萎缩，并没有为社会广泛所知。

在这一时期，以青年的名义成立竞选联盟的尝试也是不成功的，例如，在1995年的国家杜马选举中，由"俄罗斯大学生委员会联盟"（Союз студенческих советов России）、"青年社会政治运动"（Общественно-политическое движение молодёжи）和"俄罗斯青年住房合作社联盟"（Союз молодёжных жилищных кооперативов России）组成的竞选联盟——"分界的一代"（Поколение рубежа）总共只得到 0.06% 的选票。

第一节　混乱中的俄罗斯对青年的影响

叶利钦时代似走马灯变幻的盖达尔政府和后盖达尔几届政府实行的价格自由化和私有化，摧毁了俄罗斯民众对于富裕的、无忧无虑的资本主义生活的想象，降临俄罗斯的"自由"和"民主"实质是恣意妄为和不法行为。民众内心充满了由于理想破灭而产生的怨恨等情绪，这种复杂情绪为 1993 年"十月事件"开辟了空间。造成数千俄罗斯士兵伤亡的车臣战争给民众带来极大恐惧，这进一步刺激了民众含有敌意的言论和行为。在这样的形势下，在城市的街头政治中流行的新东西是民族主义的情绪和口号（例如，"俄罗斯是俄罗斯人的！""莫斯科是莫斯科人的！"），民众将解决自身问题的希望寄托于争吵、斗殴和无秩序等手段。日里诺夫斯基这样的极端民族主义者成了能够把松散的边缘群体联结成政治组织的"具有超凡能力的"领袖，极端民族主义成了吸引人的思想。

根据社会科学领域学者的研究，两代人之间的交接班过程大约为 15 年。在这大约 15 年的交接班过程中，可能发生的不仅是纯粹生物学意义上的交接班，往往还伴随着意识形态路标和政治路标的实际转换。俄罗斯在 20 世纪 90 年代初改变了原先的社会和政治发展方针，骤然中断了两代人之间的平稳交接班过程，在过去的 75 年里建立起来的共产主义意识形态方针和道德原则一下子崩溃了。如果说意识形态是被瞬间摧毁的，这只需要新政权的几个命令和决议就可以了，那么，对于道德原则，则需要新政权付出更为漫长的时间，需要十分小心和精细地加以根除。对于年长一代的人们而言，实际上是不可能做到这一点的，所以改变社会意识的整个过程全都落到了正在成长的青少年一代头上。"新"俄罗斯改变社会意识的整个过程正是从改变正在成长的一代的社会意识开始的。

在俄罗斯，首先被摧毁的是最重要的、原先的有关青少年工作的社会制度。紧步少年和青年的社会政治组织——少先队和共青团的后尘，从事青少年工作的所有各级机构都遭到了打击。一下子消灭了少儿体校、美术创作活动室、少年宫、青年宫……在遏制不住的私有化时期，它们随随便便就被从正在成长的一代那里没收和被拍卖，取而代之的是"现代歌舞晚会"。这些"现代歌舞晚会"的出现使青年开始醉心于摇滚乐、酗酒和吸食麻醉品。在20世纪90年代，早已不存在的少年儿童无家可归现象在俄罗斯重新出现了。20世纪90年代中期在俄罗斯出现了青少年犯罪浪潮，俄罗斯青年的死亡率在国家历史上的和平时期史无前例。[①] 整个90年代，在俄罗斯真正从事青少年工作的社会组织和政治组织实际上一个也没有。这一真空马上被犯罪分子和极端主义分子所填满，青年要么被开始积极地用于犯罪目的，要么被用于政治目的。在这一时期，没有谁打算对正在成长的一代真正地进行道德的培养。相反，各种力量开始想方设法推出满足自己的自私目的、歪曲地利用青年的形式。

对青年们影响最深的是苏联解体后发生的基本的思想方向和道德方针的改变，深刻的现实原因造成了青年人的看起来毫无道理的残酷浪潮，这种现象的造成要看在他们的成长中谁对他们进行了思想上的引导，进行了什么样的引导。有调查显示，在苏联解体后的俄罗斯的意识形态中，排在首位的是"自我成功和自我幸福"的学说。在这样的思想的影响下，青年们认为，他们可以不顾忌任何人和任何事、自顾自地实现金钱和物质上的成功人生。20世纪90年代俄罗斯正在成长的一代所处的环境就是这样的。这些特点也反映在俄罗斯青年政治组织的发展之中。

---

① 1991—1996年俄罗斯犯罪率大大上升，罪犯严重年轻化，半数犯罪行为的实施者是14—30岁的青年人，而在该年龄群体中犯罪率最高的是16—17岁的青年。在20世纪90年代，未成年人的犯罪增加了32%，其中谋杀、团伙犯罪和团伙抢劫增加了61%；1992—1996年在15—19岁青年当中死亡率增长了36.4%，20—24岁青年当中死亡率增长了52.3%，25—29岁青年当中死亡率增长了61.9%。[《Молодёжь в России. Доклад Центра экономических и политических исследований》, 《Социальная политика в России》, 1997 г., No.5(29).]

第二节　俄罗斯新的青年政治组织的特点

苏联社会在1991年"8·19"事件之后的民主狂潮，极大而迅速地提高了包括青年在内各个社会阶层的政治积极性。但是这一时期青年的政治积极性很快就达到了顶点，然后开始衰退。这一时期的特点是"共青团时期的"非正式青年组织停止活动，被具有与之完全不同的社会职能和特点的新的青年组织取而代之。

一、俄罗斯青年的政治淡漠

1991年之后，俄罗斯社会发生了急剧的意识形态交替，经历了剧烈的社会转型，正式放弃了共产主义的价值观，取而代之的是自由主义的思维和西方模式的政策——"资本主义、市场经济和民族主义迅速取代了共产主义、计划经济和国际主义"①。苏联解体之初，青年们和他们的父母一样很难快速适应，他们难以在社会和生活中找到自己的位置。在一些俄罗斯人能够利用苏联解体的"机遇"成了"不可思议的富翁"的时候，大多数俄罗斯人都疲于应付经济的困难。人数达3900万的俄罗斯青年特别强烈地感受到了迅速的政治、经济和社会的改变，在俄罗斯的一些地区青年人的失业率一度达到了80%。② 不单是政治、经济的规则和模式改变了，社会准则也发生了变化，紧随着自由化的改革来临的，是"拜金主义文化"的泛滥、腐败滋生、暴力肆虐，这导致青年一代迷失方向，对社会的不满情绪和对社会的不信任感增强。"1999年，10%最贫穷人口的收入与10%最富裕人口的收入的比例将近1∶80"③，大多数民众失去了幻想，陷于失望之中。

---

① Дени Даффлон:《Молодёжь в России: портрет поколения на переломе》,《Вестник общественного мнения》, 2008 г., No. 5.
② 同上。
③ 李慎明主编：《历史在这里沉思——苏联解体20周年祭》，北京：社会科学文献出版社2011年版，第6页。

20世纪90年代的青年中没有严格的政治划界，这一时期青年一代的本质特点，是不问政治。根据1996年6月对青年进行的社会调查，只有1%的大学生加入了某个政党或者政治运动。① 大多数青年人对于一切政权机构都感到失望，冷淡对待任何形式的社会政治活动，青年选民不仅被分割为不同的年龄群体，而且被分割为自身利益极大不同的社会群体。可以说明这一点的，是在1995年的国家杜马选举中除了"亚博卢"党之外，没有一个政党或者竞选联盟获得10%的青年选民的选票。有研究者指出了这一时期的特点："20世纪90年代的俄罗斯社会转型非常艰难。尽管发生了一些负面事件（主要是试图恢复苏联，即短暂的1991年八月政变和1993年10月俄罗斯联邦最高苏维埃社会主义复辟），但改革最终还是以和平的形态进行。无论如何，这确实造成了年轻一代和年长一代的巨大心理紧张。即使在1999年，人们对于苏联解体以及共产主义还是资本主义意识形态更具有优越性，都未形成明确的观念。很多人在犹豫，支持社会主义还是资本主义，支持社会主义的苏联还是以市场经济为基础的俄罗斯。不稳定的因素造成俄罗斯20世纪90年代的社会焦虑、不确定心理以及社会与青年之间的紧张局势，阻碍了他们做出稳定的政治选择。"②

由于俄罗斯法律规定，在生产单位和教学单位禁止政治活动，这就使政治从生产领域和教育领域转移到了青年的闲暇时间，这也使新的青年组织与传统的青年休闲组织处于竞争状态。在当时条件下，竞争者之间力量对比是悬殊的，20世纪90年代的新的青年组织在广大青年一代中无法赢得承认，更无法赢得威望。虽然大约一半的青年人认为在俄罗斯存在青年组织是合理的，但是只有7%—10%的青年人准备加入青年组织，截至1997年，被俄罗斯司法部登记的仅有92个青年组织。在20世纪90年代，青年组织的活动呈现出脱离政治、转而表达青年一代的各种职业利益的趋势，例如20世纪90年代最大的青年组织之一、联合了250所大学的大学生的"俄罗

---

① 《Молодёжь в России. Доклад Центра экономических и политических исследований》，《Социальная политика в России》，1997 г., No. 5(29).
② 李春玲、[俄]科兹诺娃等：《青年与社会变迁：中国和俄罗斯的比较研究》，北京：社会科学文献出版社2014年版，第26—28页。

斯大学生工会联合会"(Российская ассоциация профсоюзных студенческих организаций)。① 在20世纪90年代,青年组织还表现出一个趋势,即倾向于联合的主要是青年学生(高年级中学生和大学生)和青年知识分子,而在生产部门工作的青年基本上没有表现出成立组织的兴趣。

二、无法发挥影响的后苏联共青团的青年组织

在后苏联共青团时期的早期阶段,出现了在停止自身活动的共青团区委员会或者共青团的其他结构基础上成立的青年组织,并且被注册登记。但是,新成立的这样的组织既没有明确表达的目标,也没有数量很多的参加者,特别是缺乏作为未来活动基础的社会职能。这就使它们不可能成为青年运动的领头羊和聚集青年人的核心,而是从出现时刻起就注定会夭折的。实际上,这些组织并不是真正意义上的社会组织,大多成为前共青团干部的临时就业安置场所。它们的什么也说明不了的含混名称、相似章程,它们从过去的机关作风照搬过来的工作风格,都决定了这些组织不可能吸引青年,不可能成为真正的群众性青年组织。

20世纪90年代初,这种类型的青年组织在俄罗斯曾经风行一时,构成新的青年组织的很大一部分。但是由于上述缺陷,由于缺乏立场鲜明、目标明确并且善于管理的领袖,特别是由于财政基础薄弱,导致其中大多数实际只存在于纸面上。虽然有些这类组织开展了一些活动,但是,由于在社会生活中找不到自己的位置,也就没有得到进一步的发展,没有在青年运动中产生明显的影响,也很快停止活动了。这种组织的典型代表,就是1992年在原苏联列宁共青团的基础上成立、作为苏联列宁共青团各种资源合法继承者的"俄罗斯青年联盟"(Российский союз молодёжи)。俄罗斯青年联盟毫无生机与活力,完全没有进入俄罗斯的社会政治生活,是一个形式上存在的机构。后来普京上台后另起炉灶成

---

① «Молодёжь в России. Доклад Центра экономических и политических исследований», «Социальная политика в России», 1997 г., No. 5(29).

立亲政府的青年组织。

第三节 20世纪90年代俄罗斯的青年政治组织的状况

20世纪90年代的青年政治组织可以分成两大类：政党和政治运动的青年组织以及与政党和政治运动没有组织联系的独立的青年组织。在这一时期，在实际参加政治生活的政党和政治运动当中，除了俄罗斯联邦共产党（Коммунистическая партия Российской Федерации）之外，其他的政党和政治运动，例如"'我们的家园——俄罗斯'社会政治运动"（Общественно-политическое движение "Наш дом-Россия"）、"亚博卢"俄罗斯民主党（Российская демократическая партия "Яблоко"）、"俄罗斯民主选择"党（партия "Демократический выбор России"）、俄罗斯自由民主党（Либерально-демократическая партия России）、俄罗斯社会民主党（Социально-демократическая партия России），都有自己的青年组织。

独立的青年政治组织的数量不多，有"社会主义青年联盟"（Федерация Социалистической Молодёжи）、"青年联盟"（Молодёжная Лига）、"青年大学生自由联盟"（Свободный Молодёжный Студенческий Союз）、"青年社会民主联盟"（Социал-демократический Молодёжный Союз）、"青年爱国联盟"（Патриотический Союз Молодёжи）等。

一、相对活跃的政党和政治运动的青年政治组织

政党和政治运动的青年政治组织是俄罗斯20世纪90年代的青年政治组织当中相对活跃的政治活动参与者，它们在政治舞台上的社会职能和作用具有鲜明特点，它们最大程度地与社会的政治体系结为一体，是作为政治体系的重要构成部分的政党和政治运动的组成部分，它们在自身活动中享有相应的母组织所具有的一切优势。它们有两个基本任务，一是"为政治活动培养干部"，二是"把党的思想传达给未来的选民，特别是传达给

青年选民，以便形成未来的社会舆论"①。

在20世纪90年代的俄罗斯现实中，大多数这类青年组织的基本活动方向，就是积极参加自己所属政党和政治运动的选举运动，它们实际上是政党和政治运动参加选举运动的工具，青年组织对所属政党和政治运动的选举运动给予人力保障，而青年组织及其成员获得对青年人的临时工作安置。这类青年组织的大多数成员并不积极参加本组织的其他活动。

选举运动是政党和政治运动的青年组织的重要资金来源，中右翼政党的青年组织的活动明显表现出这一特点，这些青年组织的领袖与资助它们的大公司以及大银行的领导保持着密切联系。而左翼政党的青年组织的活动，其中包括参加选举运动，则主要建立在自愿基础之上，它们的活动基本是鼓动性的政治工作。由于与政党和政治运动的紧密关系，政党和政治运动的青年组织的影响和地位直接取决于母组织的影响和地位。例如，在圣彼得堡，得到圣彼得堡人支持、与"亚博卢"党结成竞选联盟的地方中央党（Региональная партия центра）1996年夏在该市赢得选举，执掌政府，这使得"圣彼得堡的'亚博卢'青年联盟"②（Санкт-Петербургский молодёжный союз "Яблоко"）的政治地位大大提高："圣彼得堡的'亚博卢'青年联盟"的领袖进入了圣彼得堡市政府青年事务委员会的领导班子。而影响不大的政党和政治运动的青年组织则活动困难。例如，俄罗斯自由民主党在圣彼得堡不受欢迎，该党在圣彼得堡的地方组织薄弱，这导致该党在圣彼得堡的青年组织——"青年自由民主同盟"（Либерально-демократический союз молодёжи）经常处于困难的状态、缺乏有力的物质基础，甚至不能被正式登记。

政党和政治运动的青年组织的重要特点，是有支持，同时也被控制，政党善于控制自己的青年分支，通常以使青年组织的领袖在党内占据一定

---

① Ф. Борисов: «Молодёжная организация партии: быть или не быть», газета «Демократический Выбор», No. 56 от 31 октября 2008 г.
② "亚博卢"党的青年组织在圣彼得堡和莫斯科的地方组织分别称为"圣彼得堡的'亚博卢'青年联盟"（Санкт-Петербургский молодёжный союз "Яблоко"）和"莫斯科的青年'亚博卢'"（Московское молодёжное "Яблоко"）。

位置作为回馈,以增强对青年组织的吸引和控制,比如,"莫斯科的青年'亚博卢'"(Московское молодёжное "Яблоко")的领袖安·沙罗莫夫进入了"亚博卢"党的政治委员会并且是党的中央委员会委员。

二、艰难活动的独立的青年政治组织

相对于政党和政治运动的青年组织,独立的青年政治组织的活动要困难得多,因为:

第一,独立的青年政治组织面临对于哪种现实政治力量的政治认同问题,以及利用哪种政治力量在政治空间中的政治地位问题。比如,早在1993年1月成立的俄罗斯共产主义青年团(Российский Коммунистический Союз Молодёжи)在左翼青年运动中一直没有产生过重要的影响,很大程度上是由于其在政治光谱中所采取的立场是靠近与"有分量的"俄罗斯联邦共产党相比知名度不高的俄罗斯共产主义工人党(Российская коммунистическая рабочая партия),而不与活跃的俄罗斯联邦共产党在组织上建立联系。20世纪90年代积极的、影响较大、较重要的共产主义青年组织,是靠近俄罗斯联邦共产党的青年共产主义组织。

第二,独立的青年政治组织缺乏进行政治活动所必需的物质资源。独立的青年政治组织力量是弱小的,难以在选举中获得好的成绩。它们在国家杜马选举时期参与成立的、选举结果遭到惨败的竞选联盟就充分暴露了它们的这一特点,例如,1993年成立的"俄罗斯的未来——新的名字"[Будущее России-Новые имена,其成立者是"'自由俄罗斯'青年运动"(молодёжное движение "Свободная Россия")和"公民联盟"(Гражданский союз)]和1995年成立的"分界的一代"(Поколение рубежа),它们难以获得必要的物质支持。

第四节 对20世纪90年代青年组织的评析

在1991年的下半年开始了青年组织的新的、"后共产主义的"发展时期,新的青年组织取代了处于解体中的共青团和逐渐停止活动的共青团时期的非正式青年组织,这些新的组织与共青团或者共青团时期的非正式青年组织的社会职能完全不同。上文提到,共青团时期非正式青年组织的特点,是它们的名称中含有"附属"字样,这也决定了共青团消失后,也就不需要它们了。新的青年组织基本上在1992—1994年形成独立的社会实践和自我实现形式,一般在组织上独立于非青年组织,也独立于国家政权、国家管理机关。各种各样专注于某类休闲活动、自我创作或者示威游行等等的青年组织形成了一种独特的体系。在这一时期,青年组织主要有这样一些特点:

第一,在青年组织里,实际参加活动的青年的人数并不多,大多数成员都只是在花名册里,这是20世纪90年代青年组织的显著特点。但是,许多青年组织,特别是参加选举运动的政党和政治运动的青年组织,在发挥它们的动员能力的时候会大大提高参加者的人数。有研究显示,大多数青年组织的人数往往不到几十人,平均每个组织不到四个人,[1] 在有的青年组织中除了它们的领袖之外甚至没有其他成员。有研究者分析了这些青年组织的这种特点,认为这是因为许多青年组织的领袖和创立者是出于想要自我表现、想要成为舆论焦点、便于代表自身利益完全对立的不同青年群体等动机而成立组织。据调查,仅仅少数人便成为了许多青年组织的领袖和成立者,例如"青年组织联合会"、"'青年圣彼得堡'联合"、"工业、科学和交通企业青年组织协会"、"青年倡议涅瓦基金会"以及其他几个青年组织,都是由圣彼得堡的同一个前共青团工作人员成立的。研究者彼·布尔焦指出,"这是篡权者的典型例子,(这类人)企图使人们相信,'在他身后'有一个群体,可他以这个确切群体的名义、作为法人讲话,就不会被人揭穿谎言。这里实际遇到一个悖论:篡权者被揭穿谎言的风险越小,他的组织的人数就越少,实际上没有揭发则表明该组织可能根本没有成员。"[2]

---

[1] В. А. Луков: «Государственная молодёжная политика: проблема социального проектирования будущего России» (http://www.zpu-journal.ru/gumtech/projection/articles/2007/Lukov/).

[2] П. Бурдьё: «Социология политики», Пер. с фр./Сост., общ. ред. и предисл. Н. А. Шматко./М.: Socio-Logos, 1993 г., c. 241.

第二，20世纪90年代青年组织的活动不积极。例如在圣彼得堡，在被登记的青年组织当中，真正有所活动的不到三分之一。① 在被登记、但实际上没有任何活动的青年组织当中，很多组织如上所述，是由同一些人成立的。"大学生运动"的许多组织（例如大学生联盟，大学生休闲俱乐部，等等）也是如此，它们人数极少、影响极小，是一些人为了提高自身的社会地位或者借助这些组织进入政治活动或者经营活动而人为地成立的。研究者彼·布尔焦把20世纪90年代在俄罗斯政治实践和社会实践中广泛存在的这种现象称为，"通过'运动'、'组织'，借助法律上的一般假象，实现成为社会代理人的客体化过程"②。

第三，被登记的青年组织大多存在时间并不长久，这也是它们实际上没有什么活动的一个重要原因。这一特点决定于它们被成立的目的和功能，由于它们实际上主要是作为它们的领袖和积极分子政治升迁和社会升迁的特别发射台，所以对于成功走进成年人生活的青年领袖而言，它们很快就不再被需要了。

总之，在俄罗斯国民经济所有领域都几乎崩溃了的20世纪90年代，国家管理青年事务的机构却幸存了下来。在联邦政府的重组时期，俄罗斯联邦青年事务委员会③是最早被"放在手术台上"的机构之一，在1992—1998年的这六年当中发生了五次，"每次最后俄罗斯联邦总统都对数十个社会组织的抗议、眼光最长远政治家的要求做出了让步，保留了委员会"④。但是，在独立了的俄罗斯，实际上国家领导人已不再关心青年。在

---

① П. Быстров: «Молодёжные общественные организации Санкт-Петербурга: роль на политической сцене (1986 – 1996)» (http://subculture.narod.ru/texts/book1/bystrov.htm).

② П. Бурдьё: «Социология политики», Пер. с фр./Сост., общ. ред. и предисл. Н. А. Шматко./М.: Socio-Logos, 1993 г., с. 241.

③ 在苏联末期，共青团陷于最深刻的危机之中，国家在共青团这一社会结构之外解决青年一代的问题。1990年设立了苏联总统青年事务全权代表；1991年夏，在俄罗斯总统选举之后，在新的俄罗斯政府之内设立了俄罗斯苏维埃联邦社会主义共和国国家青年事务委员会；1991年年底设立了俄罗斯苏维埃联邦社会主义共和国政府青年事务全权代表。苏联解体之后，1992年9月16日成立了俄罗斯联邦政府青年事务委员会。1998年6月24日劳动和社会发展部青年事务司取代了青年事务委员会，但是1998年9月22日重新恢复了青年事务委员会。

④ Мария Таланова: «Герои вчерашних дней» (http://www.politnauka.org/library/molpolit/talanova.php).

叶利钦当局推行的民主和自由的政治格局下,极"左"和极右的激进政治组织,甚至极端民族主义组织在内的各种政治组织纷纷成立,它们当中不少以青年作为重要成员,但是在20世纪90年代,不安分的青年及其组织并不是政权的大问题,一些组织的青年成员的斗殴和打砸无非是给警察增添了麻烦而已,并没有给政权增添麻烦。政权也对青年组织的活动保持了漠视和冷漠的态度,没有激化与它们之间的关系,青年运动的发展并不顺利,到20世纪90年代末,积极的青年政治活动已经难觅踪影了。

在俄罗斯联邦建立的最初几年——1991—1994年,俄罗斯实际上没有联邦水平的青年组织,[①] 后来在政党和政治运动的支持和倡议之下开始较多地出现青年组织(被称作"青年联盟"、"青年运动"、"青年分部"等等),但是青年自身与这一过程的关系是十分不紧密的,这些组织是形式上的青年组织,这些青年组织的成立完全是由相应的政党和政治运动的力量发起、组建和提供资金的,它们在自己的活动中根本没有认真表达广大青年阶层的利益,自然而然,它们没有真正对青年产生影响,也没有广为人知。

其中,1995年成立的、隶属于联邦会议联邦委员会、作为协商和咨议机构的俄罗斯联邦联邦会议联邦委员会青年议会大会(Молодёжная парламентская Ассамблея при Совете Федерации Федерального Собрания РФ)可以算作是俄罗斯的新的国家性青年组织。青年议会大会提出的目标,主要不是对青年群众发挥影响,而是在国内形成青年运动的结构,从而保障各青年组织的行动协调一致,保障它们和政权结构之间的联系,以及像共青团培养共产主义事业接班人那样,最终保障对那些作为"新"俄

---

① 根据俄罗斯联邦司法部1994年的数据,联邦水平的青年组织一共是4个:第一个被登记的是"自由俄罗斯"人民党(Народная партия "Свободная Россия")的"青年运动"(Молодёжное движение);第二个是"'青年俄罗斯'联盟"(Союз "Молодая Россия");第三个是苏联列宁共产主义青年团"继承者"——"俄罗斯青年联盟"(Российский союз молодёжи);第四个是由"支持青年企业家活动基金会"的年轻的商人们成立并且用该基金会地址注册登记的"'青年共和主义者'联盟"(Союз "Молодые республиканцы")。它们当中相对有生命力的,只有依据权利继承获得了苏联列宁共产主义青年团的大部分财政资源和物质技术资源的"俄罗斯青年联盟"。(Д. Артюхович:«Гражданская активность молодёжи: традиции и новации», «РФ сегодня», 2006 г., No. 12.)

罗斯潜在政治精英的青年领袖进行职业培训，青年议会大会期望这些青年领袖能够取代那些依然在当前俄罗斯的民主的政权结构中保持着十分重要地位的过去的苏联党政干部。但是，该举措没有得到国家政权机关以及联邦主体的一些地方管理机关的有力支持，最后无果而终。

第三章　普京时代的青年政治组织

2000年普京领导的新政府的上台标志着新的政治方针的开始，新政府开始关注青年大众，那么，如何唤起青年对政治的兴趣，使青年活跃起来呢？办法就是：物质刺激。克里姆林宫通过"购买"等物质刺激方式，在2000年年初成立了青年组织——"一起的人"，该组织的成员在活动中穿着后背印着"一起的人"的大字的马甲或者T恤衫。新成立的这一青年组织宣布，要对它认为的道德堕落和精神腐败开战。"一起的人"举行了几次轰动一时的行动，其中之一是抗议在莫斯科的大剧院上演弗·索罗金创作的歌剧，说他是淫秽作品的作者，不配大剧院的舞台。在普京上台之初，他的威望在上升，所以很快当局对"一起的人"的需要就消失了，该组织由于不被当局需要而逐渐无声无息了。而随着"一起的人"的消失，青年的政治积极性似乎也一起消失了。

2004年12月在乌克兰爆发了"橙色革命"，重新激起了青年们的政治热情。俄罗斯青年激动地接过了独联体邻国递来的"自由和民主的接力棒"。2005年是青年政治组织成立数量创纪录的一年，青年政治组织雨后春笋般地出现，在政治舞台上不断出现新的青年组织，"不与普京一起的人"、"是时候了"、"接班"……一些原有的青年政治组织也跟随形势的变化，染上了"橙色"，比如伊·亚申领导的"青年'亚博卢'"。"橙色革命"之所以吸引俄罗斯的青年反对派，是因为"橙色革命"是实现政治抱负的轻松道路,这种街头冲突曾经在20世纪90年代出现过。对于俄罗斯的政治化的青年而言,乌克兰的"橙色革命"成为"自由最终战胜旧精英的腐败制度的象征",[1] 被乌克兰的"橙色革命"所鼓舞的俄罗斯的反对派青年人"勇敢地"宣布普京总统和他的班底是敌人。

克里姆林宫密切注视着原苏联地区发生的事件,立刻注意到"飘荡着自由精神的橙色革命"对于先前完全消极、并不构成危险的俄罗斯青年的行为产生了很大的影响。在"橙色革命"之后,当局的任何行动,无论是逮捕失宠的寡头、施行第122号联邦法律[2],还是成立社会院,都受到反对派青年的嘲笑和猛烈抨击,引发了反抗潮流,带来了大规模的无秩序。俄罗斯青年被"橙色革命"所鼓舞,被"橙色思想"团结起来的青年在街头反对现政权,这是普京上台以后,街头政治第一次成了青年们进行政治活动的重要手段。

第一节 普京政权对俄罗斯青年的政治影响

21世纪以后俄罗斯的青年状况如何呢?普京就任总统以来,在俄罗斯出现的有利的经济形势对包括青年在内的公民的生活产生了积极的影响。但是,随着普京上台,国家对社会生活日益加强了控制,这种控制在有助于社会逐渐趋于稳定的同时,也面临新的挑战和问题,在这种形势下,政权需要关注青年,倾听青年一代的声音。

一、青年对普京时代的俄罗斯的认知与评价

进入21世纪,俄罗斯青年首先期待的是普京总统恢复国家秩序。青年与广大民众一样,支持这样的观点:"看来需要铁腕国家",这几乎是当时俄罗斯所有年龄类别、所有经济阶层和所有地区的公民都具有的看法。青

---

[1] Мария Таланова: «Герои вчерашних дней» (http://www.politnauka.org/library/molpolit/talanova.php).

[2] 2004年8月22日通过的第122号联邦法律(No.122-ФЗ)实际免除了国家为青少年组织拨付补贴的义务。

年人不仅希望由"铁腕"管理俄罗斯,而且希望俄罗斯是被其余世界的人敬畏的一个大国。瑞士发展科学院、莫斯科高等社会科学和经济科学学院以及俄罗斯列瓦达分析中心2006年联合进行的对俄罗斯青年的社会调查表明,41%的被调查者表示,与俄罗斯成为一个高生活水平的国家相比,他们更青睐俄罗斯是一个被其他国家敬畏的大国,哪怕不是最强的大国。① 虽然持这种看法的年轻人并不占青年中的大多数,但是这些在高生活水平与国家的国际威望之间择一,宁要后者的年轻人在青年中的比重仍然是很高的,这表明普京上台以来的俄罗斯社会舆论与叶利钦时代相比,发生了改变。

叶利钦担任总统期间的突出特点是试图与西方建立和睦关系,而普京担任总统期间的突出特点,则是与西方、特别是与美国对峙。普京坚持俄罗斯必须与任何外在势力保持距离,俄罗斯作为强大的国家必须行动独立,这一政策与20世纪90年代初的俄罗斯对外政策完全相反,那时西方国家被俄罗斯认作样板。普京的强国方针得到大多数俄罗斯年轻人的支持,60%的青年人相信,俄罗斯的敌人很多。在这些敌人当中,首先被提及的是国际恐怖主义分子(53%),接着是法西斯主义分子、"光头党"、美国、伊斯兰极端主义分子、高加索民族、官僚、北约、寡头。②

在对政治的态度方面,青年高度不信任当代俄罗斯政治制度,只有24%的青年对政治感兴趣,伴随着政治兴趣下降的是全体民众、特别是青年明显出现的去意识形态化趋势,所有主要思想政治派别的信奉者——"左派"、"右派"、"中派"、"民族主义爱国者派"的人数都减少了。俄罗斯科学院社会学研究所2007年对青年进行的社会调查表明,不认同任何意识形态的青年人数达到58%。③ 整体上而言,在21世纪初,俄罗斯青年不对国家的政治精英存有幻想,80%的青年认为,政治家只是关心当选,根

---

① Дени Даффлон: «Молодёжь в России: портрет поколения на переломе», «Вестник общественного мнения», 2008 г., No. 5.

② 同上。

③ Институт социологии РАН: «Молодёжь новой России: образ жизни и ценностные приоритеты. Аналитический доклад», М.: Институт социологии РАН, 2007 г., с. 71.

本不是关心保护选民利益。① 青年投票给候选人不是因为中意候选人的纲领，而是因为候选人具有的某些个人素质或者职业素质，对于他们这种政治癖好的动机，青年自己的解释是，"纲领看不懂"（占31%），"所有候选人的纲领都是一样"（占16%），占主流的解释是"反正谁都不会兑现纲领"（占53%）。② 这一现象并不难理解：在包括俄罗斯在内的后苏联国家——原苏联加盟共和国，大部分政治家要么是苏联精英代表，要么是进入政界的成功商人。55%的俄罗斯青年表示不懂政治，这纯粹因为缺乏政治兴趣和对政治精英失望。③ 对政治的反感，在后苏联国家很常见。

青年不想积极参加社会政治生活，这首先因为他们认为毫无意义，参与的效果微乎其微。但是，普京上台后，青年广泛对政治精英不信任，这与青年高度信任俄罗斯联邦总统——弗拉基米尔·普京管理国家构成鲜明对照。青年对总统的评价与对其他政治领袖和体制的评价惊人地截然相反，73%的青年人正面评价总统的活动，但是只有39%的青年人信任政府，信任政党和国家杜马的青年人还要少得多。青年对于国家制度的信任度也比较低，例如对法院、警察和军队的信任度分别为45%、29%和43%。整体上而言，最年轻——15—19岁的青年群体对于国家制度表现出最高的信任度。④

青年人对于总统的评价与对于其他政治人物及政治体制的评价如此不同，表明普京成功地把他自己与俄罗斯统治集团的其他代表分离开来。经过分析可以看到，普京在俄罗斯青年中受到欢迎主要有几个原因：第一，鉴于叶利钦卸任时国家的状况，普京强有力的领导人形象得到青年的支持；第二，普京上台以来俄罗斯国内的经济增长使许多俄罗斯人的生活得到了改善，这被归功于普京；第三，最重要的是普京被认为成功地恢复了

---

① Дени Даффлон: «Молодёжь в России: портрет поколения на переломе», «Вестник общественного мнения», 2008 г., No. 5.
② Д. Артюхович: «Гражданская активность молодёжи, традиции и новации», «РФ сегодня», 2006 г., No. 12.
③ Дени Даффлон: «Молодёжь в России: портрет поколения на переломе», «Вестник общественного мнения», 2008 г., No. 5.
④ 同上。

国家的大国形象，通过铁腕使国家回到了正确的道路上。在俄罗斯，20世纪90年代被认为是对西方做出了太多让步、西方的回报却是对俄罗斯的掠夺的时代。俄罗斯失去大国地位、滑落到区域性力量的水平，最鲜明地反映在北约1998年对南斯拉夫的干涉上，这被俄罗斯认为是屈辱，尽管俄罗斯当时对此进行了抗议。普京制定了以恢复国家的大国地位为方针的政治纲领受到了青年们的欢迎。

虽然大多数俄罗斯青年倾向于信任总统普京能够保卫俄罗斯的利益，但是这些青年大都也承认，他们对于国家领导人为国家树立了什么样的目标、俄罗斯具有什么样的前景、俄罗斯走向何处，并没有认识。对此，俄罗斯民众整体上也只是有着最模糊的认识。有研究认为，这种信任属于整个极权主义政权结构的人格化体现，属于对于整个国家臆想的象征、民众希望的国家的世界地位的人格化，但是与最高政权的代表的实际政绩的联系却微乎其微。在俄罗斯，政权工作不力的"过错"往往被转嫁到政府身上。但是尽管体制有着数不清的缺点，一般青年人并不想与体制直接对抗。笔者认为这种分析是有道理的。总体上而言，普京时代的青年对待政治的态度是完全矛盾的，一方面，青年对于俄罗斯的政治家以及整个政治体制高度不信任；另一方面，大多数青年又赞成普京的对内对外方针。

普京从2000年执政以来的目标之一，是恢复俄罗斯的大国地位，这自然意味着其中应包括国家经济的发展、俄罗斯公民生活条件的改善。普京时代的俄罗斯青年认为他们的生活水平近年有所改善了，青年的经济地位似乎有了提高，青年对此是感到比较满意的。2006年瑞士发展科学院、莫斯科高等社会科学和经济科学学院以及俄罗斯列瓦达中心联合对俄罗斯青年进行的调查表明，52%的被调查者认为最近三年他们的物质状况有所改善，38%的青年人认为没有变化，只有8%的青年人认为恶化。关于青年人对未来经济状况的看法，50%的被调查者相信今后三年生活水平会提高，22%的青年人认为生活水平会维持不变，只有3%的青年人认为会恶化。特别值得指出的是，51%的青年被调查者认为，他们的生活水平比他们的父母在他们现在这个年龄时的生活水平高。36%的青年被调查者认为，他们的父母的人生是不成功的，在造成这种不成功的原因当中最常被提及的，是认为他们的父母没有实现人生目标的能力，没有实现个人发展、挣到足够的金钱的能力。① 可以看出，尽管普京时代的俄罗斯青年遇到了很多困难，但是大都认为，与共产主义相比现在的政治和经济制度能够给他们提供更多的东西，所以普京时代的青年也更倾向于对对苏联社会制度在1991年的崩溃给予正面评价。

二、普京时代俄罗斯青年中不可忽视的负面状况

俄罗斯的政治状况在1991年年底彻底地改变了，在苏联解体之初的后苏联俄罗斯社会中曾经到处传播着对于建成自由的民主国家的希望。但是，历史表明，不会一夜之间就发生这样的改变，民主国家的建成是一个长期的过程。因此，俄罗斯民众很快就对俄罗斯政治家和西方精英所做出的"民主很快就会来临"的许诺感到了失望。取代民主的，是经济困难、腐败、政治丑闻和寡头崛起。在俄罗斯民众心中，民主开始与"野蛮的资本主义"、社会不稳定的加剧以及贪污腐化的精英联想在一起。俄罗斯青年也对执政精英和现存制度表现出了怀疑态度。

苏联解体以后俄罗斯的社会原则和价值观发生了彻底改变，社会从颂扬社会平等的社会主义体系发育成建立在经济分化和社会分化基础之上的资本主义体系，迅速发生的各种变化，造成了充满矛盾的社会后果和经济后果。在社会经济政治剧烈动荡的不稳定环境中长大的青年一代受到了强烈的影响。青年普遍对于外部世界（国家制度、政治家、整个社会）失望、缺乏自信、没有安全感、迷失方向、精神颓废等心理问题在青年当中普遍存在。可以说，普京上台后，面临的青年的状况是对未来没有信心、失去人生指南和价值观扭曲。青年不信任社会制度，对社会制度感到失望的情绪和态度波及整个社会生活。2006年11月瑞士发展科学院、莫斯科高等社会科学和经济科学学院以及俄罗斯列瓦达分析中心联合对俄罗斯青年进行的社会调查表明，51%的被调查者认为现在对大多数人不能信任，

---

① Дени Даффлон: «Молодёжь в России: портрет поколения на переломе», «Вестник общественного мнения», 2008 г., No. 5.

72%的被调查者认为人们对别人漠不关心，39%的被调查者认为社会不公平，57%的被调查者认为自己生活在真相和谎言越来越难以辨别的国家里。虽然青年一般对普京上台以来国家的经济发展感到满意，但是，同时73%的被调查者指出，富人和穷人之间的差距扩大了，贫富差距造成社会紧张气氛；67%的被调查者认为金钱成为基本价值尺度；39%的被调查者认为谎言和欺骗是实现成功的最好方式。大多数青年被调查者承认，他们感觉迷惘、不知所措。52%的青年被调查者表示对未来没有信心。调查显示，年龄在很大程度上影响着青年人的看法和评价，越年长的青年，越常指出贫富差距扩大、不能原谅贪污腐化，越年幼的青年则越倾向于利用任何手段达到目的。社会经济地位也对青年的生活方向和准则产生影响，社会经济地位低的青年更加经常认为"生活完全是不公平的"，在这类青年中认为贫富差距在各地广泛存在、生活越来越不稳定、对大多数人不能信任的人数比例最高。也因此，社会混乱和挫败感最强烈地表现在这类青年身上。失去准则和方向，直接影响到青年的心理状况，青年对于如何与社会互动的认识相应地发生变化，33%的青年被调查者表示，不喜欢按照既定社会规则生活；22%的青年表示，对生活不满意；只有56%的青年对能够实现人生计划感到自豪。在青年当中的迷失准则、不安全感和失落感，与他们普遍指出的社会不稳定感有着直接关系。在对于俄罗斯国内的不稳定和压制的主观感受上，青年普遍认为，普京上台以来，法制机关明显加强了社会管理，来自国家的压制在俄罗斯国内很普遍。青年普遍认为，政权操纵舆论，不能相信国家，必须避免和国家打任何交道。53%的青年被调查者认为，暴力是可以接受的。①

一些研究者认为，在青年当中普遍存在的不安全感和压抑感与国家对公共生活各个方面（媒体、公民的社会权利和政治权利）加强控制直接相关，这加重了青年人普遍的不安全感，因此可能出现社会混乱的各种兆头和各种可能后果——从心理紧张状态到心理失衡、越轨行为。"为了社会

---

① Дени Даффлон: «Молодёжь в России: портрет поколения на переломе», «Вестник общественного мнения», 2008 г., No. 5.

的和谐，必须在青年的愿望和愿望的实现可能性之间维持平衡"，否则，"如果青年感觉在自身目标和目标的实现可能性之间相互脱节，就会采取越轨的行为方式"。① 有研究者认为，挫败感、迷失方向和失去准则，可能导致各种反应或行动，这也就意味着，可能导致社会无序。社会调查表明，青年中超过三分之一有抑郁感，社会经济地位低的青年的抑郁感尤为强烈：他们当中49%的人经常感到抑郁。在社会经济地位最高的青年中37%有抑郁感（这一比例是相当高的，人们一般以为他们最少受到社会心理问题的困扰）。令人担忧的是，青年可能通过酗酒和吸食麻醉品代偿失去方向和准则。许多青年人填补对生活不满和感到没有未来而产生的精神空虚的方式，是服用麻醉品。青年中服用麻醉品的比例要比1%高得多，但是不少被调查者并不情愿如实回答。②

金钱被青年普遍看作衡量成功的唯一尺度，产生了为实现目的而准备不择手段的青年一代。在社会经济地位较低的青年身上鲜明地反映出当代俄罗斯社会是如何发展的：他们尽量远离国家政权机关，在他们当中认为生活不公平和不能信任任何人的人数比例最高，他们比其他青年更加容易陷入抑郁。因此，青年中经济能力最低的群体最严重地失去方向和缺乏准则，这一群体潜在地最倾向于采取越轨的行为方式——酗酒、服用麻醉品、接受政治极端主义，等等。在社会政治方面的迫近的危险是不应忽视的，调查表明，对于大多数青年来说，俄罗斯是一个残酷的社会：超过75%的青年被调查者认为，个体遭受暴力是在俄罗斯广泛存在的现象。③

同时，很多青年并不觉得前景是乐观的，而是感觉既涉及经济领域、也涉及社会领域的危险日益迫近，与年长者相比，青年更加怀疑找到适合他们能力的工作的可能性，所以许多青年认为，移居国外才可以解决他们的个人问题。俄罗斯青年无论对政权、还是对社会，都不抱有很多期待，

---

① И. Троцук: «Проблема насилия в российском обществе: "нормальные" и "патологичные" проявления», «Вестник общественного мнения», 2007 г., No. 3.

② Дени Даффлон: «Молодёжь в России: портрет поколения на переломе», «Вестник общественного мнения», 2008 г., No. 5.

③ 同上。

青年人认为，只能依靠自己解决自身问题和实现成功，他们对国家的未来的评价比对自身的未来的设想更加悲观。青年对于社会生活的许多领域——从个人发展条件到地区环境状况都感到不满，俄罗斯国内的青年人口大迁徙流就是对这一点的证明。

总的来看，在当代俄罗斯最终形成了一个建立在硬性竞争基础之上的社会，一个失业在青年当中成为日常现象的社会，在这样的社会里，青年自身抱负的实现在现实中遇到的困难使他们产生挫败感和对社会的失望感、不信任感。大多数青年不相信国家机关和整个社会，消极评价俄罗斯社会的运转情况，结果就是，青年为了发泄挫败感而可能转向政治极端主义。政治权利领域状况的恶化引起的青年不满的表现之一，就是反对派青年政治组织的涌现。俄罗斯国内的极端主义和民族主义情绪一直在增长。在青年感到迷惘、对未来没有信心和认为社会不公正的时候，极端主义和民族主义的组织把在俄罗斯进行转型阶段成长着的"失去的一代"吸引到它们那边并不太困难，这就必然导致俄罗斯国内的暴行增长、社会风气恶化、不同族群间关系的复杂化，并且引发了对外国人的排斥。

当然，调查也表明，还不能说俄罗斯青年已经最终形成了意识形态立场，在青年这一年纪，许多男女青年在意识形态立场上摇摆不定，会很随意地在很短时间里就从一种意识形态观点变换成相对立的观点。青年的意识形态选择，实际上与青年的社会地位、人口地位和经济地位等没有任何直接关系，也就是说，在男女青年中、在高学历和中低学历青年中、在大城市和小居民点青年中，都会差不多同样比例地有着这种或那种类型的意识形态。值得注意的是，并不是青年的意识形态立场就完全决定了青年的政治选择，在支持同一个政治家的青年人中，可能有着各种各样意识形态观点，而且很难说在这个问题上什么更加稳固，是政治倾向，还是意识形态立场，或者这二者都不是。①

普京上台，国家对社会生活日益加强了控制，社会也逐渐趋于稳定，

---

① Институт социологии РАН: «Молодёжь новой России: образ жизни и ценностные приоритеты. Аналитический доклад», М.: Институт социологии РАН, 2007 г., с. 76.

在这种形势下，政权需要倾听青年一代的问题，利用俄罗斯近些年有利的经济发展机会努力加以解决，否则青年的挫败感和对政权的不信任就会继续加深，最终阻碍在俄罗斯建成稳定的、繁荣的国家。

第二节　2005年以来俄罗斯青年政治组织的活跃

2005年以来，在俄罗斯，支持政府阵营和反对政府阵营的青年们都在准备战斗。政府反对派的政治家们憧憬在俄罗斯发生1968年在法国发生的那样的"学潮"，复制"橙色革命"；亲总统的政治家们则注视着穿着背后印着俄罗斯国歌歌词的白色T恤衫的"我们的人"纵队，冀望有能力既对过去的、也对现在的"外在敌人"发起挑战的一代力量的出现……

为什么2005年以来青年政治组织在俄罗斯得到急剧发展？青年政治运动的活跃化，是人为制造的、未必能长成真正的人的"试管婴儿"，还是自发形成的？青年政治运动既可以看到普京政府的引导，也可以看到"颜色革命"的影响。

一、普京政府对社会政治意识的控制与带来的弊端

2003—2004年是俄罗斯的新的领导人大力建设垂直权力体系的时期，这种建设加强了国家的管理。在俄罗斯实际上形成了弗拉基米尔·普京在他正式执政第一年所说的垂直权力体系，当局通过立法强化了对政党的要求，取消了地方领导人的直接选举，政权集中了重要的资源和可观的安全系数储备。对于当局来说，为了赢得选举胜利需要做的是动员政权的支持者和吸引政治倾向不明确的众多动摇不定者，同时打杀对手的资格、剥夺他们可供选择的机会。当局有计划地制造有参加选举资格的反对派政党的孪生政党，对有参加选举资格的反对派政党一步步进行削弱。例如，融合了好几个政党的"公正俄罗斯"党把俄罗斯联邦共产党的一部分传统选民拉到了它那一边。经过政府的一番行动，那些曾经能与政权党"统一俄罗斯"党竞争的党派，实际上只是起到了吸收一部分社会抗议情绪并加以消化的作用。反对派陷入混乱状态并且士气低落。

普京政府在各方面加强了对社会的控制,当局控制了国家的主要电视频道。大约90%的俄罗斯人每天看电视新闻,大约三分之一俄罗斯人从报纸上了解消息,关注互联网上的报道的俄罗斯人并不多。一般而言,在国家的主要电视频道上没有出现的人物和事件实际上不被绝大多数居民所知,普通俄罗斯人没有听说审判霍多尔科夫斯基、新闻记者遇害、政府反对派活动,电视上提到"统一俄罗斯"党的频率比提到其他任何政党都多。① 如前国家杜马主席鲍·格雷兹洛夫所说,"电视和议会不再是政治辩论的场所"②,"现在没有当局的允许,不可能在政治舞台上出现新的游戏者"③。

但是,在普京政府加强控制的同时,普京班底建立的政治体系有一个大弱点:政权在掌控了议会等政治资源的同时,实际上也失去了有利于自身安全的、十分有效的释放社会愤怒的机制。20世纪90年代在国家杜马中的激烈争吵,虽然决定性的意见最后总是属于克里姆林宫,但至少在俄罗斯国内提供了严肃的政治辩论的机会。自由的议会论坛对政权的破坏性并不大,在政治斗争被集中在杜马之内的情况下,反对派常常会认为没有必要进行大规模的抗议运动,但是在后来形成垂直权力体系的条件下,除了掌握"街头政治"的政治斗争方法,反对派没有别的出路。

二、"颜色革命"对普京政权及俄罗斯青年政治组织的影响

2005年以后俄罗斯青年"街头政治"活跃的推动因素之一就是"颜色革命"的影响。2004年11月21日在乌克兰首都基辅开始了大规模的公民抗议运动,这次运动就是广为人知的"橙色革命"。乌克兰的"橙色革

---

① Денис Александрович Волков: «Федеральные телеканалы как исполнители коррупитивной сделки государства с избирателем» (http://www.levada.ru/03 - 11 - 2011/protestnye-elektoralnye-strategii).

② Илья Яшин: «Время разбрасывать камни. Молодёжные субкультуры: инвентаризация», «Русский Журнал» от 22 марта 2005 г.

③ Денис Александрович Волков: «Федеральные телеканалы как исполнители коррупитивной сделки государства с избирателем» (http://www.levada.ru/03 - 11 - 2011/protestnye-elektoralnye-strategii).

命"显示着青年成为"街头的突击力量",青年政治组织"是时候了!"(Пора!)发挥了巨大的作用。这次运动产生了巨大的国内和国际影响。"橙色革命"对俄罗斯领导人而言也成了震撼性的事件,他们看到了青年们爆发的力量对于一个国家政权来讲蕴含着什么样的风险。"橙色革命"的成功警示俄罗斯的政治上层人士,作为"半民主制度的"俄罗斯合法政权具有不稳定性。

在原苏联地区发生的"颜色革命"或者"颜色革命"尝试,大大影响了克里姆林宫对于苏联解体之后的世界的认识。对于普京政府的官员们来说,"橙色革命"的冲击是相当大的,他们认为:"小俄罗斯人[①]是怎么成功地进行公民不服从行动的?是怎么不开一枪地推翻了手中看来握有所有的国家管理杠杆的在位者的?""如果这种事能在乌克兰发生,那么,有必要担心在俄罗斯可能也发展成这种情况。"[②] 克里姆林宫从2004年的"乌克兰事件"中得出经验,开始积极着手建立青年组织。2005年,俄罗斯当局仓促成立了一些进攻性的亲政府青年政治组织,之前已有的这种青年群体的行动也明显活跃起来。在这些亲政府青年政治组织当中,特别著名的是在2005年2月底成立的"'我们的人'青年民主反法西斯运动",这一时间是在维克托·尤先科宣誓就任乌克兰总统大约一个月之后。

在青年政治组织的活跃浪潮中,亲政府的青年政治组织积极发挥着"反颜色革命的"作用,其中影响最大的是"我们的人"。亲总统的"我们的人",在普京的家乡——圣彼得堡采取了最早的行动,2005年2月总统办公厅副主任苏尔科夫抵达该市,在严格保密的情况下会见了这一新的青年政治组织的积极分子。"我们的人"最著名的行动之一,是2005年5月15日在首都莫斯科举行的五万青年集会。

2005年是俄罗斯出现青年政治组织的数量创纪录的一年,右翼政党、左翼政党、"统一俄罗斯"党、克里姆林宫都在吸引青年人,青年政治组织成为受到各路力量抢夺的资源了。在"街头政治"在俄罗斯来临的时

---

① 小俄罗斯人是乌克兰人的旧称。

② Андреас Умланд: «Оранжевая революция: русское антизападничество и эволюция российского политического режима последних лет» (http://polit.ru/article/2010/01/14/umland/).

代，政治舞台上的主要角色之一就是青年政治组织，特别是大学生的政治组织。从 19 世纪中期开始，特别是在 19 世纪末、20 世纪初，在俄国的社会政治生活中，青年大学生就扮演了重要角色，在彼得堡的"工人阶级解放斗争社"的活动家当中大学生社会民主党人占据显要位置；在 1905—1907 年的俄国革命期间以及在 1917 年的俄国革命期间，激进大学生积极支持布尔什维克，站在革命无产阶级的队伍中进行斗争。列宁曾经写道："在彼得堡和莫斯科都接受了革命社会民主党口号的激进的大学生是一切民主力量的先锋队。"①"街头政治"一贯是青年人的自发展示舞台、活跃舞台，最符合大学生的气质与激情，并且常常是其仕途的重要的跳板。例如，1968 年法国大学生学潮的领袖科·本吉特后来成为欧洲议会议员，当年的德国活跃青年尤·菲舍尔曾担任了德国外交部长。

2005 年成立的青年组织很多，亚历山大·杜金领导的"欧亚青年联盟"就是在 2005 年 2 月底成立的。还有"'地方的人'莫斯科近郊青年政治生态主义者运动"，亚历山大·杜金的"新欧亚主义"学说的崇拜者——知名电视制片人伊万·杰米多夫领导的"'统一俄罗斯的青年近卫军'全俄罗斯社会组织"等。2005 年以来，俄罗斯所有的重要政治事件中都可以见到青年人的身影，满怀乌克兰"橙色革命"那样的革命狂热的大城市青年人正在活跃起来，各种集会中青年们站在集会者的前排，新的青年政治组织建立起来并且积极活动。当代俄罗斯青年政治组织的活动常常以目的是吸引媒体注意的各种街头行动来开展。在新的青年政治组织当中，许多已经比"成年人前辈的"组织更加引人注目：

在庭审霍多尔科夫斯基的时候，在法院大楼前面，特警殴打"青年'亚博卢'"的成员。"青年'亚博卢'"的成员付完罚款，又带着标语和旗子去参加下一个集会。"青年'亚博卢'"和"青年正义力量联盟"联合其他青年民主组织成立了青年政治组织——"捍卫"；

"红色青年先锋队"定期和警察发生冲突，举行烟花火炬游行，堵断公路；

---

① 《列宁全集》第 11 卷，北京：人民出版社 1987 年版，第 353 页。

在圣彼得堡出现名为"不与普京一起的人"的青年政治组织；

参照乌克兰的成功经验，在俄罗斯也建立了同样称为"是时候了"的青年政治组织（在俄罗斯有两个有这一名称的青年政治组织）；

俄罗斯的民族主义者也对"青年的革命"做出紧急反应，亚·杜金2005年成立了青年政治组织——"欧亚青年联盟"，关于该青年政治组织的目的，"欧亚青年联盟"的领袖直截了当地宣布："在俄罗斯发起'反橙色革命进程'。"

为了防范"橙色革命"，普京政府在2005年还实施了很多重要新举措，包括成立俄罗斯联邦社会院，11月4日被定为人民团结日以及开播亲政府的两个电视频道——"救世主"东正教频道和"今日俄罗斯"（Russia Today）英语频道。克里姆林宫还采取了以建立公民社会、建立具有反西方倾向的民族主义大众文化为目标的一系列措施，其中，比较有影响的行动是在总统办公厅和俄罗斯联邦政府的倡议和支持下创作和发行一系列新的爱国主义的故事片、电视资料片和中小学历史教科书。此外，后来，根据新任总统德米特里·梅德韦杰夫的命令，2009年5月成立了"反对损害俄罗斯利益的历史篡改企图委员会"，领导"统一俄罗斯的青年近卫军"的伊万·杰米多夫被任命为该委员会的执行主任。

在俄罗斯，占主流的对于"橙色革命"的分析，主要是认为由于地理和文化上的差别导致乌克兰的两个相互竞争的政治和经济集团之间长期的争夺政权的斗争：一个是由东乌克兰支持的集团，另一个是由西乌克兰支持的集团，在这两个相互对立的文明之间的冲突中，"美国人"起了不小的作用。在乌克兰发生"橙色革命"这一大规模抗议行动之后，俄罗斯政界普遍认为是西方干预和推动了"橙色革命"，认为西方可能试图通过破坏俄罗斯政府的合法性、通过对群众性抗议行动提供帮凶行为在俄罗斯再现其先前在乌克兰的成功的看法成为主流。在许多有影响的俄罗斯的政治家、政治分析人士甚至一些政治学学者对2004年年底乌克兰事件的解读中，"橙色的"成为俄罗斯国内外的"反俄的"和"亲美的"活动家和活跃人士的标签。在俄罗斯人当中相当多的人坚信，"橙色革命"是华盛顿继轰炸塞尔维亚、占领伊拉克、格鲁吉亚大转变之后对俄罗斯也想干的事情，但是幸亏普京的坚强领导才没有得逞。也有人认为，"橙色革命"不同于法国大革命、俄国十月革命这样的社会革命，它并不是本来意义上的革命，它只是大规模的公民抗议行动。

无论怎样认识，俄罗斯当权者对于"橙色革命"的反应是非常强烈和迅速的。克里姆林宫在2004年尤为关切的是"橙色革命"暴露了一种威胁，"橙色革命"触及了普京的"主权民主"①的主要原则："在后苏联国家（原苏联加盟共和国），'橙色革命'成了社会在外部支持下利用'民主方法的残余'摆脱对选举的专制、推翻事实上的专政的样板。"② 这些国家"颜色革命"的发生对俄罗斯产生了巨大的影响，迫使俄罗斯政权看到当代俄罗斯还比较脆弱、不稳定的社会制度、政治制度所面临的现实威胁，也引起了俄罗斯政治家和政治力量对青年们的关注。对于可能到来的"颜色革命"的担忧和恐惧，迫使俄罗斯当局封锁和压制任何独立于政权之外的组织的活动，控制它们的社会影响，特别是防止出现青年反对派，为此，当局采取了很多行动，他们密切关注青年组织特别是青年政治组织的思想和行动。从2005年起，国家加强了对青年、青年问题的关注，开始关切青年一代的抗议潜力、青年抗议行动的危险。

第三节　普京时代青年政治组织的类别

在20世纪90年代，俄罗斯青年是被放任自流、鲜有人问津的，21世纪初，在原东欧和原苏联地区发生"颜色革命"，特别是在乌克兰发生"橙色革命"之后，在俄罗斯出现了各种各样的青年政治组织，出现了大规模的青年政治组织活跃浪潮。当2003年格鲁吉亚的青年组织"够了！"（Кмара！）在格鲁吉亚的"玫瑰革命"中几乎起到了决定性的作用的时候，当"够了！"的经验被乌克兰的青年组织"是时候了！"（Пора！）在乌克兰的"橙色革命"中再一次实践的时候，人们已经清楚地看到了青年

---

① "主权民主"这一表述正是在乌克兰发生"橙色革命"之后在俄罗斯出现的。
② Андреас Умланд: «Оранжевая революция: русское антизападничество и эволюция российского политического режима последних лет» (http://polit.ru/article/2010/01/14/umland/).

们在这些行动中发挥的重要作用,能够把青年们吸引到自己那一边的政治家和政治力量,就能够在斗争中保证自己具有决定性的优势。

2005年以来俄罗斯青年政治组织得到迅速发展,依据不同的政治立场,它们可以分为两大类:亲政府青年政治组织和反政府青年政治组织;在反政府青年政治组织中,依据其思想主张又可以分为五个类别:共产主义青年政治组织、自由主义青年政治组织、民族主义青年政治组织、无政府主义青年政治组织和生态主义青年政治组织。这些繁多的青年政治组织构成了相当活跃和有影响力的活动态势。探究这些组织的类别可以看出,这些组织中只有极少数是青年出于自身目的由青年自己成立的,这些组织主要是俄罗斯的一些大的、有影响的政党的青年分支,这类青年政治组织的名称中一般都标明了它们属于某个政党,也有的组织是一些人为了解决某个具体政治任务而利用青年们搞起来的政治项目。不同谱系的青年政治组织的活跃为当代俄罗斯增添了新的政治态势。

一、亲政府的青年政治组织

2005年以来,俄罗斯政府投入大笔经费成立支持政府的青年组织,将青年人吸引到政权这边,也以此对抗反对政府的青年政治组织,防止和瓦解街头的大规模抗议行动,防范"颜色革命"。在这一时期,主要的亲政府的青年政治组织有:"我们的人"、"统一俄罗斯的青年近卫军"、"青年俄罗斯"、"地方的人"、"新人"等。对此,俄罗斯研究者亚历山大·塔拉索夫认为,"这些组织不是重复,是早就制定好的用忠诚于最高政权的结构覆盖整个政治空间的战略。从前这一战略完全是针对各个政党构想的,现在正试图在青年领域实现这种战略。"[①]

亲政府的青年政治组织针对政府反对派中比较活跃的政治组织开展的活动实施干扰和破坏,比如,它们与公开号召在俄罗斯进行"颜色革命"的利莫诺夫领导的国家布尔什维克党(Национал-большевистская партия,

---

① Виктор Беккер: «Пассионарная арифметика» (http://www.politnauka.org/library/molpolit/bekker.php).

后来被政府取缔）、前政府总理卡西亚诺夫领导的俄罗斯人民民主联盟（Российский народно-демократический союз）以及自由主义青年政治组织进行对抗和斗争。同时，它们认为那些号召进行暴力革命、重建苏联的政党和青年政治组织，例如奥列格·舍宁领导的苏联共产党（Коммунистическая партия Советского Союза）、红色青年先锋队、革命共产主义青年团（布尔什维克）等等，是与"橙色分子"同样甚至更加危险的敌人，因此也是要加以反对的。此外，亲政府的青年政治组织针对在原苏联加盟共和国独立后在这些国家出现的反苏、反俄活动积极进行抗议，举行了反对格鲁吉亚、乌克兰等国家以及反对美国和反对北约的活动。

亲政府的青年政治组织由于得到中央政府和地方政府在财力和人力上的大力支持，所以在开展活动上拥有较好的保障。2007年6月30日普京总统签署《关于2007年度国家支持非商业性非政府组织参与发展公民社会制度的保障》的命令①，从国家预算中拨出12亿卢布用于支持亲政府的几个青年政治组织，根据资助名单，其中仅拨给"我们的人"用于举办2008年谢利格尔湖畔夏令营的资金就达1028万卢布。② 在政府的支持下，这些青年政治组织开展了一些大规模的活动，例如，2005年5月15日，"我们的人"在莫斯科市列宁大街举行的"我们的胜利"活动，官方报道有5万—6万青年人参加；2007年3月25日，"我们的人"在莫斯科市萨哈罗夫院士大街举行的庆祝普京就任总统七周年、名为"总统的通信兵"的集会，有13000名青年支持者参加。

亲政府的青年政治组织的领导者由于表现卓著，受到了政权党领导人和国家领导人的接见，其中尤为突出者还获得了国家勋章。2007年5月30日，"统一俄罗斯"党总委员会主席团书记维亚切斯拉夫·沃洛金接见了

---

① Распоряжение No. 367-рп «Об обеспечении в 2007 году государственной поддержки некоммерческих неправительственных организаций, участвующих в развитии институтов гражданского общества».

② «Список победителей конкурса по предоставлению грантов некоммерческим неправительственным организациям на реализацию проектов в сфере поддержки молодёжных инициатив, проектов молодёжных движений и организаций», «Государственный клуб» (http:// www. gosclub. ru/programm/164811091).

"我们的人"、"青年近卫军"、"青年俄罗斯"和"新人"的领袖；2007年7月24日，普京总统接见了这些青年政治组织的代表；2008年4月23日，普京总统签署命令①，授予"我们的人"的领袖瓦西里·亚克缅科、"地方的人"的领袖谢尔盖·法捷耶夫和"青年俄罗斯"的领袖马克西姆·米先科祖国功勋勋章。

经过普京政府有计划的行动，俄罗斯的政局较为稳定，"颜色革命"的影响渐渐淡去，在这方面亲政府的青年政治组织功不可没。俄罗斯一些人权保护人士和西方一些分析家认为，"我们的人"是名义上的社会组织，是假社会组织，"不民主的政府"之所以成立它和对它大力资助，是让它扮演用来"证明"存在支持政权的公民社会的布景。②

（一）"我们的人"

亲政府的青年政治组织"我们的人"["Наши"，全称为："我们的人"青年运动全俄罗斯促进发展主权民主社会组织（Общероссийская общественная организация содействия развитию суверенной демократии молодёжное движение "Наши"）]是俄罗斯联邦总统办公厅通过对先前的青年政治组织"一起的人"③（"Идущие вместе"，简称"ИВ"）进行改组之后成立的青年政治组织，2005年3月1日对外宣布正式成立。在2009年之前该组织的名称为"'我们的人'青年民主反法西斯运动"（Молодёжное демократическое антифашистское движение "Наши"）。"我们的人"是在乌克兰的"橙色革命"取得成功后，为了防范俄罗斯的

---

① Указ No. -553 «О награждении государственными наградами Российской Федерации».

② Лилия Мухамедьярова: «Нью-правозащитники сыграют в гонго», «Независимая газета» от 20 июля 2005 г.

③ "一起的人"作为支持普京总统的青年政治组织，成立于2000年年初。其轰动一时的早期行动之一，是在2001年5月7日——普京就职总统一周年纪念日举行的活动。来自俄罗斯各个城市的数万名该组织成员在莫斯科市举行表达对普京的支持的集会。"一起的人"还举行了反对俄罗斯作家弗拉基米尔·索罗金、维克托·佩列温和维克托·叶罗费耶夫的一系列行动，指责他们的作品"散布色情文学和不标准的词汇"。2002年1月，"一起的人"还试图举行用著有《这里的黎明静悄悄》等作品的著名作家鲍里斯·瓦西里耶夫的著作交换《马克思恩格斯全集》之类的马克思主义著作的行动，但是由于瓦西里耶夫本人的反对，该行动被中止。两周之后，该行动继续进行，用来交换马克思主义著作的是布宁、列斯科夫和库普林的著作。

政府反对派在议会选举和总统选举之后也可能举行的街头抗议行动、保卫现政权而很快由当局组建的。2005年2月17日，时任俄罗斯总统办公厅副主任的弗拉季斯拉夫·苏尔科夫在圣彼得堡接见"我们的人"的积极分子时表示，准备在"我们的人"的基础上建立一支可能在2008年成为新的政权党的新的政治力量。①

"我们的人"的意识形态是：保卫国家宪法规定的制度，使俄罗斯成为全球领袖，支持弗拉基米尔·普京执行的方针。

"我们的人"在形式上由几名联邦委员进行集体领导，非正式的领袖是尼基塔·博罗维科夫。"我们的人"的创立者之一和保护人，是联邦青年事务署前首脑、"我们的人"的前联邦委员瓦西里·亚克缅科，他也是"一起的人"的创立者和领袖。青年政治组织"青年俄罗斯"的领袖、第五届国家杜马议员马克西姆·米先科也曾是"我们的人"的联邦委员。"我们的人"的各级委员中许多人是国家杜马议员的助理、地方立法会议议员的助理或者地区立法会议议员的助理。

"我们的人"拥有雄厚的活动资金，例如，在2007年平均每个月给"我们的人"一个地区分部的财政拨款为2万至3万美元；② 2009年9月8日，俄罗斯联邦社会院根据支持非商业组织计划框架内的项目，为举行例常的"谢利格尔湖—2010"论坛划拨了550万卢布。根据俄罗斯《消息报》的数据，"我们的人"在2007—2010年从国家各级机构获得的资助总共超过4亿6千万卢布。③

"我们的人"是唯一一个曾被弗拉基米尔·普京定期接见其积极分子的青年政治组织。从2005年起，"我们的人"每年在特维尔州的谢利格尔湖畔举行为期两周的夏令营，夏令营的重要任务是团结积极分子，与著名政治活动家、观察家以及行政机关和立法机关人士会谈。"我们的人"在谢利格尔湖畔的首届（2005年7月11—25日）夏令营结束之后，普京总

---

① Михаил Шевчук, Дмитрий Камышев: «Обыкновенный "Нашизм"», «Коммерсантъ», No. 30 от 21 февраля 2005 г.

② «Парень из "нашего" озера», «Ъ-Власть» от 30 июля 2007 г.

③ «Деньги Наших» (http://www.vedomosti.ru/newspaper/article/250636/dengi_nashih).

统于2005年7月26日在扎维多沃的总统官邸接见了"我们的人"的56名优秀委员。普京总统感谢积极分子们举行的行动：为了纪念苏联卫国战争胜利60周年，2005年5月15日在莫斯科市列宁大街举行的5万名青年人的游行，并在车臣开设全俄罗斯公民社会中心。普京指出，这是"俄罗斯的有效的公民社会的出色例证之一"，普京称"我们的人"是"带动大多数的积极的少数"，并且表示，希望该组织的成员能够"影响国内形势"。

"我们的人"举行用气枪作为练习射击武器的爱国主义军事训练，多次举行反对前总理卡西亚诺夫及其领导的人民民主联盟的行动，多次举行反对"亚博卢"党的行动，指责"亚博卢"党"与来自国家布尔什维克党的法西斯分子合作"。

1. 主要活动

"我们的人"在一些固定日期举行一系列活动，主要有：5月15日：纪念卫国战争胜利的"我们的胜利"活动，通常每三年举行一次，在2005年、2007年和2010年这三年中总共从全国召集了10万名以上的该组织的积极分子和青年支持者，是"我们的人"所组织的参加者人数最多的全国性行动；在2005年时该活动的参加者超过5万名青年人，是"我们的人"组建后的第一次大规模的行动。6月12日："俄罗斯日"活动，每年"我们的人"参加该节日期间政府组织的大规模活动。6月22日：纪念1941年爆发的卫国战争的"记忆的林荫道"活动，每年6月22日凌晨4点"我们的人"的成员在莫斯科市的麻雀山上点燃1万支蜡烛和敲响10支铃铛。7月1—30日："谢利格尔"全俄罗斯青年教育论坛，每年举行。8月8—27日："我们的人"和斯塔夫罗波尔边疆区政府联合举办"马舒克"全高加索青年教育营，每年举行。9月3日：纪念别斯兰事件的"无言的沉默"集会行动，2005年时在全俄罗斯各地有10万以上"我们的人"的积极分子参加该行动，每年举行。11月4日：纪念人民团结日的"俄罗斯大进军——所有自己人"行动，2005年时该行动曾被称为"10万件好事"，全国各地有10万青年人参加，每年举行。2009年起该行动的全俄罗斯各地青年参加者人数固定在3万人以上。

"我们的人"的轰动一时的行动之一，是2005年5月15日在莫斯科市列宁大街举行的纪念卫国战争胜利60周年的"我们的胜利"行动,有5万—6万名青年人参加,在该行动开始时,一名卫国战争老战士交给亚克缅科一颗"象征着保卫俄罗斯的独立的火炬"的子弹壳。

2005年7月11—25日,"我们的人"在谢利格尔湖畔举行了第一次全国性聚会——为期两周的夏令营,"我们的人"的联邦委员和来自全国各地的该组织的3000名支持者参加了该夏令营。夏令营举行了徒步越野赛、自行车赛和联体舟赛,还举办了讲座,讲座者中包括乌克兰的激进民族主义组织"兄弟会"的领袖德米特里·科尔钦斯基。2005年7月26日普京总统在其官邸接见了参加该次夏令营的"我们的人"的最活跃成员的代表。

在2005年之后,普京与"我们的人"的代表的会见成为定期的,每年夏季该组织在谢利格尔湖畔的聚会结束之后普京接见该组织的代表团。2008年,当谢利格尔湖论坛的参加者达到1万名的时候,虽然普京本人未能访问该营地,但是普京为该论坛的青年参加者们准备了他的讲话录像,普京在讲话中表示,论坛的所有参加者都属于普京的团队,未来的国家首脑也许就在论坛的这些参加者中间。

2005年8月29日,携带棒球棒、气枪和发烟罐的一伙不明身份的人,在俄罗斯联邦共产党莫斯科市委员会驻地附近袭击了国家布尔什维克党、红色青年先锋队、俄罗斯联邦共产主义青年团和"'为了祖国!'青年联盟"(Союз молодёжи "За Родину!")的成员,当时"反资本主义—2005"游行的组委会正在那里开会。警察逮捕了袭击者,但很快将他们释放。俄罗斯联邦共产党和国家布尔什维克党认为,袭击者是"我们的人"。红色青年先锋队表示,这一袭击有政权背景。目击者也证实,袭击者是"我们的人"。次日,"亚博卢"党对这一针对政府反对派的恐吓行动给予了谴责,称这一针对左翼青年积极分子的袭击"是一起受到庇护的、有组织的、有计划的政治行动,极有可能是在当局指使下干的"①。

---

① «Об избиении левых оппозиционных активистов», заявление РДП "Яблоко" от 30 августа 2005 г. (http://www.yabloko.ru/Press/Docs/2005/0830_nbp.htm).

2006年年初，"我们的人"在莫斯科市举行了第一次代表大会，改选了该组织的领导人。2006年7月15—29日，"我们的人"再次在谢利格尔湖畔举办了夏令营，来自俄罗斯各个地区的该组织的5000名支持者和各级委员参加了夏令营。当时的车臣政府主席、"统一俄罗斯"党车臣地方分部领导人兼"统一俄罗斯"党总委员会委员拉姆赞·卡德罗夫是该夏令营授课人之一。

2006年7月和8月，"我们的人"的一些委员在英国驻莫斯科大使馆前举行示威，要求英国大使安东尼·布雷顿对其支持俄罗斯政府的激进反对派——"另一个俄罗斯"的言论公开道歉。据"我们的人"的说法，英国大使安东尼·布雷顿2006年7月在"另一个俄罗斯"论坛的会议上发言时表示，"'另一个俄罗斯'公民论坛有助于俄罗斯的公民社会的发展"，并且表示，英国准备拨付100万英镑支持"另一个俄罗斯"的活动，这些资金"将帮助俄罗斯变得更加富强和自由"。① 为此"我们的人"要求英国大使公开道歉，在道歉未果后，"我们的人"的积极分子开始在英国大使馆前进行抗议，后来发展成对大使进行跟踪。

"我们的人"的积极分子2006年10月在下诺夫哥罗德市向在该市访问的英国大使投掷传单，指责其支持"墨索里尼和希特勒思想的追随者"。"我们的人"的积极分子2006年12月在乌里扬诺夫斯克市也进行了针对正在该市的英国大使的行动。英国大使在接受《金融时报》(*Financial Times*)采访时，推测"我们的人"是从俄罗斯特工机关那里获悉他的出行计划，因为"'我们的人'的行为远远超出和平抗议的范畴"，对他本人以及其他外交人员的安全构成威胁。但是据"我们的人"的互联网网站公布的消息，"我们的人"的"和平请愿"至少两次遭到大使保镖的袭击。迫于国际压力，俄罗斯外交部部长谢尔盖·拉夫罗夫2007年1月17日会见了"我们的人"的领袖瓦西里·亚克缅科，要求其不要损害俄罗斯的国际义务。亚克缅科表示，将会继续抗议行动，但是抗议行动的参加者不会

---

① http://www.nashi.su/news/4968. 但是据国际文传通讯社的消息，当时英国大使只是说对俄罗斯的非政府组织给予资金支持。(«Другая Россия» не обошлась без инцидентов» (http://news.bbc.co.uk/hi/russian/russia/newsid_5168000/5168106.stm).)

违反《维也纳公约》。2007 年 12 月 5 日 "我们的人"的积极分子在英国驻莫斯科大使馆前举行了抗议活动，向使馆递交了一封致英国伊丽莎白二世女王的信，要求召回该英国驻俄大使。

2006 年 12 月 17 日，"我们的人"举行了名为"被恢复的节日"的慈善活动，全国各地有 7 万多青年人参加，活动的参加者向卫国战争老战士祝贺新年并且赠送征集的或者自制的礼物。

2007 年 3 月 25 日，"我们的人"在莫斯科市萨哈罗夫院士大街举行了庆祝普京就任总统七周年的为期两天的集会，集会的名称为"总统的通信兵"，有 13000 名"我们的人"的委员和支持者参加。在集会中，行动的参加者还向路人征询对普京总统的政策的看法，还建议路人向一个专门号码发送向普京祝贺的手机短信，许诺短信内容会被结集出版，还同时散发彩色印刷的宣传册。在宣传册中说，俄罗斯像伊拉克那样被占领或者被变成"美国的殖民地"的危险是非常严重的，美国是俄罗斯的主要的敌人，叛徒和法西斯分子在帮助美国占领和摧毁俄罗斯，不支持现政权的政治家就是叛徒和法西斯分子。他们认为国家布尔什维克党领袖利莫诺夫和前总理卡西亚诺夫，以及所有参加了 2007 年 3 月 3 日在圣彼得堡举行的"不同意见者大进军"游行的人，都是叛徒。"我们的人"表示，它吸收所有准备在反对派举行大规模行动的时候走上街头反对反对派的青年人，它为抵抗普京体制的反对派进行的任何大规模行动做好了准备。

在 2007 年 4 月底—5 月初，"我们的人"的积极分子在 6 天时间里对爱沙尼亚驻莫斯科大使馆进行了封锁，抗议爱方将首都塔林的苏军战士青铜像移到军人墓地。在抗议期间，"我们的人"的积极分子冲击了爱沙尼亚大使在《论据与事实》报社举行的新闻发布会，袭击了大使乘坐的汽车，爱沙尼亚外交部被迫从俄罗斯撤回外交人员的家属。"我们的人"的一些委员还在塔林与爱沙尼亚的"反法西斯主义组织"——"巡夜"一起举行了保卫雕像的请愿活动。

2007 年 5 月 30 日，"统一俄罗斯"党总委员会主席团秘书长维亚切斯拉夫·沃洛金会见了包括"我们的人"在内的各个亲政府青年政治组织的领袖，表示这些青年政治组织的成员"可以被视作享有与'统一俄罗斯'

党党员同等的权利","可以依照'统一俄罗斯'党的名单被选入国家杜马"。①

2007年夏"我们的人"正式宣布,为了促进中小学讲授《东正教文化基础》课程和培养该门课程的专职教师,成立东正教委员团。"我们的人"声称,它在这方面的活动得到了莫斯科和全罗斯牧首阿列克西二世的首肯。②

2007年7月15—27日,"我们的人"在谢利格尔湖畔举办了夏令营,两个亲政府青年政治组织"青年俄罗斯"和"新人"的代表也参加了该夏令营。24日,普京总统接见了由包括"我们的人"在内的亲政府青年政治组织成员组成的代表团。

2007年8月,"我们的人"举办了为期两周的名为"自由的道路—2007"的"爱国主义历史"自行车马拉松赛,纪念米宁和波扎尔斯基民团同波兰—立陶宛军队的第一场战斗395周年。

2007年9月20日,当前第一副总理涅姆佐夫在莫斯科市图书大厦举行他的《一个不安分人的自白》一书首发式时,"我们的人"的积极分子朝他扔书,以示抗议。

2007年10月8日,俄罗斯政府主席维克托·祖布科夫签署命令,任命"我们的人"的领袖亚克缅科担任俄罗斯联邦国家青年事务委员会(后来改组为联邦青年事务署)主席。

在2007年12月2日进行的国家杜马选举中,"我们的人"的两名积极分子——委员罗伯特·什列戈尔和联邦委员会书记谢尔盖·别洛科涅夫,被列入"统一俄罗斯"党的候选人名单,根据正式选举结果,二人当选为杜马议员。2008年2月,什列戈尔向国家杜马提交了对《传媒法》的修正案,该修正案提议允许对"屡次散播诽谤性材料的"媒体予以取缔。2008

---

① Вячеслав Володин: «План Путина мы будем реализовывать вместе с молодёжью» (http://edinros. ru/news. html?id = 120935).

② «Церковь поддерживает создание православного направления» (http://nashi. su/news/21080).根据俄罗斯的《宪法》,俄罗斯是世俗国家,在俄罗斯任何宗教组织不得干涉国家的中小学教育。

年4月25日，国家杜马一读通过了什列戈尔的修正案，但是"统一俄罗斯"党党团后来拒绝支持该修正案。

2007年12月3—6日，"我们的人"在莫斯科市举行了针对即将进行的总统选举的大规模集会行动，号召"选举弗拉基米尔·普京为俄罗斯的国家领袖"。在集会中"我们的人"的积极分子表示，该行动是一种"公民监督"，目的是不允许在俄罗斯复制"橙色革命"。同时，"我们的人"还在2007年12月6日宣布成立由8—15岁少年组成的少年组织——"小熊"（Мишки），"我们的人"的委员兼任"小熊"的辅导员，当日举行了有少年参加的"小熊"的第一次大规模集会行动。少年政治组织的成立引起了一些人士的批评，例如莫斯科市杜马的议员叶夫根尼·布尼莫维奇表示，俄罗斯"在法律上完全禁止强迫中小学生参与政治生活，然而这种事现在却在教学时间发生了……这是很令人担忧的"[1]。

2007年12月25日，"我们的人"在莫斯科市举行了第三次代表大会，亚克缅科在大会上宣布辞去领袖职务，博罗维科夫当选新的领袖。时任总统办公厅副主任弗拉季斯拉夫·苏尔科夫出席了大会并发表了讲话。

2008年1月29日，在俄罗斯总统选举前夕，俄罗斯的《生意人报》发表了《"我们的人"成了异己》的文章，该文章认为，"我们的人"正在停止以现在形式的存在，将被彻底重组。文章援引来自总统办公厅的未透露姓名消息灵通人士的话说，当局不再计划积极地将"我们的人"用于政治目的："明确不会在现在的选举运动中再寻求'我们的人'的服务。"[2] 3月4日，一群青年人在《生意人报》报社驻地前举行了抗议，次日清晨该报社网站还遭到了黑客攻击。

2008年1月，"我们的人"解散了其90%的地区分部。有媒体报道，"我们的人"面临改组，而这实际就意味着它的终结。"我们的人"的领袖博罗维科夫表示，"'我们的人'不会彻底离开街头，委员们将致力于社会

---

[1] Андрей Козенко: «Владимиру Путину оказали мишкину услугу. "Наши" создали детское пропрезидентское движение "Мишки"», «Коммерсантъ», No. 226 от 7 декабря 2007 г.

[2] «"Наши" стали чужими», «Коммерсантъ», No. 12 от 29 января 2008 г.

项目。'橙色的危险'不太明显了，所以我们可以从事别的项目"。① 2008年2月1日，在"我们的人"的新闻发布会上，博罗维科夫表示，"我们的人"的"联邦级领导人将予以保留，不再按地方设立指挥部，而是设立十个指挥部，每个指挥部负责自己所侧重方向的活动"，博罗维科夫还表示，"我们的人"的委员们将参加德米特里·梅德韦杰夫参选总统的各个选区指挥部的工作。

2008年4月23日，普京总统签署命令，授予"我们的人"的前领袖亚克缅科和"我们的人"的八名委员国家勋章。

也有一些资料显示了"我们的人"在反对派中进行的秘密活动。2009年2月，青年政治组织"捍卫"在圣彼得堡的分支组织宣布，破获了一个多年在政府的反对派当中活动的间谍网。"我们的人"的前积极分子安娜·布科夫斯卡娅公开表示，她曾经负责"总统的通信兵"项目，根据该项目的计划，"我们的人"的间谍在"联合公民阵线"（Объединённый гражданский фронт）、"捍卫"、"青年'亚博卢'"、国家布尔什维克党等政府反对派政治组织当中秘密活动。②

"我们的人"并没有被最终解散，虽然这一组织与俄罗斯的许多政治组织一样，在2007—2008年的选举周期结束之后，降低了活跃度，但是并没有停止活动。2009年3月23日，在索契市，"'团结'运动"（движение "Солидарность"）的领袖之一、索契市市长候选人鲍里斯·涅姆佐夫及其参选指挥部的成员遭到了袭击，一个不明身份者向涅姆佐夫喷洒氨水和可

---

① И. Романчева: ""Наши" остаются», «Взгляд» от 29 января 2008 г. (http://www.vz.ru/politics/2008/1/29/141079.html). 尼基塔·博罗维科夫在瓦西里·亚克缅科从2007年10月开始去领导联邦青年事务署之后自2008年至2010年4月领导"我们的人"，在他被选为"我们的人"的新领袖之后，"我们的人"的结构被彻底改变，一些项目被终止。对此，俄罗斯研究者斯塔尼斯拉夫·别尔科夫斯基认为，"我们的人"被重组是应普京总统的要求，因为"我们的人"的太活跃的行动，特别是针对英国和爱沙尼亚驻俄罗斯外交人员的行动，引起了"和西方的问题"。此外，"'我们的人'本是作为对'橙色威胁'的平衡锤——能够在反西方的口号之下占领广场、不允许革命的组织结构而被成立的，现在对'橙色'的恐惧消退了，所以需要按照变化了的现实对'我们的人'进行改组。"（«Тихая смерть "Наших"» (http://www.sql.ru/forum/519992/tihaya-smert-nashih).）

② «Школа разведчиков движения "Наши"», «Закс. Ру» от 18 февраля 2009 г.

口可乐的混合液。"'团结'运动"指责这一袭击是"我们的人"策划的。①

2010年4月15日,"我们的人"举行了第四次代表大会。2010年12月12日"我们的人"和斯塔夫罗波尔边疆区政府联合举办了名为"你的关于战争的电影"的"高加索之家——全高加索青年行动"。2011年4月16日,"我们的人"在莫斯科市举行了名为"白色的护墙板"的大规模反腐败集会,5万名来自俄罗斯各地的该组织的积极分子和支持者参加了集会。2011年12月4—6日——国家杜马选举日,在莫斯科市跑马场广场举行了"我们的人"作为主要召集人的连续三天的"公民积极分子论坛",从俄罗斯各地召集了15000名青年人,每名青年人都有一个注明选票已经投给"统一俄罗斯"党的作废的选民证。

2. 纲领主张

2005年4月15日在莫斯科市举行了"我们的人"的成立会议,通过了"我们的人"的《宣言》,选举了由五人组成的领导机构——联邦委员会。教育部部长安德烈·富尔先科、特维尔州州长德米特里·泽列宁、电视节目主持人弗拉基米尔·索洛维约夫出席了成立会议。亚克缅科在会议上宣称,"国家布尔什维克党法西斯和所有同情法西斯分子的人"是"我们的人"的敌人,前总理卡西亚诺夫、正义力量联盟(Союз Правых Сил)②领导人之一伊琳娜·袴田、俄罗斯共和党(Республиканская партия России)领袖雷日科夫等都是"法西斯分子的同情者"。亚克缅科宣称,"我们的人"认为俄罗斯是"世界的历史中心和地理中心","因为共同憎恨我们的弗拉基米尔·普京总统而联合起来的共产主义分子、法西斯分子和自由主义分子的反自然联盟,威胁着俄罗斯的自由","我们的人"将把"为了消灭不自由的和不公正的寡头资本主义制度的斗争"继续下去,因此,"我们的人"支持普京总统对寡头提出的挑战。③《"我们的

---

① 《Бориса Немцова окатили нашатырем》,《Коммерсантъ》, No. 51 от 24 марта 2009 г.

② 国内有的研究者称其为"右翼力量联盟"。

③ 《Якеменко: Рыжков, Хакамада и Каспаров сочувствуют фашистам》,《ИА Росбалт》от 15 апреля 2005 г.

人"运动的宣言》宣布,普京是值得帮助和同情的"我们的人"的朋友:"在当前的形势下,'我们的人'运动将支持普京。这不是支持普京个人,而是支持他为了保持国家的主权、实现国家的经济和政治现代化、保障国家的和平稳定发展、实现国家的未来全球领袖地位的政治方针。"①

"我们的人"的《宣言》就是它的纲领,"我们的人"的《宣言》建立在"主权民主"的思想之上:"我们的目标,是使俄罗斯成为21世纪的全球领袖。我们认为,俄罗斯的领袖地位不仅包括它在军事上和政治上相对于其他国家和民族的优势地位,还包括以文化、生活方式、政治制度、经济制度和社会制度的吸引力作为基础的俄罗斯在世界上的影响。成为领袖,意味着不断为他人创造成功的榜样。

我们认为俄罗斯是自由的国家。对于自由而言,它的理想的前提条件,是承认人的两个渴望是自然的:对个人自由的渴望和对保持自己国家的独立的渴望。至今,自由的这两个方面经常是矛盾的。自由主义者准备为了人的个人自由而牺牲国家的独立。共产主义者和法西斯分子准备为了实现国家的伟大而牺牲公民的个人自由。对我们来说,自由的这两个方面是不可分的。人不能是自由的,如果他的国家遭受压迫;国家在它的公民遭受压迫的时候,不可能是自由的。个人的自由和国家的主权是一枚硬币的两面。所以,对我们来说,强大的、独立的俄罗斯国家如同民主和市场经济一样是实现自由的条件。俄罗斯现在是、将来也是主权民主制国家。

自由、公正、合作,是我们对俄罗斯的未来的认识。我们认为,国家的现代化首先包括改变国家领导人的思维方式。我们这一代人应该取代失败的那一代人来掌控管理国家的舵盘。"②"我们的人"认为,"从20世纪80年代起管理国家的那一代人是失败者,在那一代人中一些人看着西方,从那里等待榜样和命令;另一些人看着过去,从过去寻找对所有问题的答案,他们都拒绝面向自己国家的未来。"③

"我们的人"认为,"现在正在形成自由主义分子、法西斯主义分子、

---

① «Манифест движения "Наши"» (http://nashi.su/position).
② 同上。
③ 同上。

西方派分子、极端民族主义分子、国际基金会、国际恐怖主义分子的反自然联盟。把它们捆在一起的东西只有一个——对普京的憎恨。普京发起的对国家的推动,遭遇国内外敌人的疯狂抵抗,在国内,寡头资本主义和政治封建主义制度的支持者阻碍我国实现现代化;在国外,在全球舞台上,反对我国的我们的强大的政治和经济对手阻碍我国实现现代化。"①

为了实现提出的目标,"我们的人"提出三项任务:保持俄罗斯的主权和领土完整、建成有效的公民社会、通过"干部革命"使国家实现现代化。"我们的人"不止一次地宣布,该组织的最重要任务是在俄罗斯进行使新一代的管理者执掌政权的"干部革命",因为"从20世纪80年代起管理国家的那代人对俄罗斯和对俄罗斯的前景失去了信心"②。

3. 组织结构

"我们的人"的领导机构是由在代表大会上经秘密投票选出的五名联邦委员组成的联邦委员会。2008年7月至2010年4月该组织的领袖是2008年在谢利格尔湖论坛上选出的尼基塔·博罗维科夫,2010—2011年的领袖是玛利亚·基斯利钦娜。对该组织有重要影响的联邦青年事务署前首脑、"我们的人"的前联邦委员瓦西里·亚克缅科始终是"我们的人"的思想领袖。

"我们的人"的最高领导机关是代表大会,代表大会负责选举组成联邦委员会的五名联邦委员。"我们的人"的地方委员是该组织的核心。地方委员组成的地方委员会负责领导地方分部,由地方委员的全体会议选举产生地方委员会。地方委员的全体会议还选举地方组织的领袖。

"我们的人"设有青年志愿纠察队,纠察队的目的之一被正式宣布为"在议会选举和总统选举中在街头和广场上捍卫俄罗斯的独立"。青年志愿纠察队还负责在"我们的人"举行的活动中对街道巡逻,保卫"我们的人"的活动。

---

① 《Манифест движения "Наши"》(http://nashi. su/position).
② 同上。

4. 成立政党

从"我们的人"在 2008 年划分成各个项目起,该组织的许多委员就希望对"我们的人"进行重组或者在其基础上成立新的政党。2012 年 4 月 4 日,联邦青年事务署领导人、"我们的人"的创立人瓦西里·亚克缅科①会见该组织的联邦级领导人时表示,该组织的现在形式的历史结束了,不排除在该组织基础上成立新的政党的可能性。随后,"我们的人"的新闻中心宣布,将在 2012 年 5 月举行"我们的人"的全国代表大会。"我们的人"的全国代表大会于 2012 年 5 月 18 日秘密举行,出席代表大会的只有该组织的联邦委员和地方委员。2012 年 5 月 21 日"我们的人"的创立人和非正式的领袖瓦西里·亚克缅科宣布,为了赢得 2016 年议会选举的胜利,将成立新的"政权党",新的政党的名称初步定为"聪明的俄罗斯"(Умная Россия)。新的政党的意识形态将是爱国主义和严厉批评除了弗拉基米尔·普京之外的政府官员,"我们的人"的积极分子以及该组织的各个项目的结构将成为建立新的"政权党"的基础。在"谢利格尔湖—2012"论坛上"我们的人"的各个项目的积极分子将讨论和制定新"政权党"的战略,届时将吸收新政党的第一批党员。② 但是,至今,还没有在"我们的人"的基础上成立新的政党。

(二)"统一俄罗斯的青年近卫军"

"统一俄罗斯的青年近卫军"③ 全俄罗斯社会组织(Всероссийская общественная организация "Молодая Гвардия Единой России",简称"МГЕР")是"统一俄罗斯"党的青年组织,2005 年 11 月 16 日在沃罗涅日市举行了"统一俄罗斯的青年近卫军"的成立大会。成立"青年近卫

---

① 瓦西里·亚克缅科于 2012 年 6 月辞去联邦青年事务署署长一职。2012 年 6 月 23 日起该署的领导人是谢尔盖·尤里耶维奇·别洛科涅夫。

② 《Глава Росмолодёжи создаст новую партию против власти, но за Путина》(http://www.topnews.ru/news_id_50309.html)。

③ 在俄语中,"近卫军"有两层含义,直义上是"精锐部队",转义上指"某一活动领域的优秀代表"。根据《"统一俄罗斯的青年近卫军"章程》来看,该组织的成立者想要在"统一俄罗斯的青年近卫军"上把"近卫军"的两个层面的含义都体现出来。

军"是为了取代之前存在的"青年团结"全俄罗斯社会组织（Всероссийская общественная организация "Молодёжное Единство"，简称"МЕ"）。"青年团结"于2000年4月27日在莫斯科市成立，在"青年团结"的成立大会上，通过了"青年团结"的《宣言》和《章程》。"统一俄罗斯"党党员、国家杜马议员亚历山德拉·布拉塔耶娃当选为该组织的领袖。在2003年12月7日的国家杜马选举中，"青年团结"的领袖布拉塔耶娃被列入"统一俄罗斯"党的候选人名单，根据正式选举结果，布拉塔耶娃当选为国家杜马议员。2005年11月15—16日在沃罗涅日市举行了"青年团结"的第四次代表大会，在大会的最后一天举行了"统一俄罗斯的青年近卫军"的成立大会，"青年团结"被正式改组为"统一俄罗斯的青年近卫军"全俄罗斯社会组织。这次成立大会通过了"统一俄罗斯的青年近卫军"的《宣言》和《章程》，选举产生了15人组成的联络委员会，还选举了中央指挥部成员，亚历山大·鲍里索夫当选为中央指挥部主席，他也是联络委员会的成员。"青年团结"的所有原成员自动成为"统一俄罗斯的青年近卫军"的成员。"青年近卫军"的口号是："青年进入政治，就意味着进入政权！"它的会歌是：《新时代的爱国主义者》。

1. 主要活动

"统一俄罗斯的青年近卫军"的活动之一，是政治选秀活动——"政治工厂"，该活动的目的是吸引青年参与政治。按照"青年近卫军"与"统一俄罗斯"党达成的协议，"政治工厂"的获胜者将在地区的立法会议选举中被列入"统一俄罗斯"党的候选人名单。但是事实表明，在大多数情况下获胜者都是被列在候选人名单上靠后的、明显选不上的位置上，甚至有时根本就没有被列入候选人名单或者不是所有获胜者都被列入候选人名单。此外，"政治工厂"活动的参加者还常常质疑评判委员会的公正性。2008年1月14日，"统一俄罗斯的青年近卫军"的政治委员会成员阿列克谢·拉多夫公开声明退出"统一俄罗斯的青年近卫军"："所有'干部革命'许诺、'政治工厂'，不过是普通的政治手段、虚张声势……在国内依旧实行政治镇压……亲政府的政党和政治组织在不诚实的政治竞争下活动，确切地说，它们根本没有受到任何竞争，它们也不打算什么时候经受竞争。"①

对此，俄罗斯研究者科森科认为，"青年近卫军"的领导人给其积极分子提出了一项雄心勃勃的宏伟任务——揭露地方的官员和政治家当中的"统一俄罗斯"党党员腐败分子，因此，"'青年近卫军'是克里姆林宫的一支'特种部队'，它不是像另外一个青年政治组织'我们的人'那样从事同'橙色反对派'的斗争，而是发动对政权党的干部队伍的清洗"，"统一俄罗斯"党的领导人将利用"青年近卫军"作为党内斗争的工具，作为针对地方领导人对于"党的路线"的任何偏离做出日常反应的工具，该研究者并且援引"青年近卫军"的积极分子在2006年2月举行的要求彼尔姆边疆区领导人奥列格·契尔库诺夫下台的集会行动作为例证。②

2006年，"统一俄罗斯"党最高委员会决定在各级代议制权力机关——从地区立法会议直到国家杜马的选举中给未满28周岁的该党党员候选人保留20%的该党候选人名额，正是为此而设立了联邦范围的青年项目——"政治工厂"。该项目的成果，是"青年近卫军"和"我们的人"的一些在地方上的积极分子在2007年按照"统一俄罗斯"党的选举名单被选为各级议员。

2007年5月30日，"统一俄罗斯"党总委员会主席团秘书长维亚切斯拉夫·沃洛金会见了包括"统一俄罗斯的青年近卫军"在内的各个亲政府青年政治组织的领袖。

2007年7月24日，包括"统一俄罗斯的青年近卫军"在内的各个亲政府青年政治组织的代表受到了普京总统的接见。

2007年8月20日，20余名"统一俄罗斯的青年近卫军"的积极分子在俄罗斯联邦共产党中央委员会驻地前举行反对俄罗斯联邦共产党、反对该党的标志的示威，示威者的口号之一是："镰刀和锤子进坟墓！"40余名

---

① «Один из лидеров "Молодой гвардии Единой России" (МГЕР), член политсовета МГЕР и ее политтехнолог Алексей Радов в понедельник объявил о выходе из этой организации, раскритиковав ее деятельность и призвав последовать его примеру остальных молодогвардейцев» (http://zubkoff.livejournal.com/223424.html).

② Андрей Козенко: «"Молодая гвардия" возьмётся за старую. Молодые единороссы выявят врагов в партии власти», «Коммерсантъ», No. 154 от 22 августа 2006 г.

俄罗斯联邦共产党、俄罗斯联邦共产主义青年团和红色青年先锋队的积极分子在俄罗斯联邦共产党总部楼前严阵以待，双方从对骂变成斗殴。这一冲突事件被俄罗斯媒体广泛报道。

2007 年 9 月 30 日，"统一俄罗斯的青年近卫军"、"青年俄罗斯"和"新人"的积极分子在政府反对派"另一个俄罗斯"举行第一次代表大会的地点外进行示威，高喊反对反对派的口号，"劝告"所有反感俄罗斯现政权的人都到美国去。

2008 年 4 月 3 日，"统一俄罗斯的青年近卫军"、"青年俄罗斯"和"新人"的积极分子在莫斯科市卡卢加广场举行反对格鲁吉亚和乌克兰加入北约的示威。

2008 年 5 月 17 日，在"另一个俄罗斯"召集的论坛"民族大会——议会外的选择"召开之前，"统一俄罗斯的青年近卫军"的几十名积极分子来到该论坛的地点，展开抹黑"另一个俄罗斯"的标语，并且高喊口号："不许出卖俄罗斯！""美国收买了你们！"特警队拘捕了大约 10 名"青年近卫军"的积极分子。

"统一俄罗斯的青年近卫军"2009 年 8 月 2—9 日在利佩茨克州尼古拉镇举办了"近卫军—2020"全俄罗斯教育营，"统一俄罗斯的青年近卫军"在俄罗斯各联邦区的积极分子参加了该教育营，总共 1000 多人。教育营的主题是制定"统一俄罗斯的青年近卫军"的新的思想纲领——国家的青年价值观基础。营员们听取专门邀请的政治学学者的讲座，与行政和立法机构以及"统一俄罗斯"党的代表，与实业家以及文化、科学、艺术和体育界的著名人士进行座谈。在教育营期间还召开了"统一俄罗斯的青年近卫军"的联邦领导机关——联络委员会和政治委员会的会议。

2010 年 7 月 19—22 日，"统一俄罗斯的青年近卫军"在卡巴尔达—巴尔卡尔共和国首都纳尔奇克市举行了全俄罗斯青年营——"'高加索—2020'论坛"，有大约 1000 名"青年近卫军"的积极分子参加。"高加索—2020"青年论坛的主要工作成果是建立"开发北高加索'项目银行'"。①

2011年4月27日"青年近卫军"启动了"青年的总统预选—2011"项目，公开选拔"最优秀、最有专业素养和最受欢迎的青年"，由选拔出的青年代表"统一俄罗斯的青年近卫军"参加"统一俄罗斯"党的党内投票选举。"青年近卫军"声称，该项目可以使任何赞同"统一俄罗斯"党和"统一俄罗斯的青年近卫军"的价值观和意识形态的年轻人有机会提名自己作为候选人、制定选前纲领、把支持自己的人联合在自己周围和参与一系列公共措施，最终，该项目可以使在生活的各个领域取得了成功、为我们国家的福祉而工作的年轻人团结起来。②

2012年8月13—17日，"统一俄罗斯的青年近卫军"在利佩茨克州为该组织在全国的积极分子举办了名为"近卫军人—2012"的营地活动。

2. 纲领主张

"统一俄罗斯的青年近卫军"提出的目标是：

（1）吸引青年参加民主、公正的社会的建设；

（2）培养青年的爱国主义情感、对国家的自豪感；

（3）为不同民族和不同宗教信仰的青年之间交流创造条件，巩固俄罗斯的国家体制；

（4）促进青年文化的形成，促进青年的教育、智力和职业水平的提高；

（5）为了各代人的团结和相互理解，宣传俄罗斯国家的伟大成就和优良传统；

（6）为人、公民的全面发展与全面培养提供和创造条件，满足人对联合的权利；

（7）宣传健康的生活方式、教育方式和劳动方式；

（8）保持和弘扬文化，促进科学、体育和旅游的发展。

2008年6月27日召开了"统一俄罗斯的青年近卫军"的第三次代表

---

① «В Кабардино-Балкарии подводят итоги молодёжного форума "Кавказ – 2020"» (http://www.kavkaz-uzel.ru/articles/172018/).

② «О проекте "Молодёжные праймериз 2011"» (http://mp2011.ru/index.php).

大会，代表大会通过了该组织的《宣言》，《宣言》宣布：

"'统一俄罗斯的青年近卫军'两岁了。在这段时间里我们成为了最强大的青年运动。通过'政治工厂'项目，'青年近卫军'的成员成为地区的立法会议的议员、议员助理。'青年近卫军'和'统一俄罗斯'党一起分享了2007年议会选举的胜利。现在有许多青年人当选为国家杜马议员。'青年近卫军'的意识形态准则，是主权民主、普京的蓝图、梅德韦杰夫的四点规划、2020年战略。我们相信，俄罗斯定能成为一个强大的、不受西方伙伴意见左右的民主国家。国家发展的基础是合法的总统权力、有效的政党体系、国家履行对公民的社会保障和对公民的义务、干部现代化和经济现代化、法律至上。国家的创新工作、投资工作、基础设施工作、政治制度工作和公民制度工作，是2020战略的实现机制。我们保障青年将最直接地参与国家的现代化。

我们在街头战胜了反对派，但这不意味着我们就从街头走开，我们在议会选举中战胜了反对派，但这不意味着我们就会放松、在四年后拱手让出议会。我们顺利地开始了各种各样的活动，从对政治精英和管理精英的干部更新到参与筹备索契冬奥会；所有这些活动都将继续下去。但是与此同时，'青年近卫军'应该在国家政治制度的新的发展阶段上解决新的任务。我们是公民社会的不可分割的一部分，我们肩上也担负着发展社会制度的任务。我们是'统一俄罗斯'党的青年战友，党关于国家现代化、关于俄罗斯政治未来进行的辩论也是我们的任务。我们是青年政治运动，我们的活动空间无限广阔——从街头到意识形态，我们将继续青年选举指挥部的工作，我们的最近目标是使青年政治家们被选入自治会议。我们将在街头、在权力机关、在信息空间和意识形态空间，奋勇向前。'青年近卫军'的更新，不是更换意识形态或者更换目标。我们依然恪守在未来八年使俄罗斯成为独立、受尊重、强大和发达的国家的理想。我们和俄罗斯一起改变，这是我们的主要优势。'统一俄罗斯的青年近卫军'进入新的四年政治周期，这一周期的主要结果定当是国家的彻底现代化。我们所做的一切，是为了使俄罗斯青年不对这一伟大工作袖手旁观。"①

3. 组织结构

2006年12月15日在莫斯科市举行了"统一俄罗斯的青年近卫军"的第二次代表大会，这次大会对《章程》做了修改，在已有的领导机关——联络委员会和中央指挥部之外增设政治委员会和社会委员会。

2008年6月27日在莫斯科市举行了"统一俄罗斯的青年近卫军"的第三次代表大会，大会通过了新的《宣言》，选举了联络委员会、政治委员会和社会委员会的新成员，斯摩棱斯克州州杜马议员阿尔乔姆·图罗夫当选为联络委员会主席，车里雅宾斯克州立法会议议员、"统一俄罗斯"党党员鲁斯兰·加塔罗夫当选为政治委员会主席，安德烈·图尔恰克当选为社会委员会主席。在大会上还宣读了俄罗斯总统德米特里·梅德韦杰夫为大会发来的贺信。

2010年12月22日举行了"统一俄罗斯的青年近卫军"的第四次代表大会，在代表大会上选举了联络委员会和社会委员会的新的组成人员，联络委员会的新任主席是铁木尔·普罗科宾科，联络委员会的共同主席是阿廖娜·阿尔什诺娃和阿尔乔姆·图罗夫。

2012年2月，国家杜马议员、"青年近卫军"的领袖铁木尔·普罗科宾科被任命为俄罗斯联邦总统办公厅对内政策局副局长。在2012年2月举行的联络委员会例行会议上，马克西姆·鲁德涅夫当选为联络委员会的新主席。2012年8月17日在"近卫军人—2012"联邦营地活动期间举行了"青年近卫军"的第五次代表大会，选举了各委员会新的领导。

"青年近卫军"的中央领导机关依照从属关系依次是：代表大会、联络委员会和中央指挥部。代表大会是最高领导机关，应中央指挥部、联络委员会或者超过半数地区分部的书面请求而召开，不少于四年召开一次。如果登记参加代表大会工作的代表是代表一半以上的"青年近卫军"的地区分部，那么此次代表大会具有全权。代表大会的代表由地区分部的代表会议按照中央指挥部规定的代表选举的制度原则选举产生。联络委员会、

---

① «Манифест МГЕР»（http://www.molgvardia.ru/nextday/2008/06/24/527）.

中央指挥部和中央检查委员会的成员参加代表大会的工作时享有表决权。代表大会有权审议有关该组织的活动的任何问题。

联络委员会是在两次代表大会召开间隙的联络机关，联络委员会的组成包括：

（1）联邦联络员，联络该组织在俄罗斯联邦的一个联邦区的分部的工作；

（2）领域联络员，联络该组织在一定活动方向的所有分部的工作；

（3）中央指挥部首长；

（4）"统一俄罗斯"党的青年政策联络员。

联络委员会的成员由代表大会选举产生，任期四年。联络委员会的会议应联络委员会主席、中央指挥部首长或者一半以上的联络委员会成员的书面要求而召开，不少于两个月召开一次，在一半以上的联络委员会成员出席时具有全权。

联络委员会的主席对"青年近卫军"进行思想领导，在社会生活和政治生活中增强该组织的作用和地位、增强该组织的威信、扩大支持该组织纲领的公民人数。联络委员会主席由联络委员会选举产生，任期六个月，任期届满时从联络委员会成员中选举新的主席。

中央指挥部是常设集体领导机关。中央指挥部的成员由代表大会选举产生，任期四年。中央指挥部在由中央指挥部首长、联络委员会主席或者中央检查委员会首脑召集的会议上解决其权限内的问题，会议不少于一个月召开一次，在一半以上成员参加下具有全权。

中央指挥部的首长领导中央指挥部和"青年近卫军"整个组织的活动，任何年满18岁的"青年近卫军"成员都可以被选举为中央指挥部的首长。在中央指挥部的会议上从中央指挥部的成员中选举产生中央指挥部的首长，任期为中央指挥部的全权期限。

政治委员会负责宣传工作和制定纲领。中央检查委员会执行监督职能，监督领导机关的财政经济活动、领导机关对《章程》的遵守情况以及分部的领导机关对中央领导机关做出的决定的执行情况。地区指挥部的主席由地区分部的代表会议选举产生。

根据"青年近卫军"的《章程》,"青年近卫军"必须"每年公布关于财产使用情况的报告,并为了解该报告提供便利"①。《章程》要求"统一俄罗斯的青年近卫军"的每一成员都按时缴纳会费,但是没有提及会费缴纳的数额。根据俄罗斯联邦科米自治共和国的首府瑟克特夫卡尔分部2010年的《关于召开的总结暨改选会议的报告》,该分部的会费缴纳额为275卢布。② 有俄罗斯媒体报道,当局在2007年为了宣传"统一俄罗斯的青年近卫军"拨付了6100万卢布。③

4."青年近卫军"与"我们的人"的区别

从青年政治组织"统一俄罗斯的青年近卫军"成立之日起,在"青年近卫军"和"我们的人"这两个亲政府青年政治组织之间就产生了争夺行政资源的竞争。与"我们的人"相比,"统一俄罗斯的青年近卫军"拥有来自地方的优势,"统一俄罗斯的青年近卫军"可以依靠"统一俄罗斯"党的地方分部的支持,"我们的人"缺乏地方的支持,依赖的是来自中央的直接支持。

在"谢利格尔湖—2009"论坛上,"青年近卫军"的一名积极分子曾经提出这样的问题:"'我们的人'与'青年近卫军'的区别是什么?它们有可能被合并吗?"论坛执行主席、"我们的人"的委员伊利亚·科斯图诺夫的回答是:"'青年近卫军'是红衣主教的近卫军人,而'我们的人'是国王的火枪手,成立两个组织是为了不同的任务。'青年近卫军'利用理智的活动方法,而'我们的人'的成立主要是为了举行大规模的街头行动。"④

---

① «Устав Всероссийской общественной организации "Молодая Гвардия Единой России"» (http://mger2020.ru/content/2012/05/23/34022#8).

② «Сыктывкарские "молодогвардейцы" обзавелись новым начальником», «Бизнес новости республики Коми» от 16 октября 2010 г.

③ Олег Кашин: « Молодо-зелено. За ожесточенными разборками младших партийцев усматриваются вполне отчётливые политинтересы старших», «Независимая газета» от 2 октября 2007 г.

④ Андрей Преснов: «Гвардейцы кардинала», газета «Псковская губерния», No. 13 от 05 – 11 апреля 2006 г.

"青年近卫军"的前领导人之一鲁斯兰·加塔罗夫在接受莫斯科"回声"电台采访时对同样的问题给出了更加明确的回答:"'青年近卫军'是'统一俄罗斯'党的青年组织,也就是说,我们非常明确地与'统一俄罗斯'党联系在一起,我们和它有着非常紧密的联系,我们是它的直接干部储备。我们的成员已经直接介入'统一俄罗斯'党的执行委员会的工作,最大程度地与'统一俄罗斯'党密切沟通。'我们的人'则离'统一俄罗斯'党远些,他们有自己的计划、自己的方向,我们和他们的区别就在这里。整体上来说,毫无疑问,我们和他们是竞争者,而竞争会提高我们组织的效果。"[1] 这种竞争的结果是悬殊的,例如2007年"我们的人"在"统一俄罗斯"党的地方议会选举最终名单中只获得了在"统一俄罗斯"党的"政治工厂"项目框架内的两个议员席位,[2] 其余的议员席位则由"青年近卫军"的成员获得。

（三）"青年俄罗斯"

"青年俄罗斯"运动（движение "Россия молодая"）是由莫斯科鲍曼国立技术大学的一群原先支持"祖国"党、后来转到支持现政权立场上的大学生和研究生在2005年4月成立的青年政治组织。"青年俄罗斯"的意识形态,是"公民应具有的民族主义"。[3] 其口号是:"我们是谁?俄罗斯!什么样的?青年的!"2010年9月之前领导"青年俄罗斯"的是第五届国家杜马议员马克西姆·米先科,后来由安东·杰米多夫接替。[4]

"青年俄罗斯"主要存在于莫斯科市,没有清晰的组织结构。该组织与国外的一些组织保持合作,在乌克兰的合作组织是"'青年乌克兰'全乌克兰青年运动"（Всеукраинское молодёжное движение "Украина Молодая"）、

---

[1] «Разворот: как должны работать молодёжные политические движения» (http://www.echo.msk.ru/programs/razvorot/705766 - echo/).

[2] 2007年,"我们的人"的委员尤里·索普雷金当选克拉斯诺达尔边疆区立法会议议员;"我们的人"的委员罗曼·鲁萨诺夫当选弗拉基米尔州立法会议议员。

[3] «Идеология движения "Россия Молодая": Национализм» (http://rumol.ru/we/ideology/nacionalizm.html).

[4] «Назначен новый лидер "России Молодой"», «Газета.Ru: Новости дня» от 10 сентября 2010 г. (http://m.gazeta.ru/news/lenta/2010/09/10/n_1545654.shtml).

"顿巴斯罗斯"（Донбасская Русь）、"'罗斯'俄罗斯文化中心"（Центр русской культуры "Рось"）；在摩尔多瓦的合作组织是"俄罗斯青年同盟"（Лига Русской Молодёжи）；在爱沙尼亚的合作组织是"青年之语"（Молодое Слово，青年俄罗斯侨民的组织）。

马克西姆·米先科在2009年3月表示，在2008年的"总统选举之后，主要的敌人的影响减弱了，美国现在不会再利用'橙色的技术手段'干涉我国的事务。我们应该为和平生活做好准备，应该重新分配资源"①。马克西姆·米先科表示，"青年俄罗斯"的活动将集中于其他的方向：与"科学论"教派、向未成年人售卖酒类、吸毒现象做斗争。"青年俄罗斯"还倡议义务献血、帮助儿童收容所、救助贫困大学生。

1. 主要活动

"青年俄罗斯"的活动的基本方向，是针对反政府的组织或者政党的活动进行挑衅和破坏，"青年俄罗斯"内部成立有"武力支队"——"乌利特拉斯"②（Ультрас）。与其他亲政府青年政治组织相比，"青年俄罗斯"的主要特点是其行动经常是没有被当局批准的，其成员屡次被带进警察局。该组织以在外国驻俄罗斯使馆前的抗议集会、街头政治行动、社会项目而出名。"青年俄罗斯"在格鲁吉亚和乌克兰驻莫斯科大使馆前举行了反对两国政府的行动，称这两个国家的现政权是"亲美政权"。在捷克和波兰驻莫斯科大使馆前举行了反对在这两个国家部署美国反导弹系统的行动，举行了支持塞尔维亚统一、反对科索沃独立的行动。

"青年俄罗斯"多次在政府反对派举行的行动上进行挑衅，多次举行反对前总理米哈伊尔·卡西亚诺夫领导的俄罗斯人民民主联盟的行动。2006年4月8日，"青年俄罗斯"的积极分子举行了反对人民民主联盟召开成立大会的行动，他们在召开成立大会的宾馆外高喊口号："打倒橙色蠢念！"还试图把一头毛驴牵进宾馆，但是遭到警察的阻拦。同一天，"青

---

① «Манифест - Молодёжное политическое движение "Россия Молодая"»（http://rumol.ru/we/ideology/manifest.html）.

② "青年俄罗斯"在其内部为其积极分子建有白刃战小组，在莫斯科鲍曼国立技术大学体育馆进行训练。

年俄罗斯"的积极分子还试图驱散正义力量联盟在白俄罗斯驻莫斯科大使馆前举行的反对白俄罗斯总统卢卡申科的集会,"青年俄罗斯"的积极分子高喊:"卢卡申科——好样的,所有橙色分子——末日到了!"由于这些"青年俄罗斯"的积极分子的行动是未经批准的,所以他们被警察带走。

2006年12月16日,在政府反对派组织的"不同意见者的大进军"游行的参加者在莫斯科市胜利广场集合的时候,"青年俄罗斯"的几名积极分子爬上了正对着胜利广场的一栋大楼楼顶,展开写着"欢迎收外汇的政治妓女的游行!"的长条幅,还点燃烟花,同时高喊:"外汇妓女的游行通不过!"共产主义青年政治组织"红色青年先锋队"的积极分子正站在附近,他们开始猛烈地对抗这一行动,在特警队的干预下,"青年俄罗斯"的积极分子最终从楼顶撤了下来,才防止了"红色青年先锋队"与"青年俄罗斯"的肢体冲突。

2007年1月17日,"青年俄罗斯"举行了反对国家布尔什维克党的领袖爱德华·利莫诺夫的行动,利莫诺夫当天正在独立新闻中心举行新闻发布会,大约15名"青年俄罗斯"的成员在独立新闻中心入口处展开写着"利莫诺夫监禁儿童"的标语,同时高喊同样内容的口号,还点燃了烟花。

2007年3月15日,"青年俄罗斯"的积极分子在胸前别上俄罗斯人民民主联盟的青年组织"青年人民民主联盟"的标志,假扮该组织的积极分子,在"青年人民民主联盟"举办论坛的地点举行了反对正在参加论坛活动的俄罗斯人民民主联盟领袖卡西亚诺夫的行动。"青年俄罗斯"的几个积极分子爬上了楼顶,往楼下抛撒以"青年人民民主联盟"的名义印刷的传单,并且点燃烟花,最终在"青年俄罗斯"的积极分子和"青年人民民主联盟"成员之间爆发了斗殴。

2007年3月31日,在政府的青年反对派举行要求取消义务兵役制的活动的时候,"青年俄罗斯"的积极分子向活动参加者扔生鸡腿,并且高喊支持俄罗斯军队的口号。特警队拘捕了"青年俄罗斯"的这些挑衅者。

2007年4月底至5月初,"青年俄罗斯"与"我们的人"以及其他亲政府青年政治组织一起,参加了封锁爱沙尼亚驻莫斯科大使馆、跟踪爱沙尼亚大使的行动，以此抗议爱沙尼亚首都塔林市政府把从法西斯占领者手中解放该市的纪念碑从市中心挪到军人墓地和重新安葬解放塔林的苏军战士遗骸。

2007年5月30日，"统一俄罗斯"党总委员会主席团秘书长维亚切斯拉夫·沃洛金接见了包括"青年俄罗斯"在内的各个亲政府青年政治组织的领袖。

2007年6月2日，在俄罗斯人民民主联盟在莫斯科市召开代表大会的时候，"青年俄罗斯"的积极分子在召开代表大会的宾馆前举行抗议活动，他们展开大横幅："卡西亚诺夫是能源的吸血鬼"，并且用染料将宾馆旁喷泉的水染成血红色，然后十几名穿着后背上写着"卡西亚诺夫"T恤衫的"青年俄罗斯"的积极分子开始在血红色的水里游泳。还有一个"青年俄罗斯"成员用手铐把自己铐在宾馆大门把手上，然后散发传单。

2007年7月15—27日，"青年俄罗斯"和另一个亲政府青年政治组织"新人"的一些成员参加了"我们的人"在谢利格尔湖畔组织的夏令营。

2007年7月24日，"青年俄罗斯"等亲政府青年政治组织的代表受到了普京总统的接见。

从2007年8月起，"青年俄罗斯"在距离莫斯科市500公里的科斯特罗马州高尔基水库举办青年教育营地——"岛"。

2007年9月30日，"青年俄罗斯"、"统一俄罗斯的青年近卫军"和"新人"的积极分子在"另一个俄罗斯"举行第一次代表大会时，在代表大会地点外举行了抗议活动。同一天，"青年俄罗斯"和"新人"的积极分子还在美国驻莫斯科大使馆前举行示威，抗议美国对未被承认国家采取双重标准。

2007年11月17日，"青年人民民主联盟"的积极分子举行了抗议活动，反对对普京的个人崇拜。但是在抗议活动刚开始时，十几名"青年俄罗斯"的成员对抗议活动进行了冲击，他们散发传单、成捆假美钞以及美国总统小布什的肖像画，边发边喊："小布什是卡西亚诺夫派的真正主人。"

在2007年12月的国家杜马选举中，"青年俄罗斯"的领袖马克西姆·米先科被列入"统一俄罗斯"党的候选人名单，根据正式的选举结果，米先科当选为"统一俄罗斯"党党团的国家杜马议员。

2008年3月3日，"青年俄罗斯"和"新人"举行了有15个音乐组合参加的专场音乐会，庆祝德米特里·梅德韦杰夫当选总统。

2008年4月3日，"青年俄罗斯"、"新人"和"统一俄罗斯的青年近卫军"的积极分子在莫斯科市卡卢加广场举行抗议活动，反对格鲁吉亚和乌克兰可能加入北约。在抗议行动中，"青年俄罗斯"领袖米先科率领的活跃分子们冲破了警察设置的警戒线，冲进了北约驻莫斯科代表处。警察最终逮捕了10—30名抗议者。

俄罗斯总统普京2008年4月23日签署命令，授予"青年俄罗斯"的领袖马克西姆·米先科在内的各亲政府青年政治组织的领袖俄罗斯联邦国家勋章。

2008年4月27日，民族主义青年政治组织"欧亚青年联盟"在莫斯科市组织了支持塞尔维亚的游行——"塞尔维亚大进军"，"青年俄罗斯"的领袖、"统一俄罗斯"党的国家杜马议员马克西姆·米先科参加了游行和游行之后的集会。

2008年6月19日，俄罗斯总统办公厅第一副主任弗拉季斯拉夫·苏尔科夫接见了"青年俄罗斯"和"新人"的领袖和积极分子。

"青年俄罗斯"还举办一些社会公益性活动：每月的最后一天在莫斯科市的胜利广场举行的献血活动，该活动得到了俄罗斯红十字会的支持；举行不同社会主题的活动包括反吸毒的活动（"青年俄罗斯"成立了"反吸毒特种部队"）；反对向未成年人出售香烟和酒类；儿童收容所；对各大学大学生的"出征训练"等。

2. 纲领主张

"青年俄罗斯"的《宣言》宣布，它的活动是为了"反对西方的扩张、反对恐怖主义和反对腐败"。《宣言》宣称："我们，莫斯科鲍曼国立技术大学的积极分子，成立了'青年俄罗斯'，是为了把热爱自己的国家、对国家未来承担责任、思维健全的青年联合起来"，"我们认为，国家必须有统一的思想——向前跃进的思想。我国一定能利用最新的科技成就和社会思想成就克服国内的停滞,在世界大国中占据应有的位置。公民社会是任何强大国家的基础,建设公民社会应从下面开始——从社会组织和地方自治机关开始。我们建议思维健全的青年不要青年虚无主义,不要对政权的空洞批评,而是抱着积极的立场从自身做起,从住宅楼做起,从街区做起。这是我们的道路。""我们生活在一个国家,是团结的俄罗斯人民。只有在一起,我们才能保卫我们的祖国避免西方的扩张,避免恐怖主义和避免腐败。只有在一起,我们才是全世界对我们的意见必须给予重视的一支力量,世界上的许多人不喜欢这一点。他们企图通过挑起民族之间的仇视来削弱和分裂我们的国家。为了这一目的而玩弄人们的宗教感情和爱国主义感情;极端主义分子挑起各种各样的旗帜,但是他们的思想都是建立在一个种族或者一个宗教优越于其他所有种族或者宗教的基础之上。我们主张发展和加强俄罗斯的教育和科学,提高教育和科学的品质和竞争力。否则,我国就不能实现跃进。"①

"青年俄罗斯"和"我们的人"一样,赞同"主权民主的思想",认为"建设'主权民主'的思想是'普京的革命'的本质","对外的主权是国家独立于外部的集团,对内的主权是国家表现出对力量的垄断权"。②

"青年俄罗斯"宣布其是民族主义者,但是对民族主义有着自己的理解,将民族主义与法西斯主义对立起来,认为"在当代俄罗斯没有正确理解民族和民族主义","规定国家(而不是民族性)具有优先地位的意识形态就完全是民族主义","极端主义分子(法西斯分子和纳粹分子)正是诉诸于民族性,规定一个民族性优越于其他民族性","国家差不多一直是多民族的,也就是说,纳粹主义、种族主义和排外主义可以摧毁国家。所以民族主义对抗这些意识形态","青年俄罗斯"认为,"正确的做法是把我们的国家称作俄罗斯族国家,而不是俄罗斯国家"。③ "青年俄罗斯"对民族关系问题的态度是:"建立在种族的互相理解基础之上的俄罗斯亘古解

---

① 《Манифест-Молодёжное политическое движение "Россия Молодая"》(http://rumol.ru/we/ideology/manifest.html).

② 同上。

③ 同上。

决这个问题的态度，远远好于西方的容忍态度或者法西斯主义的反其道行之的消灭一切种族的态度"，"承认所有民族的特点，本着互相尊重、宽容的态度"，"尊重应是相互的"。"青年俄罗斯"认为在这个问题上必须明确的是，"俄罗斯是很大的国家，每个人都能找到自己的位置，但是条件是所有人都遵守国家的法律和互相尊重"①。

（四）"地方的人"

"地方的人"（Местные）是莫斯科近郊的青年政治组织，全称为"'地方的人'莫斯科近郊青年政治生态主义者运动"（Движение молодых политических экологов Подмосковья "Местные"），由莫斯科州州政府（时任州长为鲍里斯·格罗莫夫）办公厅于2005年10月19日成立，在莫斯科州活动，是亲州长和亲政府的青年政治组织。②

2005年12月24日在莫斯科近郊举行了"地方的人"的成立会议，会议通过了《纲领》和《章程》，选举产生了领导机关——委员会，委员会选举谢尔盖·法捷耶夫为"地方的人"的领袖。2006年12月23日"地方的人"举行了总结暨改选会议，莫斯科州州长格罗莫夫为会议发来了贺电，会议改选了委员会的成员，法捷耶夫再次当选委员会主席。后来的领袖是塔·罗·德米特里耶娃。"地方的人"的最高领导机关是代表会议，代表会议选举"地方的人"的常设领导机关——委员会的成员，委员会选举"地方的人"的领导人——主席。地区指挥部领导"地方的人"的地区分部。

"地方的人"宣布，其有三个活动方向：生态方向、反危机纲领、民族纲领。"地方的人"举行了反对非法移民、反对美国政府、反对格鲁吉亚总统米·萨卡什维利等活动。"地方的人"的领袖表示，"地方的人"从事的是"具有政治倾向的环境保护"。③这一组织还举行一些非政治性的活

---

① «Манифест-Молодёжное политическое движение "Россия Молодая"» (http://rumol. ru/we/ideology/manifest. html）.

② ""Наши" в Подмосковье стали "Местными"», «Газета», No. 199 от 20 октября 2005 г.

③ «Молодёжь вышла любить и защищать русский язык на улицы Москвы» (http://news. mail. ru/inregions/moscow/90/society/2386939/）.

动,如探望和帮助孤儿院和养老院,举行星期六义务劳动日活动,举行体育比赛等。这一组织还举办讲座、研讨会以及关于对开展活动如何进行组织的实践课程的夏令营和冬令营。从 2008 年起,每年在 7 月举行"奥卡河"夏季青年教育营。

1. 主要活动

2005 年 12 月 12 日,"地方的人"在美国驻莫斯科大使馆前举行了名为"宪法课堂"的集会,在集会结束时向美国大使馆递交了译成英文的《俄罗斯联邦宪法》。

2006 年 2 月 19—23 日,"地方的人"举行了从莫斯科近郊至圣彼得堡的雪地汽车赛,以纪念苏联红军莫斯科保卫战胜利 65 周年。

2006 年 4 月 13 日,在当时尚未被取缔的国家布尔什维克党对于该党被司法部拒绝登记而向法院提起诉讼时,一群"地方的人"的成员向国家布尔什维克党领袖利莫诺夫扔生鸡蛋和点燃的爆竹。

2006 年 4 月 23 日,"地方的人"来到"亚博卢"党举行反对取消延期服役的抗议活动地点进行干扰。

2006 年 6 月 12 日,"地方的人"和其他亲政府青年政治组织在莫斯科市特维尔大街举行了庆祝官方节日——俄罗斯日的游行,有 4 万多青年参加。游行参加者打着标语:"俄罗斯过去、现在和将来都是大国!"该组织的领袖谢尔盖·法捷耶夫表示,俄罗斯日是一年中最主要的节日。

2006 年 7 月 12 日,"地方的人"在政府反对派举行"另一个俄罗斯"会议的会场外举行了大规模的抗议示威。

2006 年 11 月 11 日,"地方的人"在一家赌场外举行了反对赌博的活动。

2006 年 11 月 26 日,"地方的人"在莫斯科州一些城市的 20 个市场里,举行了"反对非法贸易"、"反对非法移民"的活动,该活动引发了"地方的人"的积极分子和在这些市场做生意的非法移民之间的斗殴。

2006 年 12 月 12 日,"地方的人"在莫斯科市举行了要求把"关于俄罗斯民族的地位的正式条款"纳入俄罗斯宪法的大规模集会,该组织领袖谢尔盖·法捷耶夫对集会者宣称,俄罗斯族作为国家主体民族和国家冠名民族，其历史文化作用应在国家的宪法中有所体现。他呼吁修改《俄罗斯联邦宪法》，用"俄语所联合起来的和共同的文化所团结起来的俄罗斯的人民"取代"俄罗斯联邦的多民族的人民"的表述。①

2007年3月2日，"地方的人"在莫斯科近郊的米亚奇科沃机场举行了"选择的权利"论坛，"统一俄罗斯"党的中央选举委员会主席安德烈·沃罗比约夫在论坛上号召大学生们在即将到来的莫斯科州议会选举、国家杜马选举和一年后的总统选举中作出正确的选择。

在2007年3月11日的莫斯科州杜马的选举中，法捷耶夫被列入"统一俄罗斯"党的候选人名单，并当选为州杜马的议员。

2007年4月底至5月初，"地方的人"和"我们的人"以及其他亲政府青年政治组织一起参加了封锁爱沙尼亚驻莫斯科大使馆的活动，以抗议爱沙尼亚首都塔林市政府将苏军战士解放塔林纪念碑从市中心移到军人墓地和重新埋葬苏联战士的遗骸。

2007年6月20—28日，"地方的人"举行了"不把方向盘给移民！"行动，呼吁人们不要使用非法移民的私营运输服务。②

2007年7月17日，莫斯科州州长鲍里斯·格罗莫夫乘坐直升机亲自飞临"地方的人"在莫斯科近郊举办的"奥卡河—2007"夏令营营地，以表祝贺，并且发表演说。

2007年7月24日，普京总统在其官邸接见了"地方的人"以及其他亲政府青年政治组织的代表。

2008年2月10日，"地方的人"在莫斯科市斯拉夫广场举行了反对政府反对派的活动，活动的参加者高喊反对政府反对派的口号。

2008年3月3日，"地方的人"的积极分子在莫斯科市斯拉夫广场举行了庆祝德米特里·梅德韦杰夫当选总统的活动。

2008年4月23日，俄罗斯总统普京签署命令，授予包括"地方的人"的领袖法捷耶夫在内的各个亲政府青年政治组织的代表"俄罗斯联邦国家

---

① 《Двойники. Молодёжный национализм в аппаратных играх》, 《Ведомости》, No. 227 от 1 декабря 2006 г. (http：//www. vedomosti. ru/newspaper/2006/12/01).

② http：//dva. mestnye. ru/anons/detail. php? ID = 2539

勋章"。

2009年2月21日，"地方的人"在莫斯科市举行了"保护俄语"的活动。

2010年11月10日，"地方的人"在拉脱维亚驻莫斯科使馆前举行了反对拉脱维亚外长基·瓦·克里斯多夫斯基斯的抗议行动。

2. 纲领主张

2006年11月30日，"地方的人"的领导人向新闻记者公布了该组织的新的宣言——《民族纲领》。在《民族纲领》中指出，"由于非法移民的涌入和极端主义组织企图对此为己所用，俄罗斯的各民族之间的和平受到了威胁。"① 在这一新版宣言中，删去了原先的关于抵制非法移民的大量出现和抵抗极端主义分子的文字。

《民族纲领》宣布，"地方的人"是莫斯科近郊的青年倡议组织，"我们联合在一起，是因为我们对我们所生活的世界不能无动于衷，我们生活在泥浆中，而泥浆完全可以被清除掉。我们联合在一起，是为了我们的住宅、街道、城市、俄罗斯变得美丽、清洁和繁荣"，"'地方的人'是莫斯科近郊的青年政治生态主义者的运动，生态——不仅是一个词语，它不仅是我们呼吸什么、喝什么，它还是我们怎么思考、怎么行动。我们想要把生态原则纳入政治。我们是现实主义者。今日时代的现实是，任何社会倡议如果在政治水平上得不到支持，就不过是一次性的行动，不能不明白这一点。所以，我们应该解释、证明、让人相信，我们的正确和应该行动。我们做我们自己能够做的一切"。②

（五）"新人"

"新人"跨地区青年社会组织（Межрегиональная молодёжная общественная организация "Новые люди"，简称"ММОО НЛ"）于2005年10月在伏尔加格勒市（原斯大林格勒市）成立，受到伏尔加

---

① 《Манифест "Местных"》（http://mestnie.ru/index.php?option=com_content&task=view&id=11&Itemid=141）.

② 同上。

格勒市政府和俄罗斯总统办公厅的支持，是又一个以防止"橙色革命"为目的的青年政治组织，是亲政府的青年政治组织。2005年12月4日在伏尔加格勒市举行了"新人"的成立会议，会上通过了《章程》和《宣言》，选举了联络委员会成员和联络委员会主席，弗拉基米尔·瓦辛当选为联络委员会主席。2006年3月31日，在伏尔加格勒市举行了"新人"的第二次代表会议——总结暨改选会议，瓦辛连任联络委员会主席。

"新人"受到来自政府方面的保护，比如，与克里姆林宫关系密切的政治研究所所长谢尔盖·马尔科夫，他多次给"新人"的积极分子作讲座，他本人并不隐讳与"新人"的联系。马尔科夫表示："'新人'的目标是发展爱国主义、发展对祖国的热爱。"① "新人"支持一些未被国际社会承认的"国家"：德涅斯特河沿岸共和国（Приднестровье）、南奥塞梯共和国（Южная Осетия）和阿布哈兹共和国（Абхазия）。"新人"有本组织的歌曲。

2006年年底以前，"新人"实际上只在伏尔加格勒市存在。后来，"新人"在俄罗斯联邦的六个地区设有分部：伏尔加格勒州、萨拉托夫州、萨马拉州、阿斯特拉罕州、下诺夫哥罗德州和加里宁格勒州。

1. 主要活动

"新人"在伏尔加格勒市的活动之一，是对斯大林的颂扬，举办了纪念斯大林的讲座。纪念斯大林的讲座的主要议题之一，是"研究作为管理者的斯大林"，讲座认为，"正是在斯大林时期，国家实现了物价的每年平稳下降，国内生产总值一年增长40%——这是在世界历史上任何国家都从来没有做到过的成果……斯大林使国家获得了世界领袖地位。"讲座还研究了伏尔加格勒恢复旧名——斯大林格勒的可能性，认为恢复该市具有历史意义的名字可以实现对斯大林的承认，也就可以实现对斯大林的管理方法的承认，那样一来"我们就能够使通货膨胀不仅低于10%，甚至低于0，

---

① Н. Барышев: «Сергей Марков: "Новые люди"-мои друзья! » (22 сентября 2007 г.) (http://newpeople.ru/poslednie_aktsii/sergei_markov_novye_lyudi_moi_druzya).

从而使我国成为国内生产总值排名第一的国家"。①

2007年4月底至5月初,"新人"与其他的亲政府青年政治组织一起参加了封锁爱沙尼亚驻莫斯科大使馆和跟踪爱沙尼亚大使的行动,以此抗议从法西斯占领者手中解放该国首都塔林纪念碑被从塔林市中心挪到军人墓地以及解放塔林的苏军战士遗骸被重新安葬。

2007年5月30日,"统一俄罗斯"党总委员会主席团秘书长维亚切斯拉夫·沃洛金会见了包括"新人"的领袖弗拉基米尔·瓦辛在内的各亲政府青年政治组织的领袖。

2007年6月底至7月初,"新人"在伏尔加格勒州的顿河河畔组织了夏令营,夏令营的活动包括讲座、研讨会和训练积极分子。

2007年7月,"新人"在伏尔加河的伏尔加格勒州流域一座岛上为其积极分子组织了生存学校。

2007年7月15—27日,"新人"和另一个亲政府青年政治组织"青年俄罗斯"的代表参加了"我们的人"在谢利格尔湖畔组织的夏令营。2007年7月24日,"新人"的代表与其他亲政府青年政治组织的代表一起,受到了普京总统的接见。

2007年9月15日,"新人"的25名积极分子对政府反对派"另一个俄罗斯"在萨马拉市举行的"总统预选"活动进行了挑衅,使该活动一度中断。

2007年9月30日,"新人"、"青年俄罗斯"和"统一俄罗斯的青年近卫军"的积极分子在政府反对派"另一个俄罗斯"举行第一次代表大会的地点外举行了抗议活动,他们高举反对反对派的标语,呼喊反对反对派的口号,建议所有不赞成俄罗斯现政权的人到美国去。同一天,"青年俄罗斯"和"新人"的积极分子还在美国驻莫斯科大使馆前举行集会,抗议美国对未被承认的国家实行双重标准。

2007年12月22日,瓦辛当选为俄罗斯联邦社会院议员。

---

① Н. Барышев: «В Волгограде прошёл кинолекторий по теме "Who is mr. Stalin?"» (18 марта 2008 г.) (http://www.newpeople.ru/aktsii_v_volgograde/v_volgograde_proshel_kinolektorii_po_teme_who_mr_stalin).

2008年3月3日,"新人"和"青年俄罗斯"的积极分子为了庆祝德米特里·梅德韦杰夫当选总统,举办了有15个音乐组合参加的晚会。

2008年4月3日,"新人"、"青年俄罗斯"和"统一俄罗斯的青年近卫军"的积极分子在莫斯科市卡卢加广场举行了反对格鲁吉亚和乌克兰可能加入北约的示威。在示威中,这些积极分子在"青年俄罗斯"的领袖米先科率领下冲破了警察的警戒线,冲进了北约驻莫斯科代表处,警察最后逮捕了10—30人。

2008年6月19日,俄罗斯总统办公厅第一副主任弗拉季斯拉夫·苏尔科夫接见了"新人"和"青年俄罗斯"的领袖和积极分子。

2. 纲领主张

"新人"的《宣言》就是它的纲领,《宣言》宣称,它"反对在我们的生活中出现革命和政变,无论它们被涂抹着什么色彩。俄罗斯吃尽了内讧和没有法纪的苦头。只有通过宪法规定的程序、必须通过宪法规定的程序才能进行任何改变。宪法规定的程序不是完美的,但是在它之外的选择:最好的情况——是篡夺政权,像在乌克兰发生的那样;最坏的情况——是流血和混乱,像在俄罗斯发生过的、不该被重复的那样"①。

"新人"想做自己土地上的主人。"俄罗斯欢迎带着善意、带着对我们和我们的法律的尊重来作客的客人,但是公开鄙视俄罗斯和俄罗斯人的半犯罪渣滓在我们的土地上没有立足之地,我们不允许把我们置于二等人的地位,移民应该是可以调节的,不应是盲目的。""新人"主张对犯罪、贩卖毒品和其他肮脏的事情进行积极打击。"新人"认为腐败不会自行消失,不是通过警察、检察院和联邦安全委员会就能打击腐败,"在我们——积极的、有组织的、年轻的和顽强的俄罗斯人对腐败坚决说'不',并且鼓励我们的朋友、亲人、同乡对腐败也说'不'的时候,腐败才会退却。只有在政权是人民的政权的时候,与政权里窃贼的战争才能取得胜利"。"新人"主张一个"繁荣的伏尔加河中下游流域",这里应该是"经济最发达

---

① «Заявление пресс-службы молодёжной организации "Новые Люди"» (http://ladno.ru/hyde-park/8264.html）.

的、最适合人生活的地区,这里具有实现这一目标所需要的一切。我们应该为实现这一目标勤恳工作。我们的地区是具有最大的经济潜力、拥有有天才的人的地区。"①

3. 组织结构

"新人"的最高领导机关是代表大会,代表大会确定跨地区联络委员会和跨地区检查委员会的成员数量和选举其成员,代表大会还负责选举跨地区联络委员会的主席、跨地区理事会的主席和跨地区检查委员会的主席。跨地区联络委员会负责在代表大会闭会期间领导该组织,跨地区联络委员会至少一年召开一次会议,在代表大会举行之年可以不召开跨地区联络委员会会议。

跨地区联络委员会的成员包括该委员会的主席、跨地区理事会的主席以及各地区分部的联络委员会的主席。跨地区联络委员会领导和监督该组织各分部的活动,批准该组织各个方向的活动计划和方案并且监督执行情况。跨地区联络委员会审议批准跨地区理事会主席提交的跨地区理事会成员名单以及跨地区检查委员会主席提议的跨地区检查委员会成员的数量和名单。跨地区联络委员会有权因地区分部违反章程或者不执行领导机关的决定而取消该分部。

该组织内的实际权力属于跨地区联络委员会主席。跨地区联络委员会主席领导跨地区联络委员会和整个组织的活动,确定跨地区联络委员会成员的义务和权利,下达跨地区联络委员会、跨地区检查委员会和跨地区理事会成员必须执行的命令。跨地区联络委员会主席还可以把与该组织的活动有关的任何问题提交该组织的领导机关审议,可以召开该组织的领导机关的会议,并以具有投票权的身份参加会议。除了代表大会的权限之外,跨地区联络委员会主席具有一切全权。18岁以上的"新人"的成员可以担任跨地区联络委员会的主席。

跨地区理事会是执行机关,它向代表大会、跨地区联络委员会、跨地

---

① «Заявление пресс-службы молодёжной организации "Новые Люди"» (http://ladno.ru/hyde-park/8264.html) .

区联络委员会主席、跨地区检查委员会主席汇报工作。跨地区理事会负责保障对代表大会、跨地区联络委员会和跨地区检查委员会做出的决定的执行,对代表大会、跨地区联络委员会的会议和跨地区检查委员会的会议进行准备。下级机关必须执行领导机关的决定。下级机关的决定如果违反俄罗斯的法律或者"新人"的章程,上级机关可以取消下级机关的决定。

跨地区检查委员会执行监督职能,监督对章程和对领导机关做出的决定的执行,监督领导机关和该组织各分部的财政活动。跨地区检查委员会的组成人员由跨地区联络委员会主席提名,须经跨地区联络委员会批准。

地区联络委员会的主席由地区代表会议选举产生,负责领导地区分部。"新人"的成员年龄的下限是14岁,上限是30岁。

二、反政府的青年政治组织

当代俄罗斯的反政府青年政治组织十分繁多,它们虽然思想主张各异,但是都对现政权不满,想要实现自己的政治目标。根据其政治主张的不同,可以把它们划分为这样几大类:共产主义青年政治组织、自由主义青年政治组织、民族主义青年政治组织、无政府主义青年政治组织和生态主义青年政治组织。

(一) 共产主义青年政治组织

1991年9月召开的苏联列宁共产主义青年团第二十二次(非常)代表大会宣布,苏联列宁共产主义青年团作为共产主义青年团的联合会的政治作用已经终结,苏联列宁共产主义青年团自行解散。但是,共产主义理想并未在当代俄罗斯青年人心中泯灭,坚持共产主义理想的青年政治组织纷纷成立,并且积极投身于政治斗争中去。俄罗斯政府在2004—2005年开始对社会福利的改革之后,越来越多对政府不满、向往父辈在苏联社会主义制度下的美好生活的青年加入共产主义青年政治组织,共产主义青年政治组织的社会影响日益扩大,成为当代俄罗斯社会中不可忽视的一支政治力量。当前,在俄罗斯主要活跃着五个共产主义青年政治组织:红色青年先锋队，劳动俄罗斯的红色青年先锋队，革命共产主义青年团（布尔什维克），俄罗斯共产主义青年团，俄罗斯联邦共产主义青年团。它们坚持马克思列宁主义的意识形态，主张对当代俄罗斯的资本主义社会制度进行社会主义性质的革命改造，在政治上实行苏维埃制度，在经济上实行国有化，要求恢复苏联。重建苏联是共产主义青年政治组织的基本思想。它们的政治行动主要分为三类：纪念十月革命、纪念卫国战争、争取恢复苏联的行动；反对现政府的行动；反对以美国为首的西方资本主义国家的行动。

1. 红色青年先锋队

红色青年先锋队（Авангард красной молодёжи，简称"АКМ"）是以青年为主的具有激进倾向的共产主义青年政治组织，成立于1998年9月。1999年至2004年是维克托·安皮洛夫领导的"'劳动俄罗斯'运动"（движение "Трудовая Россия"）的青年组织，这一组织最初是作为维克托·安皮洛夫领导的"劳动俄罗斯"的青年组织成立的。2003年年底—2004年年初红色青年先锋队发生分裂，谢·乌达利佐夫领导的红色青年先锋队脱离了"劳动俄罗斯"，玛利亚·东琴科领导的"'劳动俄罗斯'的红色青年先锋队"留在了"劳动俄罗斯"内。"劳动俄罗斯"在2006年7月加入"另一个俄罗斯"之后，东琴科及其所领导的成员也宣布与"劳动俄罗斯"脱离关系。

2005—2007年红色青年先锋队奉行奥列格·舍宁领导的苏联共产党的方针，2008年4月全体加入"左翼阵线"，但是保持组织上的独立。在2009年之前，红色青年先锋队的领袖（主席）是谢尔盖·乌达利佐夫，从2009年起红色青年先锋队由红色青年先锋队的中央委员会政治局领导。红色青年先锋队在俄罗斯联邦的许多地区以及在俄罗斯以外的10个国家具有地区分部。谢尔盖·乌达利佐夫在2007年表示，红色青年先锋队有大约8000名积极分子。[①] 红色青年先锋队积极与俄罗斯的共产主义政党（例如俄罗斯联邦共产党、俄罗斯共产主义工人党等）进行合作。

---

① Евгений Левкович: «Ясен Красен», «Rolling Stone (Россия)», Вып. 41 от ноября 2007 г.

(1) 主要活动

红色青年先锋队的基本活动，是组织和参与社会运动、抗议运动，与其他的共产主义政治组织相比，它的突出特点是开展更加激进的街头行动。红色青年先锋队在俄罗斯各地积极组织或者参加反对提高物价、反对住宅公用事业改革的抗议活动，举行了要求保护劳动者权利、保护一些社会群体的行动。红色青年先锋队在行动中利用了温和和激进等许多方式，包括征集签名，举行请愿、集会等。

红色青年先锋队每年参加纪念在1993年10月3—4日期间"牺牲的苏维埃政权保卫者"的活动，与俄罗斯联邦共产党和俄罗斯共产主义青年团一道参加每年5月1日和11月7日的游行活动，以及参加左翼力量组织的其他活动。红色青年先锋队的行动大多是鲜明和激进的，几乎红色青年先锋队所组织的所有行动，以及它参加的那些行动的大多数，都是没有被当局批准的。红色青年先锋队的领袖和活跃分子屡次与警察发生肢体冲突，经常被捕、被拘留，甚至被判刑。

在1999年12月的国家杜马选举中，红色青年先锋队支持由"劳动俄罗斯"、"军官联盟"（Союз офицеров）、"联盟"运动（движение "Союз"）、"青年人民爱国联盟"运动（движение "Народно-патриотический союз молодежи"）所组建的"斯大林的联盟——为了苏联"（Сталинский блок - за СССР）竞选联盟，红色青年先锋队领袖乌达利佐夫作为该联盟的候选人参加了选举，根据官方统计，该联盟获得404274张选票，占全体选票的0.61%（进入国家杜马的门槛为5%）。

从2001年起，在每年秋天的9—10月份，红色青年先锋队举行有国家布尔什维克党、俄罗斯共产主义青年团、革命共产主义青年团（布尔什维克）的成员参加的"反资本主义进军"游行示威，"反资本主义进军"往往以同警察和特警队的肢体冲突、游行示威的参与者遭到殴打和被拘捕结束。

2005年1—2月，红色青年先锋队和俄罗斯联邦共产党、国家布尔什维克党一起参加了在首都莫斯科及其他地方举行的抗议福利货币化的行动。2005年和2006年红色青年先锋队与"亚博卢"党、俄罗斯联邦共产党、国家布尔什维克党等组织一起参加了保卫言论自由、反对书刊检查制度的游行示威——向俄罗斯联邦的国家电视台所在地奥斯坦基诺的"进军"。红色青年先锋队在2007年和2008年与俄罗斯共产主义青年团一起参加了由俄罗斯联邦共产党组织的反对对电视新闻进行新闻检查的游行示威活动。

2004年,红色青年先锋队号召在总统选举运动中抵制选举。在2004年5月7日——普京就任总统日,红色青年先锋队的几十名活跃成员身着白色殓衣举行了抗议活动,乌达利佐夫和他的同志们躺在莫斯科市交通干线——特维尔林荫大道的车行道上,阻断了车辆交通,高喊要求普京辞职的口号。

2004年7月28日,红色青年先锋队的几十名成员在乌达利佐夫率领下在俄罗斯联邦总统办公厅大楼前用手铐互相铐在一起,展开写着"取消福利——普京的耻辱!"的长横幅,同时散发抗议福利货币化的传单。2004年12月18日,红色青年先锋队的成员在国家行政学院的会议上向出席会议的卫生和社会发展部部长祖拉博夫扔蛋黄酱。

2005年4月29日,红色青年先锋队领袖乌达利佐夫在住宅附近遭到不明身份者的袭击。5月9日清晨,反有组织犯罪局的人员强行打开乌达利佐夫住宅的门,将其带往看守所,直至当日——卫国战争胜利纪念日的左翼力量集会结束之后才将其释放。

2005年5月31日,乌达利佐夫率领几十名红色青年先锋队成员冲上克里姆林宫内伊凡雷帝钟楼上的瞭望台,展开写着"普京,该走开了!"的长条幅和打着大叉的普京肖像,同时高喊反普京的口号,要求自由、进行人民公决和大赦,抛撒要求总统和政府立即辞职的传单。

2005年10月13日,在一些青年政治组织的代表参加的"青年近卫军"辩论俱乐部圆桌会议上,红色青年先锋队领袖乌达利佐夫将杯中的水泼向前苏联总统戈尔巴乔夫,指责他搞垮苏联、背叛党和剥夺青年的未来。

在2005年12月4日的莫斯科市杜马的选举中,红色青年先锋队领袖乌达利佐夫、副主席沙利莫夫和红色青年先锋队的活跃分子之一古尼金被列入俄罗斯联邦共产党的候选人名单参加了选举，但是均未当选。

2006年7月14—16日，红色青年先锋队参加了左翼力量在莫斯科市组织的、作为当时在圣彼得堡市举行的"八国峰会"的"反峰会"的俄罗斯社会论坛。

2006年12月16日，红色青年先锋队参加了"不同意见者的进军"反政府游行示威。

2007年9月29日，红色青年先锋队在莫斯科市召开了第八次代表大会，俄罗斯共产主义青年团和革命共产主义青年团（布尔什维克）的代表受邀列席了大会。这次代表大会决定停止与"另一个俄罗斯"联盟的合作，因为"'另一个俄罗斯'没有能够成为一个有能力解决重大政治任务的广泛联合"。乌达利佐夫声明，"另一个俄罗斯"提出的总统职位候选人要么是选择加·卡斯帕罗夫，要么是选择米·卡西亚诺夫，但是这两个人是红色青年先锋队不能接受的。红色青年先锋队作为共产主义的组织，不可能参加任何会使人联想到"具有明显自由主义观点的候选人"的行动。在该次代表大会上，乌达利佐夫再次当选为红色青年先锋队的主席。

2008年1月，红色青年先锋队声明，在3月的总统选举中支持俄罗斯联邦共产党主席根·久加诺夫。2008年4月6日，红色青年先锋队在莫斯科市召开的左翼力量会议上宣布全体加入"左翼阵线"运动。

红色青年先锋队的活跃分子经常参加居民反对非法建设住宅的行动。在红色青年先锋队参加的2008年4月24日在莫斯科市政府楼前举行的反对非法建设住宅的集会中，特警队拘捕了包括乌达利佐夫在内的大约30名红色青年先锋队的成员，其中乌达利佐夫被判处拘留15天。

2008年5月6日，红色青年先锋队和"左翼阵线"的活跃分子在总统办公厅接待室前面举行了抗议第二天的梅德韦杰夫的总统就职典礼的行动，他们展开了本组织的旗帜和写着"打倒王位继承制！"的横幅。

除了在俄罗斯联邦，在原苏联地区（白俄罗斯、拉脱维亚、摩尔多瓦、乌克兰、阿塞拜疆、哈萨克斯坦、吉尔吉斯斯坦）以及在芬兰、波兰和以色列也有红色青年先锋队的分部或者基层组织在活动。

(2) 组织分裂

2003年9月,红色青年先锋队内部的冲突日益尖锐。当时靠近国家布尔什维克党的红色青年先锋队领袖乌达利佐夫与奉行"劳动俄罗斯"的方针、以东琴科和鲁德科为首的一些成员之间的冲突开始明朗化。红色青年先锋队的中央指挥部指责鲁德科为法制机关工作,宣布将其从红色青年先锋队开除。与此同时,乌达利佐夫指责东琴科建立与红色青年先锋队平行的组织结构,宣布解除东琴科的红色青年先锋队莫斯科营指挥员职务。而鲁德科与东琴科则指责乌达利佐夫攫取整个中央指挥部的职权,乌达利佐夫的举动非法。

2004年1月19日召开的"劳动俄罗斯的共产主义者"党莫斯科市委员会全体会议审议了关于乌达利佐夫的问题,会议指责乌达利佐夫破坏党的章程,实行将红色青年先锋队的莫斯科市队伍与"劳动俄罗斯"脱离的路线,完全不服从党的领导。2004年1月24日召开了"劳动俄罗斯的共产主义者"党中央全会与"劳动俄罗斯"执行委员会会议的联席会议,决定将乌达利佐夫开除出"劳动俄罗斯"、撤销其红色青年先锋队的主席职务、解散红色青年先锋队。

2004年2月6日,乌达利佐夫领导的红色青年先锋队中央指挥部对于乌达利佐夫被开除出"劳动俄罗斯"做出了针锋相对的公开声明——《必须更新》,该公开声明指责"劳动俄罗斯"和"劳动俄罗斯"的领袖安皮洛夫用煽动代替革命斗争和直接行动,指责"劳动俄罗斯"的领导人鼓励在组织内部建立与红色青年先锋队平行的组织、庇护因违反章程被开除的红色青年先锋队前成员。该公开声明指出,依据章程,红色青年先锋队是独立的青年政治组织,所以"劳动俄罗斯"中央全会解散红色青年先锋队和解除红色青年先锋队领导人职务的决定是不合法的,红色青年先锋队在第四次代表大会选出的以乌达利佐夫为首的中央指挥部的领导下继续活动。该公开声明特别强调,在2004年1月底召开的"劳动俄罗斯"中央全会的法定人数不足,是一次非法的中央全会,该全会将红色青年先锋队的领导人开除出"劳动俄罗斯"的决定是完全非法的。

2004年4月17日,在莫斯科市举行了红色青年先锋队第五次代表大会，来自 32 个地区组织的代表参加了代表大会。代表大会通过了《关于承认苏联共产党（奥列格·舍宁领导的）的政治领导》的决定。代表大会要求红色青年先锋队的所有组织在最短时间内指派自己的积极分子在苏联共产党的基层组织登记，代表大会宣布红色青年先锋队的首要任务是为苏联共产党培养青年干部，红色青年先锋队必须同原苏联加盟共和国的支持苏联共产党的共产主义青年组织建立密切联系。代表大会宣布不允许在内部存在任何与红色青年先锋队平行的组织结构。代表大会通过了《关于红色青年先锋队的战术任务》的决定，该决定宣布，红色青年先锋队"为了在俄罗斯解除普京的警察制度的权力、在苏联加盟共和国解除亲西方的制度的权力、恢复苏维埃政权"而与苏联共产党一道在原苏联领土上建立反对派力量的革命阵线，定期举行反对普京的抗议行动。

（3）文化联系

红色青年先锋队从成立时起就与独立国家创作公司积极合作，一起组织左翼的爱国主义倾向的音乐节。"民防"（"Гражданская оборона"）音乐组合的叶戈尔·列托夫从 1999 年到 2008 年与红色青年先锋队合作过。从 2008 年起车里亚宾斯克市的"无核武器地带"（"Безъядерная зона"）先锋派音乐组合的格里高利·希涅戈拉佐夫与红色青年先锋队合作。红色青年先锋队还与圣彼得堡市的"暴动者和不同意见者"（"Бунтари и несогласные"）歌曲创作联合积极合作过。

红色青年先锋队与"专用列车"（"Эшелон"）摇滚乐队关系密切，乌达利佐夫本人为该乐队的曲子填过词（例如《意志的革命》）。"专用列车"的歌手伊·巴拉诺夫以演唱苏联歌曲和当代共产主义抵抗歌曲而闻名遐迩，巴拉诺夫本人也进行歌曲创作。加入红色青年先锋队或者支持它的音乐组合主要有，"专用列车"、"69"（"Sixty nine"）、"飞地"（"Анклав"）、"意志纵容者"（"Разнузданные Волей"）、"28 名潘菲洛夫师战士"（"28 Панфиловцев"）、"西部战线"（"Западный фронт"）、"适应"（"Адаптация"）、"温暖航线"（"Тёплая трасса"）等。

（4）纲领主张

1999 年 5 月 4 日在梁赞州召开了红色青年先锋队的第一次全苏联代表

大会，在代表大会上通过了纲领性决议——《我们的斗争方向》和《章程》，选举了领导机构——红色青年先锋队指挥部的领导成员，乌达利佐夫被选为总指挥。红色青年先锋队的斗争方向被确定为：在青年中宣传共产主义思想，吸收新成员，培养又红又专的青年，解决青年的社会问题，发展爱国主义的青年文化，对青年进行体育训练和爱国主义国防训练，影响政府的青年政策，为逐渐恢复苏联而斗争。在《章程》中宣布，红色青年先锋队是"加入'劳动俄罗斯'全俄罗斯社会政治运动的一支独立的青年组织"。

2005年1月29日召开的红色青年先锋队第六次代表大会通过的《纲领性声明》是它的纲领。在《纲领性声明》中指出："红色青年先锋队是共产主义的组织……红色青年先锋队的意识形态是马克思列宁主义，马克思列宁主义不是教条，而是解决至关重要的现代性问题的思想基础和创造性的方法……红色青年先锋队站在无产阶级国际主义和苏联爱国主义的立场上。"[1]《纲领性声明》把马克思、恩格斯、列宁、斯大林、毛泽东和其他国际共产主义运动的活动家称作红色青年先锋队的"伟大导师"，"和我们在一起的是——毛泽东、金日成、胡志明。我们和现实社会主义国家、世界工人运动、世界民族解放运动、世界上所有反对帝国主义的力量团结在一起。我们以青年近卫军和共青团员英雄、菲德尔·卡斯特罗和切·格瓦拉、'赤色旅'成员、1968年'巴黎之春'的大学生、当代反全球化人士和共产主义者政治犯为榜样"，红色青年先锋队"从阶级立场出发看待社会生活、政治生活、无产阶级国际主义和苏联爱国主义"。[2]

红色青年先锋队的最高目标是建成"每个人的自由发展是一切人的自由发展的条件"的共产主义社会，首要目标是劳动者夺取政权、建立苏维埃形式的无产阶级专政、逐渐恢复和扩大苏联的"蓬勃的社会主义"："我们的方针是——蓬勃的社会主义、在复兴的苏联的一往无前的

---

[1] «Программное заявление АКМ, принятое VI съездом 29 января 2005 г.», «Контрольный выстрел», No. 67.

[2] 同上。

苏维埃政权"。① 红色青年先锋队决心通过革命实现其目标：如果剥削者抵抗，革命将是暴力的。

红色青年先锋队宣布"在革命道路上的"任务是：组织建设，培养后备干部，宣传共产主义思想，研究和掌握激进的街头抗议形式，组建团结一致的共产主义抵抗阵线，促进建立苏维埃，促进各种人民自治形式的发展，在现有制度框架内提出和捍卫迫切的经济要求，不断揭露政权的罪行，准备普遍的政治性罢工。红色青年先锋队认为政治性罢工是可以实现的重要革命阶段之一。

红色青年先锋队认为在革命后的任务是：第一，在政治上，建立苏维埃制度和消灭"总统、省长、市长的设制"，"在过渡阶段在政党遵守社会主义法律的条件下保持政治多党化"，"人权具有优先性，言论自由，集会自由，信仰自由，迁移自由，"实行免费教育和免费医疗服务，"科学研究将获得国家的最大限度的支持"。第二，在经济上，"工业、军工综合体、矿产、运输业和通讯的主要部门"收归国有。"中小私营企业在遵守社会主义劳动法和社会法的条件下与国营企业竞争。禁止对生产资料的财产继承权。逐渐用经济方法（个别情况下用行政方法）排挤掉中小资本，直到其被完全取缔。个体经营者在没有剥削雇佣工人和其产品或服务拥有需求的条件下自由存在。个人所有制不受侵犯、不受限制。保护个人的劳动财产。私人银行收归国有，取消商业秘密。取消土地私人所有制。实行对外贸易的国家垄断。包括采用强制手段收回向国外输出的资本。实行累进率征税，制定和实行社会主义劳动法，强化追究经济犯罪的刑事责任。国家通过立法调节食品价格和生活必需品价格。工资和退休金不得低于经科学论证的最低生活费，并且将被不断提高。通过工人监督生产和分配，提高劳动生产率"。第三，在国家武装力量建设上，必须实行定期服役，同时"完全保留由于社会原因和由于健康状况的延期服役"。"除了应征军，由地方苏维埃按照生产特征和地域特征在自愿基础上组建人民志愿军和人民

---

① «Программное заявление АКМ, принятое VI съездом 29 января 2005 г. », «Контрольный выстрел», No. 67.

警察"。第四，在民族政策上，民族具有自决权。第五，在对外政策上，首要任务是逐渐恢复苏联，"实行积极支持全世界共产主义运动的政策，同社会主义国家建立最紧密和最友好的关系。同资本主义国家保持事务性、实用性的关系。单方面声明废除外债"。①

（5）组织结构

红色青年先锋队的最高领导机关是代表大会，代表大会选举红色青年先锋队的主席和副主席、中央委员会委员和中央检查委员会委员。中央委员会在两次代表大会之间的时期领导红色青年先锋队的工作，是常设领导机关。当中央委员会的成员中有人不能履行其义务时（由于疾病、被从红色青年先锋队开除等原因），中央委员会可以决定对于下次代表大会召开前的时期增补中央委员会新成员。中央委员会至少半年召开一次会议。在中央委员会的两次会议之间的时期，从中央委员会成员中选出的执行委员会负责日常领导工作，执行委员会至少每月召开一次会议。

红色青年先锋队的主席在红色青年先锋队与其他政党或者政治组织的关系中代表该组织，负责组织中央委员会和地区分部的活动。主席因故不在或者患病时，主席将权力转交给一位副主席。中央检查委员会执行监督职能，监督整个组织对章程的遵守情况和负责每年审查红色青年先锋队的财务情况。对于准备加入红色青年先锋队的青年规定三个月的候选期，除了不具有表决权和被选举权之外，候选人具有与正式成员相同的权利和义务，候选人有发言权。正式成员和正式成员候选人必须积极地和经常地参加该组织的活动。红色青年先锋队设有支持者制度，被登记为支持者的人员在研究关于该组织的活动问题时具有发言权。

红色青年先锋队的地区分部主席（指挥员）和副主席（副指挥员）由地区的代表会议选举产生。同时，地区的代表会议选举负责对地区分部的日常领导工作的地区分部委员会成员和选举地区分部的监督机关——检查委员会成员。在分部不履行上级机关的决定或者违反章程时，上级机关在

---

① «Программное заявление АКМ, принятое VI съездом 29 января 2005 г. », «Контрольный выстрел», No. 67.

经中央委员会批准后可以将其解散，或者对分部的成员进行重新登记。

《红色青年先锋队章程》规定，加入红色青年先锋队的原苏联加盟共和国的共产主义青年组织是红色青年先锋队的相应的结构分支，可以拥有不违背红色青年先锋队的《章程》和《纲领性声明》的自己的《章程》和《纲领》，可以拥有自己的名称。红色青年先锋队在原苏联加盟共和国的分部在自身活动中要考虑到当地的条件、政治环境和法律。

2001年4月30日，红色青年先锋队在莫斯科市举行了第三次代表大会，来自25个地区的70名代表参加了代表大会。在代表大会通过的决议中指出，一些地区分部遭到削弱，地区组织之间缺乏正常的配合，这是不能容许的。大会责成红色青年先锋队的领导人重新登记红色青年先锋队的成员和整顿红色青年先锋队的组织结构，建立和加强各地区组织之间的直接联系，利用对各种政权机构的选举增强红色青年先锋队的影响。

2005年1月29日在莫斯科市举行了红色青年先锋队第六次代表大会，来自俄罗斯40个地区和7个原苏联加盟共和国的120名代表参加了大会。大会决定把红色青年先锋队从全俄罗斯的共产主义组织改造成全苏联的共产主义组织。大会为红色青年先锋队的地方（原苏联加盟共和国）分部的领导人提出了在每个地方（原苏联加盟共和国）将红色青年先锋队的成员数量提高到100人的任务。第六次代表大会对《章程》做了修改，保留一名主席和设置副主席，取消了共同主席。新设置的中央委员会取代中央指挥部成为领导机关。设立执行委员会，其成员由中央委员会选举产生。代表大会选举产生了19人组成的中央委员会，乌达利佐夫当选为中央委员会主席。

2006年4月30日召开的红色青年先锋队第七次代表大会取消了以往要求成员年龄低于35岁的规定，但是成员必须年满14岁的年龄下限不变。

2009年5月3日，红色青年先锋队在莫斯科市召开了第九次代表大会，正式批准了红色青年先锋队加入"左翼阵线"的工作计划，但是决定不解散红色青年先锋队。代表大会还决定成立6人组成的执行委员会取代主席，乌达利佐夫是6名执行委员之一。

红色青年先锋队从2001年起每年夏天召集自己的"战士们"进行理

论培训和体格训练，包括教授搏斗术，还进行射击训练，学习拆装自动步枪和用气枪射击。

从2004年起红色青年先锋队参加"青年左翼阵线"组织的左翼力量夏令营，该夏令营从2006年起由在"青年左翼阵线"基础上成立的"左翼阵线"进行组织。

红色青年先锋队从2000年起出版报纸——《红色青年先锋队报》（«AKM»），红色青年先锋队发生分裂之后，乌达利佐夫领导的红色青年先锋队的报纸冠名为：《检验射击》（«Контрольный выстрел»）。

2. "'劳动俄罗斯'的红色青年先锋队"

"'劳动俄罗斯'的红色青年先锋队"（Авангард красной молодёжи "Трудовой России"，简称"AKM-TP"）的前身，是1998年9月作为"劳动俄罗斯"的青年组织成立的红色青年先锋队，从2004年起——乌达利佐夫的红色青年先锋队脱离"劳动俄罗斯"之后称为现在的名称，是激进左翼倾向的青年组织，其领袖（指挥员）是玛利亚·东琴科。

"'劳动俄罗斯'的红色青年先锋队"在2006年7月以前是"劳动俄罗斯"的成员，后来因为反对"劳动俄罗斯"加入"另一个俄罗斯"联盟、反对"劳动俄罗斯"的与自由主义者合作的新方针而脱离了"劳动俄罗斯"，但是保留组织的名称。"'劳动俄罗斯'的红色青年先锋队"从2007年4月起承认弗拉基米尔·吉洪诺夫和亚历山大·库瓦耶夫领导的全俄罗斯共产主义未来党（Всероссийская Коммунистическая партия будущего）的政治领导。

"'劳动俄罗斯'的红色青年先锋队"在2008年加入了"俄罗斯共产主义工人前景"政治运动（политическое движение "Российская Коммунистическая Рабочая Перспектива"），但是该政治联合实际上很快就停止了积极的活动。2009年在全俄罗斯共产主义未来党的基础上成立了试图继续联合各个共产主义政党的革命共产党人党，"'劳动俄罗斯'的红色青年先锋队"全体加入了该党。"'劳动俄罗斯'的红色青年先锋队"是加入2012年1月成立的左翼力量论坛的青年政治组织之一。"'劳动俄罗斯'的红色青年先锋队"还加入了"反全球化的抵抗"、"保护政犯——社会主义斗士国际运动"、同外国人民友好协会、莫斯科工人同盟等政治组织。

(1) 主要活动

"'劳动俄罗斯'的红色青年先锋队"参加每年5月1日和11月7日的游行活动，每年参加纪念在1993年10月3—4日事件中"牺牲的苏维埃政权保卫者"的活动，从2006年秋天起加入了全俄罗斯共产主义未来党的游行队伍。此外，还参加左翼力量组织的其他政治活动。

2004年年初，它和俄罗斯共产主义青年团、革命共产主义青年团（布尔什维克）等一些左翼和极左翼的青年政治组织加入了"青年左翼阵线"（Молодёжный левый фронт），但是2004年8月1日召开的"'劳动俄罗斯'的红色青年先锋队"莫斯科营的全体会议通过了关于"'劳动俄罗斯'的红色青年先锋队"退出"青年左翼阵线"的决定："加入'青年左翼阵线'是错误的，继续留在一个宣布奉行'青年独立于政党'的原则的组织里是不合适的。"①

从2001年至2004年，"'劳动俄罗斯'的红色青年先锋队"以及其他青年政治组织参加了每年的"反资本主义进军"游行。在2005年"反资本主义进军"实际分成了两支："'劳动俄罗斯'的红色青年先锋队"和革命共产主义青年团（布尔什维克）参加在下诺夫哥罗德市举行的"反资本主义进军"，乌达利佐夫领导的红色青年先锋队参加在莫斯科市举行的"反资本主义进军"，而俄罗斯联邦共产主义青年团则是这两个地方的"反资本主义进军"都参加。2006年"'劳动俄罗斯'的红色青年先锋队"参加了在莫斯科市的"反资本主义"行动，但是只参加游行开始前的集会："由于'小有名气'的公民乌达利佐夫的挑衅行动，我们不认为参加游行是有可能的。"②

2006年，"'劳动俄罗斯'的红色青年先锋队"参加了"左翼阵线"组织的切·格瓦拉夏令营。在2006年和2007年，它与其他左翼组织一起

---

① 《Информационное сообщение "О молодёжном левом фронте"》（1 августа 2004 г.）（http://trudoros.narod.ru/party/ak_molfront.htm）.

② 《Антикапитализм – 2006》（http://www.trudoros.narod.ru/akm/news/01 – 10.htm）.

举行了抗议在下诺夫哥罗德州举行俄罗斯与北约的联合军事演习的行动，是抗议行动的最积极的组织者和参与者之一，最终迫使北约将演习的主要阶段挪至德国。

2007年，"'劳动俄罗斯'的红色青年先锋队"参加了"反资本主义进军"游行。东琴科在2007年8月发表声明，号召抵制2007年12月的国家杜马选举，认为共产党人参加选举是有害的。

"'劳动俄罗斯'的红色青年先锋队"公开声明，支持各国工人和所有反对美国的人，支持古巴和委内瑞拉的社会制度。2007年6月底，它的代表参加了俄罗斯左翼组织的代表与正在俄罗斯进行访问的委内瑞拉总统查韦斯的会见。"'劳动俄罗斯'的红色青年先锋队"多次举行声援古巴、反对美国政策的行动。2007年12月13日，"'劳动俄罗斯'的红色青年先锋队"的积极分子参加了在古巴驻莫斯科大使馆举行的会谈。

"'劳动俄罗斯'的红色青年先锋队"还与一些国家的分离主义组织保持合作。"'劳动俄罗斯'的红色青年先锋队"的积极分子于2006年5月22日与西班牙的巴斯克分离主义组织——"埃塔"的东欧局代表在莫斯科举行了会谈。2007年10月25日，"'劳动俄罗斯'的红色青年先锋队"的积极分子在西班牙驻莫斯科大使馆前举行了支持被西班牙政府逮捕的"埃塔"领导人的示威活动，要求西班牙政府释放他们、同巴斯克分离主义分子进行谈判，并且高呼"民族自决权万岁！"等口号。

"'劳动俄罗斯'的红色青年先锋队"的积极分子还积极参加了反对俄罗斯政府对住宅公用事业的改革等抗议行动。

（2）脱离"劳动俄罗斯"

2006年7月，"劳动俄罗斯"的领导人安皮洛夫出席了"另一个俄罗斯"的会议，并且在会议上发表了讲话，不久之后安皮洛夫宣布"劳动俄罗斯"加入"另一个俄罗斯"。但是"'劳动俄罗斯'的红色青年先锋队"认为"另一个俄罗斯"是"橙色的"组织，坚决拒绝同"另一个俄罗斯"合作，为此，东琴科发表了宣布不信任安皮洛夫、"'劳动俄罗斯'的红色青年先锋队"退出"劳动俄罗斯"的公开声明，在公开声明中强调，"'劳动俄罗斯'的红色青年先锋队""始终站在共产主义的立场上，将继续为了恢复苏维埃政权、复兴苏联和社会主义制度而斗争",在公开声明中尤其指出,"领袖的背叛不是改变组织的名称的理由"。①

2007年1月,东琴科在接受媒体访谈时进一步讲述了"'劳动俄罗斯'的红色青年先锋队"退出"劳动俄罗斯"的原因:"2006年7月成立了由加里·卡斯帕罗夫和前政府总理米哈伊尔·卡西亚诺夫领导的'另一个俄罗斯'联盟,很难把它称作'左翼的',称作'极右的'更恰当些。遗憾的是,'劳动俄罗斯'运动的领袖安皮洛夫加入了'另一个俄罗斯'。我们只能把安皮洛夫与右翼自由主义政客(卡西亚诺夫、卡斯帕罗夫)合作的事实视作对共产主义思想的背叛。"②

2007年4月30日在莫斯科市召开了"'劳动俄罗斯'的红色青年先锋队"的第五次代表大会,代表大会批准了与全俄罗斯共产主义未来党进行合作的方针,宣布承认全俄罗斯共产主义未来党的政治领导。代表大会还对章程做了相应修改,选举出了11人组成的中央指挥部,东琴科被选为中央指挥部的指挥员。代表大会通过了《关于严厉批评俄罗斯联邦共产党和要求青年共产主义者联合起来》的决议,代表大会决定与从俄罗斯联邦共产主义青年团当中分裂出来的、与俄罗斯联邦共产党脱离关系的、仍然沿用原来名称的、由康斯坦丁·茹可夫所领导的俄罗斯联邦共产主义青年团合并,号召"青年共产主义组织建立常设的联络中心,作为联合成统一的组织的第一步"。同一天,"'劳动俄罗斯'的红色青年先锋队"还同康·茹可夫所领导的脱离了俄罗斯联邦共产党的那支俄罗斯联邦共产主义青年团召开了联席会议。但是后来合并并没有实现。

(3) 纲领主张

"'劳动俄罗斯'的红色青年先锋队"宣布,它是"承认全俄罗斯共产主义未来党的政治领导的独立的青年组织"。它的纲领是红色青年先锋队发生分裂之前在2002年5月2日召开的红色青年先锋队第四次代表大会

---

① «Заявление Московского батальона АКМ-ТР» (http://www.trudoros.narod.ru/akm/news/23-10.htm)。

② «Интервью командира АКМ-ТР Марии Донченко» (http://www.trudoros.narod.ru/akm/news/21-12.htm)。

通过的《纲领性声明》,当时红色青年先锋队奉行"劳动俄罗斯"的方针,后来,这一组织也没有通过新的《纲领性声明》,只是对个别字句做了改动。在《纲领性声明》中指出,"'劳动俄罗斯'的红色青年先锋队"的意识形态是"马克思列宁主义、无产阶级国际主义、苏联爱国主义";最高目标是"按照苏维埃共和国的形式恢复劳动者的政权(无产阶级专政)","按照苏联的形式重新联合苏维埃共和国","我们的祖国是苏联!"最终"建成每个人的自由发展是一切人的自由发展的条件的共产主义社会";"'劳动俄罗斯'的红色青年先锋队"的日常任务,是"组织青年自觉地反对任何形式的人剥削人",保护青年人的"生活权利、免费享受各级教育的权利、劳动创造的权利、选择职业的权利、自由迁徙的权利、获得应有住房的权利","培养青年人的共产主义理想","积极参与解决青年人的社会问题"。[①]

(4) 组织结构

"'劳动俄罗斯'的红色青年先锋队"的最高领导机关是代表大会,代表大会选举中央指挥部成员和指挥员(领袖)。指挥员和中央指挥部负责对该组织的日常领导。该组织对成员规定有年龄界限:成员不得小于14岁、不得大于35岁。对想要加入该组织的青年人规定有两个月的考验期,其成员可以同时是别的友好政党或者友好组织的成员。其成员每月缴纳队费,队费的缴纳数额由地区组织决定。它的活动经费来自成员缴纳的队费、出版活动和音乐会活动的收入以及自愿捐赠。

东琴科领导的"'劳动俄罗斯'的红色青年先锋队"主要在莫斯科市展开活动,此外,在莫尔多瓦自治共和国、鄂木斯克州、马加丹州设有分部。它现在的机关报是《莫斯科——花园之环》(《Москва-Садовое кольцо》,不定期出版),在 2006 年年中以前出版过以插页形式夹在"劳动俄罗斯"的报纸——《闪电》(《Молния》)里的《红色青年先锋队报》(《АКМ》)。

---

① 《Программное заявление》(http://www.trudoros.narod.ru/party/akm_prog.htm)。

3. 革命共产主义青年团（布尔什维克）

革命共产主义青年团（布尔什维克）[Революционный коммунистический союз молодёжи（большевиков），简称"РКСМ（б）"] 是极左翼的青年政治组织，由俄罗斯共产主义青年团内部不同意当时的俄罗斯共产主义青年团领袖伊戈尔·马利亚罗夫采取的政策、支持帕维尔·贝列夫斯基主张的激进路线的人员于1996年春天成立，奉行维克托·秋利金领导的俄罗斯共产主义工人党—革命共产党人党的方针。这一组织的现任领袖——中央委员会第一书记是亚历山大·巴托夫，该组织的创立人帕维尔·贝列夫斯基是荣誉主席。

革命共产主义青年团（布尔什维克）宣布，它是在为了推翻资本主义制度、建立无产阶级专政和建成无阶级的共产主义社会的斗争中将青年联合起来的共产主义组织。这一组织特别关注马克思主义理论的发展问题，特别关注在青年知识分子和青年工人中开展工作，特别关注宣传科学社会主义的思想。这一组织创办了在莫斯科市最大的马克思主义书籍图书馆之一，定期举行关于马克思主义的实践问题和理论问题的公开研讨会。它的成员还有一系列关于当代马克思主义理论的著述，对于当代俄罗斯的市场经济、在取消生产的商品性质当中科学研究和试验设计工作的作用、政治经济学以及社会主义等问题做了分析，还将外国一些当代马克思主义研究者的著述翻译成了俄语。①

（1）主要活动

革命共产主义青年团（布尔什维克）与其他左翼青年政治组织（红色青年先锋队、俄罗斯联邦共产主义青年团）一起参加每年的"反资本主义进军"游行，每年参加纪念在1993年10月3—4日的事件中"牺牲的苏维埃政权保卫者"的活动，与俄罗斯联邦共产党、俄罗斯联邦共产主义青年团和红色青年先锋队一起参加每年5月1日和11月7日的节日游行

---

① Пол Кокшотт: «Расчёт в натуральной форме, от Нейрата до Канторовича» (Пер. с англ. : С. Марков под ред. С. Голикова и Д. Левыкина) (http://rksmb.org/articles/ideology/raschyot-v-naturalnoy-forme-ot-neyrata).

活动。

1997 年 7 月 19 日，它的活跃分子安德烈·索科洛夫炸毁了莫斯科市瓦甘科夫墓地沙皇家族的墓碑，以此抗议工人工资被大规模地拖欠。三天后索科洛夫被联邦安全局逮捕，1999 年 1 月索科洛夫被判处 4 年有期徒刑。

革命共产主义青年团（布尔什维克）的两名积极分子参与了轰动一时的 1999 年 4 月 4 日联邦安全局接待室爆炸事件，在后来的法院开庭审判中两名积极分子分别被判处 6 年零 6 个月和 9 年有期徒刑。

1999 年春天，革命共产主义共青团（布尔什维克）参加了反对北约国家战机轰炸南斯拉夫的抗议活动。

2001 年 7 月 5 日，革命共产主义共青团（布尔什维克）的积极分子参加了在国家杜马大楼前举行的反对通过新的劳动法典和新的土地法典的抗议行动。在抗议行动中，群情激昂的抗议者们试图冲破警察的包围圈、冲进国家杜马大楼，但最终被特警队驱散。

2003 年 1 月 3 日，革命共产主义青年团（布尔什维克）召开中央全会，宣布展开反对在中小学校教授《东正教文化基础》课程的抗议行动，因为按照宪法，俄罗斯属于世俗国家。革命共产主义青年团（布尔什维克）要求其地区组织在"神父从学校滚开！"的口号下参加这一反宗教行动，宣布这一行动要实现两个目标，一是为了建立世俗国家和施行世俗教育而斗争的所有民主组织的共同目标；二是共产主义的目标：向人们揭示许诺人在死后世界的幸福的宗教世界观和为了在人间的美好生活而斗争的共产主义世界观之间的本质矛盾，揭露教会和资产阶级统治制度之间的联系。

2003 年 12 月 13 日召开的中央全会决定抵制 2004 年 3 月的总统选举。革命共产主义青年团（布尔什维克）参加了 2004 年 8 月 2 日各派政治力量联合举行的反对福利货币化的抗议大集会。2005 年 1 月 9 日，革命共产主义青年团（布尔什维克）参加了俄罗斯联邦共产党在莫斯科市近郊索尔涅奇诺戈尔斯克组织的反对提高食品价格和交通费用、反对"住宅公用事业改革"和反对"福利货币化"的抗议行动。一部分抗议行动的参加者堵断了列宁格勒公路,特警队拘捕了包括革命共产主义青年团(布尔什维克)的积极分子在内的这些堵断公路的抗议者。

2007年4月21日,革命共产主义青年团(布尔什维克)召开了中央全会,全会通过了《关于对待自由主义反对派和对待"不同意见者的进军"的态度》的决议。在决议中指出,"一部分左翼反对派与资产阶级自由主义分子们结成了由'另一个俄罗斯'领导的统一的'反普京阵线'。俄罗斯共产主义工人党—革命共产党人党和革命共产主义青年团(布尔什维克)是为数不多的没有与资产阶级合作的组织之一",中央全会认为,"'另一个俄罗斯'的骨干是以其反共产主义言行而闻名的自由资产阶级人士,他们中的一部分人与现在的当权者一起参与了对我国的掠夺……'另一个俄罗斯'利用大量的社会性口号吸引广大居民阶层,在有所保留的条件下,这些口号中的一部分可以被看作是积极的,但是鉴于'另一个俄罗斯'的阶级成分,这些口号无非是社会性的蛊惑宣传"。全会认为,"'另一个俄罗斯'的目标并不是更换国内的社会经济制度",所以与共产主义反对派相比,它"是相对可以为当今的制度所接受的"。全会决定,"不允许和'另一个俄罗斯'在内的任何资产阶级集团的结盟"。①

2007年5月24日,俄罗斯联邦最高法院受理了联邦登记署提起的关于取缔俄罗斯共产主义工人党—革命共产党人党的诉讼,这一诉讼的理由是该党的成员数量和地区分部数量不符合法定要求。革命共产主义青年团(布尔什维克)中央局2007年6月22日就此发表了声明,在声明中表示,"我们的同志们充满信心,决不会放弃他们所选择的道路——为了劳动群众的利益而斗争的道路。我们将竭尽所能成为他们的可靠的助手和接班人","我们对资本主义俄罗斯的领导人顽强地、起劲地自掘坟墓报以热烈的掌声"。②

2007年8月18日,在圣彼得堡市召开了革命共产主义青年团(布尔什维克)中央全会,全会分析了在2007年国家杜马选举之前的俄罗斯国

---

① «История РКСМ(б)»(http://rksmb.org/history-komsomol/#headno10).

② «Коммунистов-не запретить!», заявление Бюро ЦК РКСМ(б) от 22 июня 2007 г.(http://rksmb.ru/get.php?1868).

内形势，认为"居民对选举结果的影响已经降至最低，现在的议会选举就像是预先知道结果的一出蹩脚闹剧"，"在允许参加选举的'正式的'政党当中没有一个表达劳动者的利益。俄罗斯联邦共产党的立场符合的是社会民主主义的要求，它主张的只是改善资本主义和准备在任何时候同资产阶级妥协。资本主义制度所成立的傀儡政党——'公正俄罗斯'党与俄罗斯联邦共产党进行着有力的竞争，抢先占用了社会性的口号。俄罗斯共产主义工人党—革命共产党人党被正式'取消'，也因此不被允许参加选举"。全会决定，利用选举运动"揭露当代俄罗斯的资本主义选举毫无意义，揭露统治制度的反人民政策"，"号召居民积极抗议俄罗斯联邦的政治制度"。①

（2）纲领主张

革命共产主义青年团（布尔什维克）的成立，是俄罗斯共产主义青年团分裂为以机关报《布姆巴拉什②—2017》（《Бумбараш－2017》）的主编帕维尔·贝列夫斯基为首的极左激进派和以俄罗斯共产主义青年团当时的领袖、中央委员会第一书记伊戈尔·马利亚罗夫为首的温和派的结果。俄罗斯共产主义青年团内部彻底划清界限发生在1996年春天俄罗斯共产主义青年团第三次代表大会召开前夕，当时极左激进派宣布退出俄罗斯共产主义青年团，退出俄罗斯共产主义青年团的极左激进派在一年后召开了自己的代表大会。

1997年7月5—6日，在彼尔姆市召开了第一次代表大会暨成立大会。成立大会通过了组织的《纲领性声明》和《章程》，选举了中央委员会和中央检查委员会的成员。成立大会宣布，革命共产主义青年团（布尔什维克）奉行维克托·秋利金领导的俄罗斯共产主义工人党的方针，而不是奉行俄罗斯联邦共产党的方针。在成立大会闭幕后召开的中央委员会全体会议上帕维尔·贝列夫斯基被选为第一书记（领袖），同时选举出了五名中央委员会书记。《纲领性声明》宣布，革命共产主义青年团（布尔什维克）

---

① 《История РКСМ(б)》(http: //rksmb. org/history-komsomol/#headno10).
② 《布姆巴拉什》是一部反映十月革命历史事件的著名苏联影片，改编自苏联著名作家阿尔卡季·盖达尔的同名中篇小说，布姆巴拉什是该片主人公的姓氏。

的主要目标,是"在群众中贯彻俄罗斯共产主义工人党的政策"①。革命共产主义青年团(布尔什维克)遵循马克思列宁主义的理论。《纲领性声明》宣布,它是"联合进步的青年工人和青年学生为了共产主义的胜利而斗争的组织",是"俄罗斯共产主义工人党的助手和干部熔炉",它"在意识形态上依靠对于马克思主义、对于世界共产主义运动的历史经验,特别是对于布尔什维克的经验的科学地和创造性地运用",它"用共产主义理想培养青年人,向青年群众输送阶级意识、无产阶级国际主义","帮助青年人树立辩证的世界观和帮助青年人善于客观地认识现实","进行反对唯心主义、宗教偏见和其他蒙昧主义的斗争"。②

《纲领性声明》认为,"不可能通过改良主义的道路取得共产主义生产关系的胜利,取得共产主义胜利的唯一道路是——共产主义革命,这一革命的第一阶段是使工人阶级取得政权——无产阶级专政(国家的最后形式)的社会主义革命。"共产主义是"建立在排除了社会的阶级划分、排除了国家、排除了商品货币关系的人与人之间关系基础之上的社会",是"自由和全面满足个体的合理需要,是社会每个成员自由的创造性劳动,是发现和实现人在所有活动领域的创造能力"。③《纲领性声明》宣布,革命共产主义青年团(布尔什维克)发动青年为了革命地保卫资本主义社会的劳动青年的阶级利益、社会权利和政治权利而开展实践斗争,组织青年工人、青年大学生、青年劳动者参加共产主义革命的准备和共产主义的实现。

《纲领性声明》宣布,"资本转变成跨国的力量,要求全世界的无产者联合成统一的国际主义大军。世界资本主义将被世界共产主义革命所战胜。革命共产主义青年团(布尔什维克)发动青年积极参加即将到来的阶级战斗"④,革命共产主义青年团(布尔什维克)的当前目标是实现社会向社会主义发展道路的革命转折。

---

① «Программное заявление РКСМ(б)» (http://rksmb.org/policy-statement-komsomol/).
② 同上。
③ 同上。
④ 同上。

在成立大会通过的"关于同机会主义做斗争"的决议中指出,同机会主义做斗争是革命共产主义青年团(布尔什维克)的首要任务之一,不允许议会工作"居于共青团和党直接面临的任务之上",要求对是杜马议员或者是杜马议员助手的革命共产主义青年团(布尔什维克)团员的工作进行监督,把机会主义的组织当中"具有革命情绪的人士"吸引到革命共产主义青年团(布尔什维克)的队伍中来,"只有在贯彻革命共产主义青年团(布尔什维克)和俄罗斯共产主义工人党的纲领性目标的条件下,共同进行反政府的行动,才可以同机会主义组织进行战术配合"。①

在成立大会通过的"关于工人运动"的决议中指出,工人阶级是"最进步的和唯一的一贯的革命阶级",革命共产主义青年团(布尔什维克)和俄罗斯共产主义工人党是能够发动工人阶级起来斗争的工人阶级的组织者,工人阶级的主要武器是激进罢工:"只有占领车间和厂部、堵断交通干线、进行'野蛮'罢工的罢工委员会才能够取得胜利。"②

革命共产主义青年团(布尔什维克)宣布,它尊重当代社会的法令和道德准则,但是在它的活动中这些法令和道德准则不是决定性的,它在自身的活动中利用不违背共产主义道德的一切工作形式和方法。它赞同在原苏联地域上活动着的最始终不渝、最革命的共产主义组织——俄罗斯共产主义工人党—革命共产党人党的基本纲领原则,它的工作应该促进俄罗斯共产主义工人党—革命共产党人党的队伍的发展和促进俄罗斯共产主义工人党—革命共产党人党的年轻化。③

革命共产主义青年团(布尔什维克)宣布,它是世界共产主义运动的不可分割的一部分,是由所有成员必须平等地履行的自觉的纪律所联系起来的统一的组织。革命共产主义青年团(布尔什维克)的强大,就在于它的团结、意志的统一、行动的一致,决不允许偏离《纲领性声明》和《章程》,决不允许违反纪律,决不允许存在宗派。革命共产主义青年团(布尔什维克)要求其成员积极地和忘我地为了贯彻《纲领性声明》和《章

---

① 《История РКСМ(б)》(http://rksmb.org/history-komsomol/#headno10).
② 同上。
③ 《Устав РКСМ(б)》(http://rksmb.org/charter-komsomol/).

程》，为了执行革命共产主义青年团（布尔什维克）的领导机关的所有决定，为了保障队伍的团结和加强同世界上所有国家的无产阶级的兄弟般的、国际主义的关系而开展工作。

（3）内部斗争

革命共产主义青年团（布尔什维克）从成立伊始就分成两个相互对立的派别：极端激进派，这一派以贝列夫斯基、托尔巴索夫（后来成为毛泽东主义派领袖之一）、索科洛夫、科斯季科娃等为首；路线派，以布斯拉耶夫、库兹明等为首，拥护俄罗斯共产主义工人党。1998年5月10日在彼尔姆市召开了革命共产主义青年团（布尔什维克）中央全会，在这次全会上，支持贝列夫斯基的伊琳娜·科斯季科娃取代了奉行俄罗斯共产主义工人党方针的阿列克谢耶娃担任负责组织工作的中央委员会书记。

1998年10月25日，在圣彼得堡召开了第二次代表大会（非常代表大会），此次大会选举了中央委员会和中央检查委员会的新的组成人员，在中央委员会全体会议的选举上，贝列夫斯基连任第一书记。

1999年8月21—22日，在基洛夫市召开了第三次代表大会，此次大会提出了革命共产主义青年团（布尔什维克）的主要的战术任务，包括：定期出版机关报《布姆巴拉什—2017》，加强中央和地区组织的联系，加强革命共产主义青年团（布尔什维克）内部的集中，发展新的地区组织，扩大同俄罗斯共产主义工人党的协作，建立处于革命共产主义青年团（布尔什维克）的影响之下的群众性青年组织，建立左翼青年政治组织参加的革命青年阵线，保护革命共产主义青年团（布尔什维克）的团员免遭国家迫害，保守本组织的秘密，建立本组织的安全机构。此次大会特别指出，"不允许从事脱离于人民运动的个人恐怖主义性质的破坏活动"。大会宣布，在当年12月的国家杜马选举中支持"唯一一个不是为了选举，而是为了发展无产阶级的阶级斗争才利用选举，由俄罗斯共产主义工人党发起的'俄罗斯的共产党人、劳动者——为了苏联'（Коммунисты, трудящиеся России-за Советский Союз）竞选联盟"。此次代表大会还选举了新的中央委员会成员和中央检查委员会成员，依据《章程》的规定，贝列夫斯基由于年龄原因（已满35岁）不能继续担任革命共产主义青年团（布尔什维克）的主席，转任荣誉主席。

在大会闭幕之后召开的中央委员会全体会议上，各派可以接受的临时妥协性人物——阿列克谢耶夫当选为第一书记，托尔巴索夫留任负责意识形态的中央书记。此外，在此次大会召开期间，以托尔巴索夫为首的奉行毛泽东主义思想的派别宣布在革命共产主义青年团（布尔什维克）内部筹划以毛泽东主义为指南的行动纲领。后来在 2000 年 6 月，这一组织的中央委员会委员茹塔耶夫成立了俄罗斯毛泽东主义党（Российская маоистская партия），同时宣布退出革命共产主义青年团（布尔什维克）。

2001 年 8 月 18—21 日，在下诺夫哥罗德召开了第四次代表大会，此次大会认为国内的危机日益加剧，宣布革命共产主义青年团（布尔什维克）准备利用国家杜马通过了反人民的法律（《劳动法典》、《土地法典》、《退休金改革法案》、《住宅公用事业改革法案》）的契机，组织"反资本主义的反对制度代理人的激进行动"。大会决定，革命共产主义青年团（布尔什维克）不仅自身必须采取这样的行动，而且必须对劳动集体进行的这样的行动提供有力的支持。此次代表大会要求"革命的人民"驱逐"反动的国家杜马"，指示各级组织研究"劳动者与法制机关的冲突经验"。在大会闭幕之后召开的中央委员会全体会议上，阿列克谢·舍波瓦洛夫当选为第一书记。

2001 年 11 月 10 日，在雅罗斯拉夫尔召开了革命共产主义青年团（布尔什维克）中央委员会和中央检查委员会的联席全体会议，在会议上通过了《反对革命共产主义青年团（布尔什维克）队伍当中的民族主义》的决议，批判了革命共产主义青年团（布尔什维克）的机关报——《布姆巴拉什—2017》的错误路线，更换了机关报的领导人。此外，此次会议还决定增补拥护俄罗斯共产主义工人党—革命共产党人党的方针的卡扎良和列昂尼多娃二人为中央委员会委员。

2002 年 2 月 23 日，在圣彼得堡召开了中央全会，此次中央全会解除了坚持毛泽东主义观点的托尔巴索夫担任的负责意识形态工作的中央书记职务，拥护俄罗斯共产主义工人党—革命共产党人党的沙皮诺夫被任命为新的主管意识形态的中央书记。此次中央全会还决定成立鼓动宣传部，由奥莉加·卡扎良担任负责鼓动宣传工作的中央书记。

2002年5月4日,在雅罗斯拉夫尔州的图塔耶夫市召开了革命共产主义青年团(布尔什维克)中央全会。此次全会特别研究了前不久发生的几名俄罗斯联邦共产党党团的国家杜马议员退出国家杜马中几个委员会的主席职务的事件,全会针对该事件指出:"不应把俄罗斯联邦共产党党团议员退出国家杜马的职位和宣布国家杜马是反人民的机构视作议会中的机会主义分子的姗姗来迟的悔恨。这是俄罗斯联邦共产党的广告策划,其目的是为了恢复其反对派形象。宣称'国家利益重于党的利益'的俄罗斯联邦共产党中央委员谢列兹尼奥夫仍然是反人民的议院的领导人这一事实,表明俄罗斯联邦共产党和以普京为首的资产阶级专政是一丘之貉。"全会指出:"俄罗斯联邦共产党庇护的'红色省长们'在他们管辖的地区实行着符合一小撮资本家集团的利益的资本主义政策,俄罗斯联邦共产党是资产阶级的阶级统治制度的不可或缺的起稳定作用的那部分。"全会要求革命共产主义青年团(布尔什维克)的各级组织加强对俄罗斯联邦共产党领导人的批判,揭露其通过发表反对政府的动人演说来掩盖其机会主义和无原则退让的实质,"在俄罗斯联邦共产党可能发生分裂的情况下,把革命的共产党员团结在俄罗斯共产主义工人党—革命共产党人党的周围。"同时,全会特别指出,其"对俄罗斯联邦共产党的坚决批判并不就意味着在对抗普京—卡西亚诺夫政府的极端自由主义改革的具体问题上拒绝同该党合作"。①

2002年6月23日,舍波瓦洛夫发表声明,请求革命共产主义青年团(布尔什维克)中央委员会解除其第一书记和《布姆巴拉什—2017》主编的职务。2002年7月13日召开的中央委员会和中央检查委员会的联席全体会议批准了舍波瓦洛夫的请求,卡扎良当选新的第一书记,舍波瓦洛夫转任负责体育工作的中央书记,奉行俄罗斯共产主义工人党—革命共产党人党的方针的列昂尼多夫担任负责组织工作的中央书记。至此,革命共产主义青年团(布尔什维克)内部忠诚于俄罗斯共产主义工人党—革命共产

---

① 《История РКСМ(б)》(http://rksmb.org/history-komsomol/#headno10).

党人党的派别在形式上和实质上都完全控制了革命共产主义青年团（布尔什维克）。

2002年9月14日，在莫斯科市召开了革命共产主义青年团（布尔什维克）中央全会，负责组织工作的中央书记列昂尼多夫在报告中指出，革命共产主义青年团（布尔什维克）的团员纪律性不强，呼吁中央委员会支持他同这种现象做斗争，他还特别建议在中央委员会之下成立监督执行中央委员会的决定的机构以及对准备加入该组织的青年实行预备期制度。

2003年5月2—3日，在莫斯科召开了第五次代表大会。在大会召开的第一天，舍波瓦洛夫和他的支持者退出了大会，同时宣布成立新的政党——"革命抉择"党（партия "Революционная альтернатива"）。第五次代表大会通过了对章程的修正案以及关于反对伊拉克战争、支持社会主义国家（古巴共和国和朝鲜民主主义人民共和国）的决议。大会认为，可以为了宣传马克思列宁主义的意识形态利用资本主义的选举，如果自己人当选，可以为了革命的目的利用国家杜马议员的资源。大会宣布，革命共产主义青年团（布尔什维克）支持唯一一个代表俄罗斯工人阶级根本利益的政党——俄罗斯共产主义工人党—革命共产党人党，必须防止"议会呆小病"在革命共产主义青年团（布尔什维克）团员和群众当中的传播，必须阐明只有通过斗争才能实现生活的改善，选举只是这一斗争的次要方面之一。此次大会选举了中央委员会和中央检查委员会新的组成人员。在大会结束后召开的中央全会上，卡扎良再次当选第一书记。2003年5月21日，革命共产主义青年团（布尔什维克）在特维尔的地区组织将托尔巴索夫开除了。

革命共产主义青年团（布尔什维克）的代表参加了2004年1月17日举行的"青年反资本主义指挥部"的会议，该会议通过了关于成立"青年左翼阵线"的决定。但是2004年4月24日召开的革命共产主义青年团（布尔什维克）中央委员会全体会议声明拒绝加入"青年左翼阵线"，同时全会还决定撤销奥莉加·卡扎良的第一书记职务和维克托·沙皮诺夫的负责意识形态的中央书记职务，指责他们"超越全权"。维亚切斯拉夫·瑟乔夫被选为中央委员会第一书记，谢尔盖·马尔科夫被选为负责意识形态的中央书记。全会声明,最初是计划把成立"青年左翼阵线""作为向不能以新的方式活动的俄罗斯联邦共产党施加压力的手段,而不是作为新的政党的萌芽","鉴于复杂的形势,革命共产主义青年团(布尔什维克)加入'青年左翼阵线'的程度问题十分重大,需要全面研究"。但是革命共产主义青年团(布尔什维克)的莫斯科组织的一些同志回避对这个问题的公开讨论和任何正式的评价,采取了革命共产主义青年团(布尔什维克)非正式地加入"青年左翼阵线"的方针,然而"'青年左翼阵线'的活动的消极特点日益明显,2004 年 3 月初'青年左翼阵线'的领导人波诺马廖夫宣布'俄罗斯联邦共产党的青年组织'将参加口号是'释放政治犯米哈伊尔·霍多尔科夫斯基'和'车臣由联合国临时托管'的自由主义分子的集会,在许多方面引领着'青年左翼阵线'的活动方向的俄罗斯联邦共产主义青年团的青年领袖的之后的行动证实了其方针是与左翼自由主义政治力量,甚至与'亚博卢'党、正义力量联盟、'民主联盟'这样的右翼自由主义政治力量相互联合",鉴于上述事实,革命共产主义青年团(布尔什维克)中央全会认为,"俄罗斯联邦共产党的青年组织的领袖在最大的机会主义政党持续不断出现危机的条件下在给自身寻找新的组织形式,竭力保持自身的影响和政治资本。在'青年左翼阵线'的幌子下的几个青年组织的首脑的联合与只能源于下面、在解决具体任务的共同工作中产生的左翼青年力量的真正联合毫无共同之处"。全会谴责了"未经授权擅自将革命共产主义青年团(布尔什维克)写入参加'青年左翼阵线'的青年组织名单的革命共产主义青年团(布尔什维克)的莫斯科组织的领导人",①全会重申,"革命共产主义青年团(布尔什维克)不会加入'青年左翼阵线'"。

在 2004 年 12 月 11—12 日在莫斯科召开的第六次代表大会(非常代表大会)上,卡扎良和沙皮诺夫因"从事宗派活动"被开除出革命共产主义青年团(布尔什维克)。在大会闭幕之后召开的中央委员会全会上瑟乔夫当选第一书记。2005 年 3 月 19 日召开的革命共产主义青年团(布尔什维

---

① «История РКСМ(б)» (http://rksmb.org/history-komsomol/#headno10).

克）中央委员会和中央检查委员会的联席全体会议认为，组织的干部情况不尽如人意。联席全会决定，"从2005年5月1日至2005年6月30日在革命共产主义青年团（布尔什维克）内部进行清洗，首先就是清除在形式上加入了组织、但是同组织失去了联系的团员和候补团员"，拟"实行革命共产主义青年团（布尔什维克）的同情者制度"。① 2005年11月5日在圣彼得堡召开了革命共产主义青年团（布尔什维克）中央全会，全会根据瑟乔夫本人的意愿解除了其第一书记的职务，还按照本人意愿解除了负责组织工作的中央书记列昂尼多夫的职务。亚历山大·巴托夫被选为第一书记兼负责组织工作的中央书记。

2007年1月5—6日，在莫斯科召开了第七次代表大会，大会认为中央委员会的工作不甚令人满意，上次代表大会提出的主要任务"基本都没有被完成"，"在取得一定成绩的同时，也存在严重的失败"。大会认为，"中央委员会的大多数成员表现消极，无所作为。地区组织的活动的相当大部分只是为了维持地区组织的存在，地区组织的活跃性不足。"大会决定，"集中中央和地区组织的力量"纠正在中央和地区的工作中的失败，必须加强意识形态工作和为组织充实积极分子。② 在2007年1月7日召开的中央委员会全体会议上亚历山大·巴托夫当选第一书记。

（4）组织结构

革命共产主义青年团（布尔什维克）的最高领导机关是代表大会，代表大会选举中央委员会和中央检查委员会的成员。组织的最大的权力属于中央委员会，中央委员会从自身成员中选举中央委员会第一书记［即革命共产主义青年团（布尔什维克）的领袖］和负责各方面活动的中央书记以及中央局成员。同时，中央委员会还设有由中央委员领导的部和委员会。中央委员会任命地区的交通员，交通员在形式上是中央领导与地区分部之间的联络环节，但是实际上交通员的作用极其有限。中央委员会批准成立革命共产主义青年团（布尔什维克）的新的地区组织，选拔和配置中央和

---

① 《История РКСМ（6）》（http://rksmb.org/history-komsomol/#headno10）.
② 同上.

地区的领导干部,任命中央机关刊物的编委会成员。中央委员会有权重新登记或者解散实际已经停止活动或者违反革命共产主义青年团(布尔什维克)章程的地区组织。在中央委员会全体会议的召开之间的间隔时期,中央局领导革命共产主义青年团(布尔什维克)的工作。

革命共产主义青年团(布尔什维克)的监督和检查机关是中央检查委员会。中央检查委员会监督组织的物资状况和财务活动,监督所有机关的活动是否符合革命共产主义青年团(布尔什维克)的章程,以及负责处理团员的来信和申诉。中央检查委员会领导地区的检查委员会的活动。由地区分部的代表会议选举出的地区委员会负责选举革命共产主义青年团(布尔什维克)的地区委员会的书记。

革命共产主义青年团(布尔什维克)团员的最低年龄下限是14岁,最高年龄上限是32岁。对于准备加入该组织者规定有三个月的候选期,在必要时,候选人的候选期还可以再延长三个月。候选人与革命共产主义青年团(布尔什维克)的团员平等地参加组织的活动,但是没有选举权和被选举权,不能成为代表大会和代表会议的代表。

从革命共产主义青年团(布尔什维克)成立以来,其最高领导机关的组成人员不断被撤换,2001—2008年间中央委员会书记的组成人员被完全更换了三次,不断吸收新人参与中央的工作。与此同时,在从前的书记当中很多人或者主动脱离了该组织或者遭到开除。

革命共产主义青年团(布尔什维克)支持被捷克政府取缔的捷克共产主义青年团,支持古巴领导人菲德尔·卡斯特罗。2011年在世界民主青年联盟第十八次大会上革命共产主义青年团(布尔什维克)被接纳为该组织的享有充分权利的正式成员。[①] 革命共产主义青年团(布尔什维克)在俄罗斯国外设有分部,除了在原苏联地域,在保加利亚和芬兰也有分部在活动,但是在这些地方的活动并不规律。革命共产主义青年团(布尔什维克)从2003年起为其积极分子组织军事夏令营和体育夏令营,营员在营

---

① 《РКСМ(б) принят в состав Всемирной Федерации демократической молодёжи!》(http://rksmb.org/rksmb/reports-from-struggle/18-8/).

地听讲座、学习白刃战和射击。该组织的积极分子也参加由其他共产主义青年组织举办的夏令营，2006年8月17—20日革命共产主义青年团（布尔什维克）的积极分子参加了青年左翼力量［俄罗斯联邦共产主义青年团，革命共产主义青年团（布尔什维克）和红色青年先锋队］在乌里扬诺夫州联合举办的夏令营。革命共产主义青年团（布尔什维克）的中央机关报是：《布姆巴拉什—2017》。

4. 俄罗斯共产主义青年团

在苏联列宁共产主义青年团第二十二次（非常）代表大会宣布决定解散苏联列宁共产主义青年团的时候，一些参加代表大会的代表立即在代表大会上成立"为了恢复苏联列宁共产主义青年团"委员会，这是俄罗斯共产主义青年团（Российский Коммунистический Союз Молодёжи，简称"РКСМ"）的前身。当时以伊戈尔·马利亚罗夫为首的一群参加苏联列宁共产主义青年团第二十二次代表大会的代表，为了在忠诚于苏联共青团的传统、忠诚于苏联共青团的共产主义意识形态原则的基础之上在最短时间内筹备苏联列宁共产主义青年团第二十三次（恢复）代表大会，成立了"为了恢复苏联列宁共产主义青年团"委员会并且立即开始工作。[①] 但是在苏联解体的条件下已经不可能重建统一的全苏联性的组织了，所以马利亚罗夫和他的支持者采取的方针是成立作为独立组织的俄罗斯的共青团组织，决定在已经存在的"共产主义倡议"青年运动[②]的基础上成立俄罗斯的共青团组织。1993年1月23日在列宁格勒（现名圣彼得堡）的一栋工人宿舍楼内举行了俄罗斯共产主义青年团的成立会议，伊戈尔·马利亚罗

---

① Ю. Г. Коргунюк，С. Е. Заславский：«Российская многопартийность：становление，функционирование，развитие»，М.：Фонд ИНДЕМ，1996 г.，с. 39.

② 一些苏联列宁共产主义青年团团员在1989年11月成立了"青年共产主义者同盟"（Союз молодых коммунистов），领导人是伊戈尔·马利亚罗夫，后来帕维尔·贝列夫斯基加入了该同盟。1990年12月15—16日举行了以"青年共产主义者同盟"作为骨干的"共产主义倡议"青年运动（Движение молодёжи "Коммунистическая инициатива"）的成立大会，马利亚罗夫和贝列夫斯基被选为"共产主义倡议"青年运动的政治委员会成员。1992年4月"共产主义倡议"青年运动与其他一些青年政治组织共同举行了苏联列宁共产主义青年团恢复大会，"'共产主义倡议'青年运动"的领袖之一马利亚罗夫在大会上当选为恢复的苏联列宁共产主义青年团的中央委员会委员。

夫被选为领袖——俄罗斯共产主义青年团中央委员会第一书记。① 在伊戈尔·马利亚罗夫于 2003 年 9 月 19 日去世后，2003 年 11 月—2010 年 2 月阿列克谢·波卡塔耶夫任中央委员会第一书记。自 2010 年 2 月起，达里娅·米京娜任中央委员会第一书记。

在 1996 年以前，俄罗斯共产主义青年团一直在俄罗斯联邦共产党和俄罗斯共产主义工人党之间摇摆，后来奉行俄罗斯联邦共产党的方针，在 1999 年又靠近安皮洛夫领导的"劳动俄罗斯"，在 2000 年的总统选举中支持普京，在 2000 年参与创立由谢列兹尼奥夫任领导人的"俄罗斯"运动（движение "Россия"），后来又参与创立由前苏共中央总书记列·勃列日涅夫之孙安·勃列日涅夫领导的"新共产党"（Новая коммунистическая партия），自 2004 年起加入"青年左翼阵线"的组委会，自 2006 年起加入"左翼阵线"的组委会。1996—1997 年，俄罗斯共产主义青年团内部的矛盾逐渐公开化，最终从俄罗斯共产主义青年团分裂出遵循俄罗斯共产主义工人党的方针的革命共产主义青年团（布尔什维克）。

俄罗斯共产主义青年团不是附属于某个政党的青年政治组织，它与所有的左翼的政党、工会和群众性社会政治组织都进行合作，联合展开活动。

（1）主要活动

俄罗斯共产主义青年团自成立起就积极参加俄罗斯左翼力量的政治活动。它参加每年 5 月 1 日和 11 月 7 日的游行活动，参加纪念 1993 年 10 月 3—4 日事件中"牺牲的苏维埃政权保卫者"的活动。俄罗斯共产主义青年团组织了对苏联共青团诞生日的纪念活动，举行了反对帝国主义战争、反对侵害劳动青年和大学生的权利、要求保护青年的社会权利和政治权利的请愿、集会和游行。在 1993 年 5 月 1 日的五一国际劳动节游行活动中，俄罗斯共产主义青年团的团员参与了游行示威者与特警队之间的冲突。

1993 年 9 月 27—28 日，在莫斯科市举行了俄罗斯共产主义青年团的

---

① 1993 年 2 月 14 日在莫斯科举行了恢复的苏联列宁共产主义青年团的中央委员会全体会议，马利亚罗夫由于参与成立俄罗斯共产主义青年团，这被看作从事分裂苏联列宁共产主义青年团的活动而被从苏联列宁共产主义青年团中央委员会开除出去。

第一次代表大会，一些参加第一次代表大会的代表以及很多俄罗斯共产主义青年团的积极分子站在最高苏维埃一边参加了1993年9—10月的"保卫苏维埃宫"①，事后俄罗斯共产主义青年团遭到当局取缔，当局对俄罗斯共产主义青年团领导人伊戈尔·马利亚罗夫发出逮捕令、全国通缉，马利亚罗夫不得不在国外——白俄罗斯的左翼同志那里隐藏。直到1994年2月之前该组织实际处于地下状态。1994年1月，在白俄罗斯首都明斯克市召开了俄罗斯共产主义青年团中央委员会全体会议，全会宣布该组织恢复活动。在俄罗斯国家杜马1994年2月发布大赦令②之后，俄罗斯共产主义青年团的领导人和积极分子们返回了俄罗斯。

俄罗斯共产主义青年团在摆脱"地下状态"后着手对青年的社会权利的保护工作。在1995年组建了面向大学生的工会组织——"大学生保护"，1995年5月在莫斯科举办了全俄罗斯大学生论坛。根据俄罗斯共产主义青年团的倡议，1995年5月20—21日在莫斯科成立了俄罗斯大学生委员会，俄罗斯共产主义青年团积极分子、莫斯科大学学生达里娅·米京娜被选为该委员会主席。

在1995年12月的国家杜马选举中，马利亚罗夫和俄罗斯共产主义青年团中央委员会委员达里娅·米京娜被列入俄罗斯联邦共产党的国家杜马选举候选人名单，米京娜当选国家杜马议员。

1996年8月，俄罗斯共产主义青年团作为集体成员加入了"俄罗斯人民爱国联盟"。在俄罗斯共产主义青年团的倡议和组织下，1997年3月14日在莫斯科举行了"青年人民爱国联盟"（Народно-патриотический союз молодёжи）的成立大会，俄罗斯联邦共产党主席根·久加诺夫出席了成立大会。1999年4月17日在莫斯科举行了"青年人民爱国联盟"的第一次代表大会，共产党联盟—苏联共产党的领袖奥·舍宁、俄罗斯人民爱国联盟执行委员会主席维·佐尔卡利采夫出席了代表大会，国家杜马主席根·谢列兹尼奥夫给代表大会发来了贺信，马利亚罗夫在代表大会上被选为

---

① 即俄罗斯联邦政府现在的所在地——"白宫"。
② Постановление Государственной Думы Федерального Собрания Российской Федерации от 23 февраля 1994 г. No. 65－1 «Об объявлении политической и экономической амнистии».

"青年人民爱国联盟"的主席，代表大会通过了纲领性决议和关于支持建立俄罗斯、白俄罗斯、南斯拉夫的联盟的声明。

1999年，俄罗斯共产主义青年团组织了反对北约国家战机轰炸南斯拉夫的抗议行动。在1999年12月的国家杜马选举投票前夕，"青年人民爱国联盟"、"劳动俄罗斯"、"军官联盟"和"联盟"运动联合成立了"斯大林的联盟——为了苏联"竞选联盟，马利亚罗夫和俄罗斯共产主义青年团中央委员阿列克谢·波卡塔耶夫被列入"青年人民爱国联盟"的候选人名单，但二人均未当选。根据正式选举结果，"斯大林的联盟——为了苏联"仅获得0.61%的选票。

2000年，俄罗斯共产主义青年团参与创建了由谢列兹尼奥夫领导的"俄罗斯"运动。在2000年3月26日的总统选举中，俄罗斯共产主义青年团支持弗拉基米尔·普京。

2002年，俄罗斯共产主义青年团成为安·勃列日涅夫——前苏共中央总书记列·勃列日涅夫之孙领导的"新共产党"的三个组成部分之一。2002年6月30日在莫斯科举行了"新共产党"的成立大会，俄罗斯共产主义青年团中央委员会第一书记马利亚罗夫以及俄罗斯共产主义青年团中央委员米京娜和波利诺夫斯卡娅当选"新共产党"中央委员会的主席团成员。

2003年8月24日，以俄罗斯共产主义青年团作为基干的"青年人民爱国联盟"与其他15个政党或政治组织共同签署了关于成立"祖国"联盟（Союз "Родина"，领导人是格拉济耶夫）的协议，但是不久之后，"青年人民爱国联盟"被其他派别从"祖国"联盟排挤了出去。

2004年年初，俄罗斯联邦共产主义青年团、革命共产主义青年团（布尔什维克）、红色青年先锋队、俄罗斯共产主义青年团以及其他一些左翼或极左翼青年政治组织联合成立了"青年左翼阵线"，成立"青年左翼阵线"的主要发起人是俄罗斯联邦共产主义青年团团员伊利亚·波诺马廖夫。但是，俄罗斯联邦共产主义青年团在2005年5月底退出了"青年左翼阵线"，这之后"青年左翼阵线"实际上停止存在，后来，"青年左翼阵线"更名为"左翼阵线"，以示与之前的"青年左翼阵线"的区别。在米京娜和波诺马廖夫的积极参与下，2005年10月9日举行了"左翼阵线"的第一个地区分部——莫斯科分部的成立会议，在成立会议上选举了"左翼阵线"的莫斯科委员会委员（领导人），俄罗斯共产主义青年团中央委员会第二书记米京娜被选为莫斯科委员会委员。

2004年2月，在"祖国"联盟内部以谢尔盖·格拉济耶夫为首和以德米特里·罗戈津为首的两派之间发生了分裂，俄罗斯共产主义青年团倡议成立奉行格拉济耶夫主张的方针的新的青年政治组织——"青年祖国"，俄罗斯共产主义青年团在2004年3月14日的总统选举中支持格拉济耶夫，但是，"青年祖国"后来不了了之。

2004年11月，俄罗斯共产主义青年团和支持谢米金与吉洪诺夫一派的俄罗斯联邦共产主义青年团的几个地区分部联合成了同盟性组织——"全俄罗斯列宁共产主义青年团"，宣布奉行弗拉基米尔·吉洪诺夫领导的全俄罗斯共产主义未来党的方针，担任全俄罗斯列宁共产主义青年团共同主席的有：俄罗斯共产主义青年团的波卡塔耶夫、米京娜、切斯诺科夫，俄罗斯联邦共产主义青年团的支持谢米金和吉洪诺夫一派的康斯坦丁·茹科夫、马克西姆·苏赖金、鲁斯兰·胡加耶夫，但是他们很快就分道扬镳了。

2005年3月15日，俄罗斯共产主义青年团秋明市委员会书记马克西姆·菲尔索夫和俄罗斯联邦共产主义青年团克拉斯诺亚尔斯克边疆区委员会书记罗曼·布尔拉克为了抗议政府的教育改革，向正在克拉斯诺亚尔斯克会见当地大学生的教育和科学部部长安德烈·富尔先科扔生鸡蛋，这导致二人被拘留。

俄罗斯共产主义青年团是2006年7月中旬在圣彼得堡举行的第二届"俄罗斯社会论坛"的组织者之一，"俄罗斯社会论坛"素以"反八国峰会"而闻名，俄罗斯左翼力量之所以组织本届"俄罗斯社会论坛"正是为了与当时在圣彼得堡举行的"八国峰会"唱反调。2006年7月15日，包括俄罗斯共产主义青年团团员在内的一些左翼青年政治组织的积极分子冲破了警察在"八国峰会"举办场地之外设置的警戒线，在与警方的肢体冲突中，数名行动的参加者遭到警方的殴打和逮捕。

2008年5月6日，在总统办公厅接待室附近，俄罗斯共产主义青年团和红色青年先锋队的积极分子针对将于次日举行的梅德韦杰夫就职总统典礼举行了抗议活动，他们展开本组织的旗帜和写着"打倒王位继承制！"的横幅，高喊："'普京和梅德韦杰夫滚开！''梅德韦杰夫，滚开！''打倒天然气公司的侏儒！''给乌达利佐夫自由！梅德韦杰夫进班房！'"等口号，并且在接待室的外墙上张贴写着相应口号的标语，还向路过的行人分发传单。"左翼阵线"积极分子——俄罗斯共产主义青年团团员马克西姆·菲尔索夫还用手铐把自己的双手铐在接待室窗户的铁护栏上。在抗议活动中，包括"左翼阵线"积极分子、国家杜马议员助理——俄罗斯共产主义青年团团员阿列克谢·萨赫宁在内的一些抗议活动参加者被警方逮捕，分别被判处罚金或者行政拘留。

俄罗斯共产主义青年团除了参加国内左翼力量组织的抗议活动和政治活动，还定期举行与其他国家的无产阶级组织交流活动经验的国际会见或者国际研讨会，同古巴、朝鲜、乌克兰、白俄罗斯、委内瑞拉的青年政治组织保持着国际联系。根据俄罗斯共产主义青年团和朝鲜金日成社会主义青年同盟之间的协议，在朝鲜民主主义人民共和国举办面向俄罗斯少年的少年夏令营；俄罗斯共产主义青年团组织了俄罗斯共产主义青年团的代表赴古巴参加古巴的青年国际纵队计划。俄罗斯共产主义青年团是世界民主青年联盟的成员，派代表参加每年的世界青年与学生联欢节，定期参加欧洲的一些反全球化论坛。

俄罗斯共产主义青年团的积极分子从2004年起参加由"青年左翼阵线"组织的左翼力量青年营，从2006年起参加由"左翼阵线"组织的青年营。包括俄罗斯共产主义青年团团员在内的左翼青年在青年营里接受理论培训和交流斗争经验。

（2）组织分裂

俄罗斯共产主义青年团在成立之后不久就发生了组织分裂，从俄罗斯共产主义青年团分裂出了以帕维尔·贝列夫斯基为首的激进左翼派，该派后来成立了自己的青年政治组织——革命共产主义青年团（布尔什维克）。

1994年8月27日，在莫斯科召开了俄罗斯共产主义青年团第二次代表大会，俄罗斯联邦共产党领袖久加诺夫出席了代表大会。代表大会通过了新的《章程》，选举了中央委员会的新成员。在中央委员会全体会议上，马利亚罗夫再次当选为中央委员会第一书记，维塔林娜·波诺马连科当选为第二书记。马利亚罗夫当时是俄罗斯共产主义工人党的党员，波诺马连科当时是俄罗斯联邦共产党的党员，后来马利亚罗夫在1995年年初退出了俄罗斯共产主义工人党，加入了俄罗斯联邦共产党。

1995年3月4—5日召开的俄罗斯共产主义青年团中央全会研究了由于马利亚罗夫退出俄罗斯共产主义工人党和加入俄罗斯联邦共产党而造成的局面，为了挽回俄罗斯共产主义工人党因此失去的在俄罗斯共产主义青年团当中原有的很大一部分影响，俄罗斯共产主义工人党党员、《布姆巴拉什—2017》主编、坚持左倾观点的帕维尔·贝列夫斯基被选为俄罗斯共产主义青年团中央委员会负责意识形态的书记。但是时隔不久，1996年2月召开的俄罗斯共产主义青年团中央委员会全体会议决定解除贝列夫斯基的负责意识形态的中央委员会书记职务，理由是其工作失败和在《布姆巴拉什—2017》上发表挑衅性文章，中央委员会全体会议还同时解除了波诺马连科的职务，理由是俄罗斯共产主义青年团在取得司法部登记方面的工作失败和她散布诋毁俄罗斯共产主义青年团的流言。

俄罗斯共产主义青年团内部在马利亚罗夫的支持者和以贝列夫斯基为首的激进左翼派之间的分裂在1996年春进入了最后阶段，在俄罗斯共产主义青年团第三次代表大会召开前夕终于爆发。代表大会的组委会不允许贝列夫斯基的支持者参加第三次代表大会，于是他们宣布成立他们的代表大会组委会和他们的代表大会将在同年夏天召开。贝列夫斯基派指责马利亚罗夫派伪造文件、操纵代表大会的代表团成员，从事分裂俄罗斯共产主义青年团的大量活动，宣布不承认第三次代表大会、退出俄罗斯共产主义青年团。

1996年4月27—28日，在莫斯科近郊举行了俄罗斯共产主义青年团第三次代表大会，来自俄罗斯共产主义青年团的56个地区组织的126名代表参加了代表大会。马利亚罗夫在代表大会上严厉批评了贝列夫斯基曾任主编的俄罗斯共产主义青年团的前机关报——《布姆巴拉什—2017》的激进主义极端立场。大会通过了纲领性决议——《俄罗斯共产主义青年团工作的基本方向》，大会宣布支持久加诺夫作为俄罗斯联邦总统候选人参加总统选举。代表大会还选举了中央委员会和中央检查委员会的新成员。在中央委员会全体会议上马利亚罗夫再次当选中央委员会第一书记。

在俄罗斯共产主义青年团第四次代表大会召开前后马利亚罗夫再次受到了挑战。1999年4月18日在莫斯科召开了俄罗斯共产主义青年团第四次代表大会，在此次代表大会召开前夕，以俄罗斯共产主义青年团中央局委员、俄罗斯共产主义青年团沃罗涅日地区分部领导人伊戈尔·马卡罗夫为首的一批俄罗斯共产主义青年团团员试图夺取俄罗斯共产主义青年团内的领导权力，但是最后被马利亚罗夫和其支持者挫败。马卡罗夫早在1999年2月就被选为俄罗斯联邦共产主义青年团①的中央委员会委员，在争夺对俄罗斯共产主义青年团的领导权失败后，马卡罗夫与他的一部分支持者留在俄罗斯联邦共产主义青年团内，并且从2004年12月起任俄罗斯联邦共产主义青年团第二书记。在俄罗斯共产主义青年团第四次代表大会闭幕后召开的俄罗斯共产主义青年团中央全会再次选举马利亚罗夫为中央委员会第一书记。

（3）纲领主张

1993年1月23日，在圣彼得堡举行了俄罗斯共产主义青年团的成立会议，在成立会议上选举了中央委员会和中央检查委员会的成员。在成立会议之后召开的俄罗斯共产主义青年团中央委员会全体会议上，伊戈尔·马利亚罗夫当选中央委员会第一书记。1993年9月27—28日在莫斯科举行了俄罗斯共产主义青年团的第一次代表大会，在代表大会上通过了俄罗斯共产主义青年团的《章程》和《纲领性声明》，马利亚罗夫在第一次代表大会上正式当选为中央委员会第一书记。②

俄罗斯共产主义青年团的《纲领性声明》认为，"历史发展的逻辑和俄罗斯现在的状况证明，资本主义的复辟是历史的死胡同"，"摆脱危机的

---

① 俄罗斯联邦共产主义青年团是久加诺夫领导的俄罗斯联邦共产党的青年组织。
② 马利亚罗夫担任这一职务直至2003年9月因病去世。

途径就是社会主义——平等的、社会公平的和劳动民主制的社会主义"。《纲领性声明》宣布,俄罗斯共产主义青年团的基本目标,是"吸收青年参与建设无阶级的、每个人的自由发展是一切人的自由发展的条件的社会"。俄罗斯共产主义青年团给自己提出的任务是,"组织青年为了建立劳动者的苏维埃形式的经济政权和政治政权而进行斗争,为了消灭一切形式的人剥削人而进行斗争,为了在独立的苏维埃社会主义共和国自愿重新联合的基础上恢复苏联而进行斗争;保护法律规定的青年人的各项权利、保护青年人的经济利益和精神需求;在青年中宣传共产主义思想;在青年人中培养爱国主义精神和民族团结精神"。①

1996年4月27—28日召开的第三次代表大会通过了纲领性决议——《俄罗斯共产主义青年团的工作的基本方向》,该决议指出,"俄罗斯共产主义青年团作为群众性的青年共产主义组织,应该解决三个主要任务:一是,与共产主义力量、人民爱国主义力量一道为社会制度的更替而进行斗争;二是,积极影响国家现今的青年政策;三是,依靠共青团的自身力量解决青年的社会问题"。《俄罗斯共产主义青年团的工作的基本方向》提出的俄罗斯共产主义青年团的工作的基本方向是:第一,用爱国主义精神和共产主义理想培养青年人,吸收青年参与国家的社会生活和政治生活。为了解决这个任务,俄罗斯共产主义青年团按照每一千名青年人为一组为青年人安排组织社会政治课程体系;计划出版两种全俄罗斯发行的报纸,一种是面向全体青年人的大众化报纸,另一种是共青团内部的报纸。扩大俄罗斯共产主义青年团的地区出版物的影响,加强同爱国主义出版物的合作,通过一切可能的媒体宣传俄罗斯共产主义青年团的活动和观点,并扩大国际交往。第二,影响国家的青年政策。在这个工作方向上,俄罗斯共产主义青年团准备采用一切办法努力使俄罗斯共产主义青年团团员当选国家杜马议员或者地方立法机关的代表,努力使反映劳动者和青年学生利益的法案得到通过。全面支持已经当选各级议员的俄罗斯共产主义青年团团员。努力与各级政府的青年事务委员会进行合作。第三,促进青年人的发

---

① 《Программное заявление РКСМ》(http://nsk.rksm.ru/node/9).

展，通过共青团的力量解决青年的社会问题，优先方向是做大学生的工作，因为大学生是最活跃、受教育程度最高和最有组织性的青年。俄罗斯共产主义青年团主张发展中小学的自我管理，恢复和发展课外和校外教育工作体系，反对教育活动商业化，保留免费的课外小组、协会、少儿俱乐部，恢复大学生建筑队、劳动夏令营和中小学生疗养制度。俄罗斯共产主义青年团认为，对于应征年龄青年的工作，核心是对青年进行爱国主义军事训练，应该恢复由应征入伍之前的训练、按期服现役和扶助服役期满复员的退伍军人这三方面组成的统一体系。俄罗斯共产主义青年团协助保持现有的少先队集体和建立新的少先队集体，保持现有的免费体育协会和建立新的免费体育协会，协助法制机关打击刑事犯罪，成立保障青年宿舍所在地区和大规模青年行动的秩序的"共青团员日常巡逻队"。①

2003年11月8—9日，在新罗西斯克市举行了俄罗斯共产主义青年团第五次代表大会，在通过的声明中，坚决抗议法制机关变成"保护影子资本的罪恶利益的工具"，强调"俄罗斯共产主义青年团过去和现在一贯主张将构成俄罗斯经济的主要部分的寡头的原料公司收归国有。寡头的财产，无论寡头的姓氏、民族或者与政权的亲近程度如何，都应该被依法以工资、退休金、补助的形式，以对工业、社会领域、科学和教育的投资的形式，归还国人"。②

第五次代表大会还通过了《关于对待"祖国"竞选联盟的态度》的决议，在该决议中指出，俄罗斯共产主义青年团"在成立格拉济耶夫领导的竞选联盟的最初阶段，把该竞选联盟看作左翼力量的'第二纵队'"，并且积极参与了它的组建。但是，"在组建该竞选联盟的最后阶段，消极趋势占了上风，标志性的亲总统政客、右翼民族主义分子以及其他声名狼藉者加入了该联盟，而且还窃取了联盟内的关键位置，左翼的或者爱国主义派别的一些进步组织反倒被以种种方式排挤出该联盟之外"，"谢尔盖·格拉济耶夫实际上在意识形态上和战术上失去了对'祖国联盟'的控制，把主

---

① «Основные направления работы РКСМ» (http://nsk.rksm.ru/node/10).

② «История РКСМ» (http://www.kommynist.ru/index.php?title=%D0%A0%D0%9A%D0%A1%D0%9C).

动权拱手让给了其倾向令人怀疑的政治力量"。因此，代表大会宣布，俄罗斯共产主义青年团拒绝支持"祖国"联盟，停止与"祖国"联盟的领袖在议会选举前的合作。代表大会决定支持俄罗斯联邦共产党，因为"现在选前形势的特点，是只能容许一个具有真正的左翼政治纲领的竞选联盟——俄罗斯联邦共产党参加选举"，"俄罗斯共产主义青年团实际上同俄罗斯联邦共产党没有纲领性的分歧，但是俄罗斯共产主义青年团在对于现实政治的一系列战术问题上过去、现在都捍卫自己的不同于俄罗斯联邦共产党的观点。俄罗斯共产主义青年团对于在俄罗斯联邦共产党的候选人名单上有大量商界人士表示关切，对于通过寡头组织与寡头力量做斗争的效果表示怀疑。此外，俄罗斯联邦共产党现在还没有就该党与左翼青年政治组织的相互关系的性质与俄罗斯共产主义青年团达成一致意见。在这个问题上，俄罗斯共产主义青年团赞同列宁主张的关于共青团在与政党的紧密政治同盟中保持完全的组织独立的立场"。俄罗斯共产主义青年团声明支持"作为当代俄罗斯的主要反对派力量的"俄罗斯联邦共产党的议会选举候选人名单，同时，"欢迎意见的多元化和秉持在本组织内部的民主制原则，本组织的地区组织有权独立决定自己在与左翼政治组织的选前协同行动中的立场"①。

(4) 组织结构

2003年11月在新罗西斯克市举行了俄罗斯共产主义青年团的第五次代表大会，代表大会选举了中央委员会和中央检查委员会的新组成人员，在中央全会上阿列克谢·波卡塔耶夫当选为中央委员会第一书记，达里娅·米京娜当选为中央委员会第二书记。2010年2月6日举行了俄罗斯共产主义青年团的中央委员会例行全体会议，此次中央全会审议了干部问题，全会选举达里娅·米京娜为俄罗斯共产主义青年团中央委员会第一书记。

俄罗斯共产主义青年团的最高领导机关是代表大会。代表大会选举中

---

① 《История РКСМ》(http://www.kommynist.ru/index.php?title=%D0%A0%D0%9A%D0%A1%D0%9C).

央委员会和中央检查委员会成员。在两次代表大会召开之间的间隙时期，由中央委员会领导俄罗斯共产主义青年团的工作。中央委员会从自身成员中选举中央委员会第一书记（该组织的领袖）、负责各活动方向的中央书记以及中央局成员。中央委员会确定中央局的权限和工作程序。中央委员会和中央局具有对俄罗斯共产主义青年团的重新成立的地区分部给予登记的全权。

俄罗斯共产主义青年团的地区分部的代表会议选举俄罗斯共产主义青年团的地区委员会的成员，地区委员会的全体会议选举俄罗斯共产主义青年团的地区委员会书记。地区委员会负责对俄罗斯共产主义青年团的基层组织进行登记，地区委员会有权在基层组织实际停止活动或者违反俄罗斯共产主义青年团章程时解散该基层组织或者重新对该基层组织的成员进行登记。

中央检查委员会是俄罗斯共产主义青年团的监督机关，负责监督俄罗斯共产主义青年团的财务活动以及监督俄罗斯共产主义青年团的领导机关在做出决定、研究来信、处理申诉和发表声明时遵守俄罗斯共产主义青年团的章程。

俄罗斯共产主义青年团团员的最高年龄上限是30岁，但是在团员个人提出申请和中央局同意之下成员资格可以延长，中央和地区的领导机关成员的团员资格自动延长。俄罗斯共产主义青年团团员的最低年龄下限是14岁，但是领导机关成员的年龄不得低于18岁。

5. 俄罗斯联邦共产主义青年团

俄罗斯联邦共产主义青年团（Союз коммунистической молодёжи Российской Федерации，简称"СКМ РФ"）是全俄罗斯性的共产主义青年政治组织，自身定位为在俄罗斯联邦领土上的原苏联的苏联列宁共产主义青年团的继承者，是俄罗斯联邦共产党（领袖是根纳季·久加诺夫）的青年组织，加入了由原苏联的加盟共和国——现在的独立国家的共青团组织组成的同盟：国际共青团组织同盟—全苏联列宁共产主义青年团（Международный союз комсомольских организаций - Всесоюзный ленинский коммунистический союз молодёжи，简称"МСКО-ВЛКСМ"）。

俄罗斯联邦共产主义青年团是在伊戈尔·马利亚罗夫创立的俄罗斯共产主义青年团与俄罗斯联邦共产党脱离关系之后，作为俄罗斯联邦共产党的新的青年组织于1999年2月在俄罗斯联邦共产党的参与下成立的。1999年2月20日，在莫斯科市举行了俄罗斯联邦共产主义青年团的成立大会，康斯坦丁·茹科夫当选为俄罗斯联邦共产主义青年团的领导人——俄罗斯联邦共产主义青年团中央委员会第一书记。从2003年10月至今，俄罗斯联邦共产主义青年团中央委员会第一书记由俄罗斯联邦共产党中央委员会书记、国家杜马议员尤里·阿福宁担任。

2004年下半年俄罗斯联邦共产主义青年团发生了分裂，俄罗斯联邦共产主义青年团的前领袖康斯坦丁·茹科夫另外成立了他自己的俄罗斯联邦共产主义青年团，该俄罗斯联邦共产主义青年团一直存在到2009年。2011年2月5日召开的俄罗斯联邦共产主义青年团第五次代表大会决定将"俄罗斯联邦共产主义青年团"更名为"俄罗斯联邦列宁共产主义青年团"（Ленинский Коммунистический Союз Молодёжи Российской Федерации，简称"ЛКСМ РФ"）。①

（1）主要活动

俄罗斯联邦列宁共产主义青年团自成立以来积极组织和参加各种街头游行示威和抗议活动，每年参加由红色青年先锋队组织的"反资本主义进军"游行，每年参加左翼力量组织的纪念在1993年10月3—4日事件中"牺牲的苏维埃政权保卫者"的活动，每年参加5月1日和11月7日的游行活动以及积极参加俄罗斯联邦共产党组织的各种政治活动。俄罗斯联邦共产主义青年团1999年春在莫斯科市和俄罗斯其他一些地区组织了抗议北约国家飞机轰炸南斯拉夫的游行示威活动，俄罗斯联邦共产主义青年团的积极分子还参加了由俄罗斯联邦共产党组织的这样的活动。

在1999年12月举行的国家杜马选举中，俄罗斯联邦共产主义青年团第一书记康·茹科夫被列入俄罗斯联邦共产党的候选人名单，但是没有当

---

① 《Программные документы V Съезда СКМ РФ. Программное заявление СКМ РФ》（http://kprf.ru/rus_soc/87625.html）.

选。在此次选举运动中,俄罗斯联邦共产主义青年团积极支持俄罗斯联邦共产党。在 2000 年 3 月的俄罗斯联邦总统选举中,俄罗斯联邦共产主义青年团积极支持俄罗斯联邦共产党的总统候选人——俄罗斯联邦共产党领袖根纳季·久加诺夫。

在 2003 年 11 月 7 日十月革命纪念日这天,俄罗斯联邦共产主义青年团积极分子贝尼阿米诺夫爬上了国家杜马大楼楼顶,降下了挂在楼顶旗杆上的俄罗斯联邦国旗,接着在俄罗斯联邦共产党的游行队伍走过国家杜马大楼的时候,在旗杆上升起了一面红旗。他还把一大幅最初被媒体和舆论认为是俄罗斯联邦国旗的三色布从楼顶扔了下去,抛撒传单并且高喊口号:"伟大的十月社会主义革命万岁!"国家杜马的警卫拘捕了贝尼阿米诺夫。由于贝尼阿米诺夫被列入俄罗斯联邦共产党参加当年 12 月进行的国家杜马选举的候选人名单,是国家杜马议员候选人,他很快就被释放,因为他享有作为国家杜马议员候选人的不可侵犯权。2004 年俄罗斯检察机关依据《俄罗斯联邦刑法典》第 329 条第 1 款,以"侮辱俄罗斯联邦国旗罪"对贝尼阿米诺夫提起公诉。2004 年 6 月 6 日,贝尼阿米诺夫被判处 1 年有期徒刑,缓期 2 年执行。根据 2003 年 12 月 7 日公布的国家杜马选举的正式选举结果,没有俄罗斯联邦共产主义青年团团员当选国家杜马议员。

2004 年年初,俄罗斯联邦共产主义青年团团员伊利亚·波诺马廖夫与红色青年先锋队、革命共产主义青年团(布尔什维克)以及其他一些左翼青年政治组织的代表共同成立了"青年左翼阵线"。后来,俄罗斯联邦共产主义青年团的领导人认为存在着来自"青年左翼阵线"的竞争的危险,俄罗斯联邦共产主义青年团于 2005 年 5 月底退出了"青年左翼阵线"。

2004 年 2 月 28 日夜间,包括俄罗斯联邦共产主义青年团团员在内的几十名"青年左翼阵线"的积极分子在圣彼得堡举行了要求普京下台的游行示威,他们手中举着点燃的烟花火炬,头戴普京模样的面具,身穿写着"船沉了,地铁炸了,水上公园塌了,使命结束了"的短袖衫,不明身份者对示威者进行了袭击,后来,所有示威者都被警察拘捕。

2005 年 1—2 月,俄罗斯联邦共产主义青年团参加了由俄罗斯联邦共产党在首都莫斯科和俄罗斯其他一些地区组织的反对福利货币化的抗议行动，红色青年先锋队和国家布尔什维克党也参加了俄罗斯联邦共产党组织的这些抗议活动。

2005年3月15日，俄罗斯联邦共产主义青年团克拉斯诺亚尔斯克边疆区委员会书记罗曼·布尔拉克和俄罗斯共产主义青年团秋明市委员会书记马克西姆·菲尔索夫为了抗议政府的教育改革，向正在克拉斯诺亚尔斯克会见当地大学生的教育和科学部部长安德烈·富尔先科扔生鸡蛋，二人后来分别被判处行政拘留10天。

在2005年12月4日举行的莫斯科市杜马的选举中，被列入俄罗斯联邦共产党的候选人名单中的三名俄罗斯联邦共产主义青年团团员都未当选莫斯科市杜马的议员。

俄罗斯联邦共产主义青年团在2005年和2006年参加了由俄罗斯联邦共产党和"亚博卢"党共同组织的要求言论自由、反对电视节目中的谎言、反对电视节目审查制的"向奥斯坦基诺进军"的游行示威行动，以俄罗斯国家电视台所在地奥斯坦基诺为目的地。在2007年和2008年参加了由俄罗斯联邦共产党单独组织的反对电视节目审查制的"向奥斯坦基诺进军"游行。

2006年6月18日，在莫斯科近郊举行了俄罗斯联邦共产主义青年团中央委员会全体会议，全会讨论了针对即将在圣彼得堡举行的"八国峰会"而进行的抗议行动——"俄罗斯社会论坛"的筹备情况，成立了包括第一书记阿福宁在内组成的抗议行动策划委员会。2006年7月，在俄罗斯各地数十名俄罗斯联邦共产主义青年团的积极分子被当局拘捕，其目的被认为是防止他们参加在圣彼得堡举行的"俄罗斯社会论坛"。2006年7月9日，特警队捣毁了俄罗斯联邦共产主义青年团在下诺夫哥罗德组织的反北约夏令营，参加夏令营活动的几十名俄罗斯联邦共产主义青年团和革命共产主义青年团（布尔什维克）的积极分子被拘捕。

在一些卫国战争老战士的支持下，俄罗斯联邦共产主义青年团、革命共产主义青年团（布尔什维克）和红色青年先锋队的积极分子2007年4月22日举行了反对玷辱卫国战争英雄墓地的游行示威行动。在行动中1名红色青年先锋队队员、1名革命共产主义青年团（布尔什维克）团员和5

名俄罗斯联邦共产主义青年团团员被拘捕，其中 3 名俄罗斯联邦共产主义青年团团员被处罚款，红色青年先锋队队员因"殴打警察"被判处缓刑 3 年和罚款 1 万卢布。

2007 年 8 月 20 日，20 名"统一俄罗斯"党的青年组织——"青年近卫军"的积极分子在俄罗斯联邦共产党中央委员会的驻地前举行反对俄罗斯联邦共产党、反对俄罗斯联邦共产党的标志——镰刀和锤子的抗议示威，他们呼喊的抗议口号之一是："镰刀和锤子——进坟墓！"包括俄罗斯联邦共产党中央委员会书记、国家杜马议员拉什金，俄罗斯联邦共产主义青年团第一书记阿福宁，俄罗斯联邦共产主义青年团莫斯科市委员会第一书记谢尔盖·多夫加利以及红色青年先锋队领袖乌达利佐夫在内的大约 40 名俄罗斯联邦共产党、俄罗斯联邦共产主义青年团和红色青年先锋队的积极分子在俄罗斯联邦共产党中央委员会驻地前与抗议者对峙，双方从对骂变成了对殴。警察赶到事发地后，把俄罗斯联邦共产党的支持者们挤到了俄罗斯联邦共产党党部的栅栏围墙的里面去。警方要求俄罗斯联邦共产党交出乌达利佐夫等最积极的俄罗斯联邦共产党党部保卫者，俄罗斯联邦共产党断然予以拒绝。在俄罗斯联邦共产党领袖根纳季·久加诺夫和国家杜马副主席——俄罗斯联邦共产党党员瓦连京·库普佐夫的干预下，警方才在当天 19 点解除对俄罗斯联邦共产党中央委员会驻地的封锁，这些反示威的左翼力量积极分子们随后离开了俄罗斯联邦共产党中央委员会大楼。此事件被俄罗斯媒体广泛报道。

2007 年 9 月 22 日召开的俄罗斯联邦共产党代表大会决定将 24 名俄罗斯联邦共产主义青年团的代表列入 2007 年 12 月举行的国家杜马选举的该党候选人名单。根据正式的国家杜马选举结果，3 名俄罗斯联邦共产主义青年团团员——阿福宁、希尔绍夫和诺维科夫当选为国家杜马议员。

（2）组织分裂

2004 年年中在俄罗斯联邦共产党第十次代表大会召开前夕，俄罗斯联邦共产党内部在久加诺夫派和吉洪诺夫派之间发生的派别冲突也影响了俄罗斯联邦共产主义青年团，引发了俄罗斯联邦共产主义青年团队伍的分裂。以俄罗斯联邦共产主义青年团中央委员会第一书记尤里·阿福宁为首的一部分俄罗斯联邦共产主义青年团团员坚定支持俄罗斯联邦共产党领袖久加诺夫。2004 年 7 月 2 日，俄罗斯联邦共产主义青年团中央局公开声明支持久加诺夫："俄罗斯联邦共产主义青年团中央局根据俄罗斯联邦共产主义青年团的各个地区组织的意愿，宣布支持久加诺夫领导的俄罗斯联邦共产党中央委员会主席团，支持主席团按照计划进行对俄罗斯联邦共产党第十次代表大会的准备工作，坚决谴责篡改代表大会成果的企图。俄罗斯联邦共产主义青年团和俄罗斯联邦共产党在一起。"[1]

俄罗斯联邦共产主义青年团的前领袖康斯坦丁·茹科夫以及俄罗斯联邦共产主义青年团的几个地方组织的第一书记则支持吉洪诺夫。2004 年 7 月 16 日，这一部分支持者在伊万诺沃举行了"俄罗斯联邦共产主义青年团中央委员会第五次全体会议"，该会议选举茹科夫为中央委员会第一书记，阿福宁被降为中央委员会书记，阿福宁的战友诺维科夫被解除中央委员会书记职务，另一位中央委员会书记、活跃的久加诺夫—阿福宁派成员——泰萨耶夫则被开除出俄罗斯联邦共产主义青年团，苏赖金取代胡加耶夫担任俄罗斯联邦共产主义青年团中央委员会第二书记，胡加耶夫得到了吉洪诺夫为首的俄罗斯联邦共产党（吉洪诺夫派当时仍在俄罗斯联邦共产党内，吉洪诺夫尚未成立全俄罗斯共产主义未来党）中央委员会的负责青年工作的书记职务。

2004 年 8 月 14 日，在图拉举行了支持久加诺夫的那派俄罗斯联邦共产主义青年团的中央委员会第五次全体会议，全会总结了俄罗斯联邦共产党第十次代表大会之后的形势，茹科夫、科罗廖娃、西多罗夫、苏赖金、胡加耶夫和沙罗夫因进行分裂活动、损害俄罗斯联邦共产党和俄罗斯联邦共产主义青年团的声誉而被开除，西季罗夫由于积极参加在伊万诺沃举行的茹科夫那派的"俄罗斯联邦共产主义青年团中央全会"而被解除中央书记和中央局委员的职务，全会选举诺维科夫为中央委员会第二书记。

2004 年 12 月 13 日，在莫斯科近郊召开了俄罗斯联邦共产主义青年团第四次代表大会，136 名代表参加了大会。在代表大会通过的决议中指出：

---

[1] 《История СКМ РФ》（http://skm-rf.ru/page/9_istorija）.

"在从内部破坏俄罗斯联邦共产主义青年团的图谋中，俄罗斯联邦共产主义青年团内部的波塔波夫—谢米金分子——茹科夫、苏赖金、胡加耶夫、科罗廖娃、西多罗夫，起了一定的作用。俄罗斯联邦共产主义青年团的中央委员会、地方分部和地区分部及时发现了该集团的分裂活动。谢米金之流退出俄罗斯联邦共产主义青年团的领导班子，完全有益于我们的组织，我们摆脱了赘瘤。"代表大会"坚决谴责了在俄罗斯联邦共产主义青年团中央委员会的前组成人员的领导班子中茹科夫—胡加耶夫—苏赖金集团的活动"，批准了俄罗斯联邦共产主义青年团中央委员会第五次全体会议做出的将他们开除出俄罗斯联邦共产主义青年团的决定。代表大会宣布，"该集团在俄罗斯联邦共产党的第十次代表大会之后通过的一切决定和文件无效"。代表大会命令俄罗斯联邦共产主义青年团的中央委员会、地方委员会和地区委员会"制止任何破坏俄罗斯联邦共产主义青年团的组织团结的企图"，代表大会认为俄罗斯联邦共产主义青年团当前最重要的任务是"全面支持俄罗斯联邦共产党在各级选举运动中取得最大成果"。代表大会选出了俄罗斯联邦共产主义青年团的新领导班子，50人当选中央委员会委员。在大会结束之后召开的中央委员会全体会议选举阿福宁为中央委员会第一书记，选举马卡罗夫为中央委员会第二书记。中央委员会任命了7名联邦区的书记，中央委员会全体会议还选举了5名负责具体工作的中央委员会书记和20名中央局委员。

俄罗斯联邦共产主义青年团的这一分裂的结果，是造成一时存在两个俄罗斯联邦共产主义青年团：尤里·阿福宁领导的支持俄罗斯联邦共产党的方针的俄罗斯联邦共产主义青年团和康斯坦丁·茹科夫领导的俄罗斯联邦共产主义青年团。由于俄罗斯联邦共产主义青年团之前被俄罗斯联邦司法部正式登记的文件保存在茹科夫派手里，所以以阿福宁为首的俄罗斯联邦共产主义青年团失去了国家的正式登记，而茹科夫的派别后来被俄罗斯联邦登记署正式登记为"'俄罗斯联邦共产主义青年团'全俄罗斯社会组织"，网址为：http://skmrf.ru，亦归茹科夫派所有，阿福宁派不得不建立新的网址：http://skm-rf.ru。康·茹科夫领导的俄罗斯联邦共产主义青年团自从脱离俄罗斯联邦共产党之后日益靠近"公正俄罗斯"党，该俄罗斯联邦共产主义青年团一直存在到 2009 年,在 2009 年根据其领导机关的决定,该俄罗斯联邦共产主义青年团停止活动。①

(3) 纲领主张

2011 年 2 月 5 日召开的俄罗斯联邦共产主义青年团第五次代表大会通过了《纲领性声明》。《纲领性声明》宣布,俄罗斯联邦共产主义青年团的思想基础是"创造性地运用于当代的社会发展条件的马克思列宁主义",组织的活动"建立在先前的共产主义运动经验,特别是布尔什维主义经验的基础之上"。《纲领性声明》认为,"俄罗斯回到社会主义的发展道路上去,无疑符合国内大多数阶级和社会群体的利益"。在确定具体的社会主义发展模式上,俄罗斯联邦共产主义青年团认为,"选择社会主义的国家——中国、古巴、越南的当代经验值得特别地注意和学习"。②

俄罗斯联邦共产主义青年团的意识形态路线是"爱国主义原则和国际主义原则在实践工作中的结合"。爱国主义是"保持俄罗斯和苏联的各民族历史传统和文化传统,培养青年人对祖国的热爱,努力复兴苏联,坚决抵抗美国以及其他帝国主义国家在俄罗斯移植西方的意识形态、文化和生活方式的企图,坚决抵制帝国主义的全球化方案"。③ 俄罗斯联邦共产主义青年团遵循"党——俄罗斯联邦共产党的领导的原则,即俄罗斯联邦共产主义青年团奉行俄罗斯联邦共产党的政治方针,俄罗斯联邦共产主义青年团在所有关键问题上的立场与俄罗斯联邦共产党的领导机关保持一致",但是在组织上俄罗斯联邦共产主义青年团"保持独立的全俄罗斯社会组织的地位"。④

俄罗斯联邦共产主义青年团认为,"现在在国内,没有除了俄罗斯的左翼力量和人民爱国力量的核心——俄罗斯联邦共产党之外的能够解决青年问题和社会问题的力量",所以俄罗斯联邦共产主义青年团"坚决支持

---

① «История ЛКСМ РФ» (http://komsomolrf.ru/ru/news/history).
② «Программные документы V Съезда СКМ РФ. Программное заявление СКМ РФ» (http://kprf.ru/rus_soc/87625.html).
③ 同上。
④ 同上。

俄罗斯联邦共产党的反对现有政治制度、要求彻底改变社会经济发展方针的斗争","必须在同俄罗斯联邦共产党的紧密合作中开展自身的活动,协助在青年中贯彻俄罗斯联邦共产党的政策,把新的支持者——首先就是青年支持者吸收到俄罗斯联邦共产党的队伍中去"。①

俄罗斯联邦共产主义青年团是"青年人的共产主义组织",共产主义是"人类社会的一定发展阶段:科学技术的进步给'各尽所能,按需分配'的原则的实现创造了基础,文化的进步则使得这一原则得以实现"。共产主义是"根除了人剥削人、国家剥削人、人剥削自然——一切剥削形式的社会"。共产主义是"人类团结一致的社会,没有战争、敌对和犯罪的社会,除了文化的历史,没有别的历史的社会",是"全体社会成员享有自由的和创造性的劳动的社会",是"实现了公平的社会"。俄罗斯联邦共产主义青年团认为,"人类在未来只有一个选择:要么毁灭、退化,要么共产主义地发展"。社会主义是"自觉地向共产主义的未来前进,自觉地寻找为此的合理的道路,自觉地防止在现代发展中的偏离和曲折的社会",是"正在实现公平的社会",是"正在根除一切剥削形式,正在人成为目的而不是进步的手段的社会。"②

俄罗斯联邦共产主义青年团主张"拒绝资产阶级的议会制,回到苏维埃政权的原则上去",必须"恢复代议权对执行权的监督,在选举过程中为所有主体创造完全平等的条件",即"不用候选人的钱,只用国家的钱"为选举运动提供资金,这是"在俄罗斯恢复人民政权的道路上重要的一步",这"能够给工人、农民和大学生当中的青年候选人创造被选入议会的机会"。③

在经济领域,俄罗斯联邦共产主义青年团主张"国家起一定作用的、均衡的计划—市场经济",为此"石油和天然气工业、能源企业、森林综合体、冶金业必须国有化","不允许铁路私有化","不允许农业用途土地

---

① 《Программные документы V Съезда СКМ РФ. Программное заявление СКМ РФ》(http://kprf.ru/rus_soc/87625.html).

② 同上。

③ 同上。

自由买卖",主张降低服务业、轻工业、食品工业、商业、农业领域中小企业的税额。

在社会领域,俄罗斯联邦共产主义青年团主张"实现以建立真正的居民社会保障体系为目标的全国计划,解决青年人在劳动安置、教育、建立家庭、身体健康和精神健康方面的问题","必须继续深入落实在文化、体育、社会政策领域的具体计划","必须继续深入落实在同违背社会利益的现象进行斗争方面、在爱国主义教育方面、在同美国和西方强权进行斗争方面的具体计划"。

在国家间关系方面,俄罗斯联邦共产主义青年团要求"总统和政府停止追随主要的资本主义国家的帝国主义政策",坚决要求"在原苏联各加盟共和国的重新联合问题上从泛泛地宣传行动转到实际的步骤上去——从同白俄罗斯建立联盟国家开始"。

在国防领域,俄罗斯联邦共产主义青年团认为应该坚决采取措施"恢复俄罗斯联邦的武装力量的战斗力、优良传统和健康的精神氛围",主张实行全民义务兵役制。

俄罗斯联邦共产主义青年团认为"必须打碎最近一些年成形的反人民的军事—警察机器,法制机关必须切实履行其在打击犯罪和保障公民安全上的真正任务,在消除滋生犯罪的社会经济原因的基础上采取坚决措施根除青年当中的犯罪"。俄罗斯联邦共产主义青年团反对对于"大多是青年人的被起诉人员和被判有罪人员的恶劣羁押条件",呼吁"总统和政府整顿这方面的秩序"。

俄罗斯联邦共产主义青年团的最重要任务是"为了社会主义的胜利而进行工作","拯救青年人不受传媒的消极影响、不变成'失去的一代'是拯救整个社会免遭退化和瓦解的关键"。俄罗斯联邦共产主义青年团的基本任务,是"在组织上和思想上团结具有左翼立场、爱国主义立场的青年","为了消灭一切形式的剥削而进行斗争","在青年人中传播关于社会主义的理论和实践的知识,宣传俄罗斯回到社会主义的发展道路上的必要性","为了建立联合俄罗斯的各民族以及俄罗斯的各民族的兄弟民族的联盟国家而进行斗争","以公平、团结、爱国主义和国际主义的原则培养青年人","使青年人形成积极的生活态度、掌握积极的政治活动技巧","保护青年工人和青年学生的权益","促进青年人的智力、创造力、道德和身体的发展","使青年人了解世界文化和祖国文化的价值","通过实现社会的、文化的、教育的、体育的和其他的规划来解决青年人的具体问题"。①《纲领性声明》宣布,俄罗斯联邦共产主义青年团是唯物主义者的组织,但是允许教徒成为俄罗斯联邦共产主义青年团团员:"俄罗斯联邦共产主义青年团在现阶段不提出同俄罗斯的传统宗教——东正教、伊斯兰教、佛教做斗争的任务,"但是反对天主教在俄罗斯领土上的扩张,主张坚决打击带有侵略性的宗教教派。②

(4)组织结构

1999年2月20日,在莫斯科举行了俄罗斯联邦共产主义青年团的成立大会暨第一次代表大会,来自俄罗斯的76个地区的176名代表参加了大会,大会选举了中央委员会和中央检查委员会的组成人员,72人被选入中央委员会。1999年2月21日,在莫斯科举行了中央委员会全体会议,康斯坦丁·茹科夫当选中央委员会第一书记,15人被选入中央局。

2000年10月29日在莫斯科召开了第二次代表大会,大会认为该组织的领导人的工作是令人满意的。大会责成地方委员会"特别注意发展俄罗斯联邦共产主义青年团的地区分部和基层组织","积极发展非政治形式的青年工作,包括组织青年俱乐部和青年兴趣中心,组织体育比赛、音乐会、迪斯科俱乐部、建筑队等等"。大会要求,所有分支组织"特别注意与少先队的相互关系,支持少先队运动"。大会决定,"建立针对俄罗斯联邦共产主义青年团团员的意识形态培训和政治培训体系","建立针对俄罗斯联邦共产主义青年团的干部的培训中心体系"。大会要求中央委员会和地方委员会"建立收缴团费和筹集自愿捐款的制度,建立为了俄罗斯联邦共产主义青年团的活动的自筹资金制度"。大会决定,"努力实现通过俄罗斯联邦共产党向地方和地区的立法机关(代表机关)推选共青团员"。大

---

① «Программные документы V Съезда СКМ РФ. Программное заявление СКМ РФ» (http://kprf.ru/rus_soc/87625.html).

② 同上。

会选举了中央委员会和中央检查委员会的成员，在中央委员会全体会议上康斯坦丁·茹科夫再次当选中央委员会第一书记。

2001年11月4日，在莫斯科举行了俄罗斯联邦共产主义青年团中央全会，全会认为，"在中央机关、地方分部和地区分部之间的纵向不间断交流体系不够有效，中央机关的决定有时在地方和地区未被执行"，"地方分部之间的横向信息交流也不够有效"。为了消除这些缺点，中央委员会决定在俄罗斯联邦的7个联邦区分别设立7名俄罗斯联邦共产主义青年团的联邦区书记，并且批准了对联邦区书记人员的任命。

2003年2月22日，在莫斯科近郊召开了俄罗斯联邦共产主义青年团第三次代表大会，251名代表参加了代表大会。此次大会通过了新的《纲领性声明》和新的《章程》，选举了中央委员会和中央检查委员会的新的组成人员，中央委员会委员共61人，中央检查委员会委员共19人。在大会结束后召开的中央委员会全体会议上，选举产生了8名中央委员会书记，茹科夫被选为中央委员会第一书记，胡加耶夫被选为中央委员会第二书记。中央委员会还任命了7名俄罗斯联邦共产主义青年团的联邦区书记。

在2003年10月19日召开的俄罗斯联邦共产主义青年团中央全会上选举出了新的领袖，俄罗斯联邦共产党图拉州委员会的书记、图拉州杜马的议员、27岁的尤里·阿福宁当选为中央委员会第一书记，接替了42岁的茹科夫。俄罗斯联邦共产主义青年团领袖的交替是在俄罗斯联邦共产党中央委员会的敦促下完成的，后来久加诺夫本人间接地承认了这一点："我们充实了我们的青年运动，召开了共青团的中央全会，选举尤里·阿福宁为第一书记。"①

2005年12月19日召开了俄罗斯联邦共产主义青年团中央全会，全会通过了《关于同左翼的青年运动盟友的相互关系》的决定，决定指出，俄罗斯联邦共产主义青年团的代表加入沙尔古诺夫成立的"联合青年联盟"（Лига объединенной молодежи）是不合适的，"今后不允许俄罗斯联邦共产主义青年团的中央委员会委员、中央检查委员会委员、地方委员会书

---

① 《Головокружение от поражения》，《Советская Россия》от 10 января 2004 г.

记、共青团积极分子加入在意识形态和实际活动上与俄罗斯联邦共产党和俄罗斯联邦共产主义青年团的纲领性方针相矛盾的社会政治组织","将有关人员开除出俄罗斯联邦共产主义青年团的队伍"。全会认为,"不能容许俄罗斯联邦共产主义青年团团员与法西斯主义的、极右的、种族主义的和排外主义的派别组织进行合作",责成中央局"审查俄罗斯联邦共产主义青年团中央委员会候补委员米洛谢尔多夫参加了由极右的种族主义组织'欧亚青年联盟'于2005年11月4日在莫斯科组织的所谓的'正义的进军'(Правый марш)游行示威的问题"。

在2011年2月5日举行的第五次代表大会上,俄罗斯联邦共产主义青年团被更名为俄罗斯联邦列宁共产主义青年团。第五次代表大会选举了中央委员会的新成员,在当天召开的第一次中央委员会全体会议上,选举了中央委员会书记和中央局委员,尤里·阿福宁当选中央委员会第一书记。2011年7月召开的第二次中央委员会全体会议对中央局做了不大的干部变动。①

在俄罗斯联邦共产主义青年团的成立大会上通过的该组织的《章程》不断被修订,根据在俄罗斯联邦共产主义青年团第五次代表大会上通过的最新修订的《章程》,俄罗斯联邦列宁共产主义青年团是在法律上不从属于任何政党、但是认同俄罗斯联邦共产党的纲领目标的全俄罗斯社会组织。俄罗斯联邦列宁共产主义青年团团员无权加入俄罗斯联邦共产党之外的任何政党。俄罗斯联邦列宁共产主义青年团的最高领导机关是代表大会,代表大会不少于四年召开一次。代表大会选举俄罗斯联邦列宁共产主义青年团的中央委员会和中央检查委员会的成员。根据俄罗斯联邦列宁共产主义青年团中央委员会全体会议的决定,或者根据俄罗斯联邦列宁共产主义青年团中央检查委员会的要求,或者根据不少于三分之一的地方分部的要求,可以召开非常代表大会。俄罗斯联邦列宁共产主义青年团的常设领导机关是中央委员会。中央委员会作为俄罗斯联邦列宁共产主义青年团的常设领导机关,每三个月召开一次全体会议,具有最大的权力。中央委

---

① 《II Пленум ЦК ЛКСМ РФ》(http://komsomolrf.ru/ru/official/komsomol-plenum?id=1980).

员会的人员由经俄罗斯联邦列宁共产主义青年团的地方分部提议并经俄罗斯联邦列宁共产主义青年团的代表大会批准的地方分部的代表组成。中央委员会从自身成员中选出中央委员会第一书记和第二书记，即俄罗斯联邦列宁共产主义青年团的领袖及其副手，中央委员会还从自身成员中选举负责各个活动方向的中央委员会书记和选举中央局成员。中央委员会决定中央委员会书记和中央局委员的人数，负责任命七名俄罗斯联邦列宁共产主义青年团的联邦区书记（在俄罗斯联邦的每个联邦区任命一名联邦区书记）。中央委员会有权增补新的中央委员会成员，但是必须经俄罗斯联邦列宁共产主义青年团的代表大会批准。此外，中央委员会可以根据俄罗斯联邦列宁共产主义青年团的地方分部的提议用地方分部提出的人选替换中央委员会自身的现有成员，但这种替换必须随后经代表大会批准。在地方分部的委员会再三违反俄罗斯联邦列宁共产主义青年团的《章程》、《纲领》或者俄罗斯联邦列宁共产主义青年团领导机关做出的决定时，中央委员会有权解散该委员会。

实际上，在俄罗斯联邦列宁共产主义青年团内部拥有真正的权力的是它的中央局，中央局由中央委员会第一书记、中央委员会第二书记、其他中央委员会书记以及联邦区书记组成。中央局在中央委员会的两次全体会议之间的间隙时期领导俄罗斯联邦列宁共产主义青年团的工作，中央局可以以俄罗斯联邦列宁共产主义青年团的名义做出声明，就俄罗斯联邦列宁共产主义青年团的日常活动的问题做出决定。中央委员会第一书记的权力包括对中央局和中央委员会的工作进行组织以及对秘书处的工作进行领导。

俄罗斯联邦列宁共产主义青年团中央委员会秘书处是执行机关，秘书处向中央局汇报工作。秘书处在中央局的两次会议召开之间的间隙时期就技术性问题做出决定。秘书处负责组织和监督中央委员会机关的活动，对干部的选拔、配备和培养进行监督，制定和批准有关组织内部活动的规章和条例。中央检查委员会是俄罗斯联邦列宁共产主义青年团的检查机关，负责监督俄罗斯联邦列宁共产主义青年团的机关的财务活动，监督俄罗斯联邦列宁共产主义青年团的机关对《章程》的遵守情况，它向代表大会汇报工作。如果中央委员会、中央局或者秘书处做出的决定与《章程》或者代表大会的决定不一致，中央检查委员会有权中止这样的决定。此外，中央检查委员会还负责受理俄罗斯联邦列宁共产主义青年团团员的申诉和领导俄罗斯联邦列宁共产主义青年团的地方分部的检查委员会的活动。

俄罗斯联邦列宁共产主义青年团的地方委员会的第一书记由地方委员会的全体会议选举产生，地方委员会的委员由地方分部的全体大会选举产生。俄罗斯联邦列宁共产主义青年团团员的最高年龄界限为 30 岁，最低年龄界限为 14 岁，领导机关成员的年龄不得低于 18 岁。在团员达到最高年龄界限时，根据团员的个人申请并经基层组织或者地区分部、地方分部的批准可以延长团员资格。俄罗斯联邦列宁共产主义青年团的联邦区和地方的领导机关成员的团员资格自动延长。

俄罗斯联邦列宁共产主义青年团的基层组织是组织的基干，基层组织的领导机关是全体会议，全体会议不少于三个月召开一次。按照地域原则——即按照居住、学习或者工作的地点成立基层组织。

俄罗斯联邦列宁共产主义青年团在俄罗斯联邦共产党的支持下为积极分子组织夏令营，在夏令营里举办讲座、交流组织活动的经验。积极分子也参加"青年左翼阵线"（2006 年起更新为"左翼阵线"）组织的左翼力量的夏令营。俄罗斯联邦列宁共产主义青年团的代表参加了在古巴、委内瑞拉、阿尔及利亚等国家举办的世界青年与学生联欢节。

俄罗斯联邦列宁共产主义青年团在全国有 77 个地方组织。从 2005 年起出版报纸《共青团真理报》（«KомсомоLка»），该报被俄罗斯联邦列宁共产主义青年团自称为"俄罗斯联邦列宁共产主义青年团的跨地区传单"。

（二）自由主义青年政治组织

原苏联地区发生"颜色革命"后，自由主义青年政治组织在俄罗斯日趋活跃，有的组织直接提出要实施俄罗斯版的"颜色革命"。具有代表性的自由主义青年政治组织主要有："民主抉择"、"青年'亚博卢'"、"青年正义力量联盟"、"我们"、"青年人民民主联盟"、"接班"、"捍卫"等。自由主义青年政治组织在思想主张上，接受西方自由主义的价值观，信奉自由高于一切，反对共产主义，否定苏联的社会主义历史；在国家制度上主张法制国家、分权原则，主张政治民主化、社会多元化；在经济上主张私有制不可侵犯，建立以自由竞争为基础的市场经济。它们宣称不接受极端主义的抗议方法，认为不应再有流血的革命和激进的改革，自称是"普京制度的青年民主反对派"，其目标是以一切合法的手段更换俄罗斯联邦的政治制度。

自由主义青年政治组织支持在格鲁吉亚、乌克兰发生的"颜色革命"。2004年11月28日，"青年正义力量联盟"和"青年'亚博卢'"在乌克兰驻莫斯科大使馆前举行了支持尤先科的集会。2007年9月12日，"青年'亚博卢'"的共同主席亚申和舒尔舍夫在克里姆林宫对面的索非亚沿岸街举行了象征性的自焚，抗议米哈伊尔·弗拉德科夫政府的辞职，他们认为这一辞职证明了俄罗斯政府首脑的更迭是"王位继承制"。这些组织还举行了反对对普京个人崇拜、反对极权主义制度、抗议书报检查、反对福利货币化、要求言论自由和要求自由公正的选举等抗议活动。自由主义青年政治组织还参加每年由俄罗斯自由主义力量组织的"不同意见者大进军"游行。

与俄罗斯独立之初相比，俄罗斯的自由主义力量面临的形势严峻了很多，自由主义对民众的吸引力已经大大下降，从2003年至2016年连续四届的国家杜马选举中，两大自由派政党——"正义力量联盟"党和"亚博卢"党都没有能够进入国家杜马，这必然在很大程度上影响了依托于自由主义政党的自由主义青年政治组织的发展。

1. "民主抉择"

"民主抉择"运动（движение "Демократическая Альтернатива"，简称"ДА!"）成立于2005年春天，自我宣布是青年民主主义组织，没有正式的领袖，在莫斯科和圣彼得堡有项目的联络员。"民主抉择"在莫斯科的联络员是玛丽亚·盖达尔（前政府代总理叶戈尔·盖达尔之女、"正义力量联盟"的联邦政治委员会委员）、阿列克谢·纳瓦里内（"青年人民民主联盟"的领袖之一）、奥列格·科济列夫。"民主抉择"实际上是仅存在于莫斯科和圣彼得堡的人数并不很多的一群青年自由主义活跃分子。

(1) 主要活动

"民主抉择"曾打算在 2005 年 5 月 7 日举行反对法西斯主义的集会，但是遭到当局的禁止，当局指责集会的组织者企图"破坏'胜利日'"、"不道德"。"民主抉择"的积极分子在 2005 年 9 月 18 日举行了经当局批准的抗议行动，反对莫斯科市政府加强对新闻记者在莫斯科市杜马的采访资格的审查。"民主抉择"的联络员在 2005 年 11 月 27 日参加了由自由主义知识分子组织的反法西斯主义集会，"民主抉择"的联络员之一奥列格·科济列夫以及其他 10 余名集会的参加者被特警队拘捕。"民主抉择"2005 年 12 月 18 日参加了由"亚博卢"党、"正义力量联盟"、"联合公民阵线"和自由主义知识分子人士组织的"反法西斯主义大进军"游行。

"民主抉择"在其位于莫斯科的俱乐部定期组织"政治辩论"活动，它的联络员之一纳瓦里内是政治辩论活动的主持人。2006 年 2 月 28 日，正义力量联盟领袖尼基塔·别雷赫与著名新闻记者马克西姆·科诺年科举行了第一次辩论。联合公民阵线的领袖加里·卡斯帕罗夫、"青年'亚博卢'"的积极分子以及"我们的人"的委员等都参加过"民主抉择"组织的政治辩论活动，每次的辩论活动都有数百人参加。

"民主抉择"在 2006 年 4 月 16 日组织了反对书报检查、反对审查媒体内容的抗议行动，"捍卫"也参加了该抗议活动。它本来计划在 2006 年 11 月 7 日组织政治研究所所长谢尔盖·马尔科夫与"反对非法移民运动"（Движение против нелегальной иммиграции）的领袖亚历山大·别洛夫（波特金）之间的辩论活动，但是由于被当局禁止而最终流产。

2006 年 11 月 23 日，"民主抉择"的联络员玛丽亚·盖达尔和"青年'亚博卢'"的共同主席之一伊利亚·亚申举行了要求"归还选举"的抗议行动，他们用登山装备把自己悬挂在克里姆林宫旁的莫斯科河大石桥上，展开写着"把选举还给人民，坏蛋！"的横幅，还点燃手中的烟花，并且高喊："打倒肃反工作者的政权！"二人很快被警察带走。事后二人发表公开声明说，"在国内自由选举制度实际已经被废除……在这样的条件下，抵制选举是在反对派的军械库中剩下的唯一现实的政治斗争手段"。2006 年 11 月 30 日亚申和盖达尔被判处了罚款。

普京总统 2006 年 12 月 15 日签署第 628 号命令，批准了获得国家资助的 1054 个非商业组织的名单，在该名单中包括"民主抉择"的联络员之一玛丽亚·盖达尔领导的"支持青年计划基金会"。可以说，这也就意味着"民主抉择"获得了国家资助。

2007 年 6 月 23—24 日，在莫斯科成立了"俄罗斯民族解放运动"（Национальное русское освободительное движение），担任"俄罗斯民族解放运动"共同主席之一的是"民主抉择"的联络员、"亚博卢"党的莫斯科地区分部的副主席纳瓦里内。在 6 月 25 日召开的"亚博卢"党的莫斯科地区委员会全体会议上，在"亚博卢"党莫斯科地区分部的主席、"亚博卢"党副主席谢尔盖·米特罗欣的要求下纳瓦里内不得不辞去"亚博卢"党莫斯科地区分部的副主席的职务，因为"纳瓦里内签署的《俄罗斯民族解放运动的宣言》是与'亚博卢'党的基本纲领原则不相符的"。2007 年 12 月 14 日召开的"亚博卢"党中央委员会全体会议决定，鉴于纳瓦里内参与创立民族主义性质的组织——"俄罗斯民族解放运动"，将其开除出党。

在 2007 年 12 月 17 日召开的"正义力量联盟"的代表大会上，玛丽亚·盖达尔当选为"正义力量联盟"的联邦政治委员会委员。

"民主抉择"的联络员参加了政府反对派组织的"不同意见者大进军"游行。2007 年 4 月 14 日，在"不同意见者大进军"游行开始前夕，玛丽亚·盖达尔被警方拘捕；2007 年 11 月 14 日，在"不同意见者大进军"游行中纳瓦里内被警方拘捕。

（2）纲领主张

"民主抉择"宣布，它是"公民社会的一部分"，"我们不和敌人斗争，我们想解决使我们感到不安的我国的具体问题。我们的任务是向公民们表明，在他们手中有足够的参与决定自己国家的发展道路的手段"，"有着积极的公民立场的人们通过法律手段和非暴力手段能够使生活向好的方向真正改变，谁也不能代替他们实现这一点"。"民主抉择"是"党外的青年组织"，"不想充作某个党的青年组织，不接受极端主义的抗议方法"，"我们积极对待所有以捍卫法律、捍卫民主和发展公民社会为目的的、通过非暴力方法进行活动的组织"。①

2. "青年'亚博卢'"

2005年4月2日在莫斯科举行了"亚博卢"党的全联邦性的党内青年组织——"青年'亚博卢'"（Молодёжное "Яблоко"，简称 "МЯ"）的成立大会，成立大会通过了"青年'亚博卢'"的《宣言》、《纲领》和《章程》，选举帕维尔·克拉夫措夫、亚历山大·舒尔舍夫和伊利亚·亚申担任"青年'亚博卢'"的共同主席，还选举产生了十人组成的"青年'亚博卢'"的领导机关——联邦委员会。2006年6月4日在叶卡捷琳堡举行了"青年'亚博卢'"的第二次代表大会，来自29个地区的50名代表出席了大会，大会决定将"青年'亚博卢'"改组为党内的党团："青年亚博卢——青年民主主义者"（Молодёжное ЯБЛОКО-молодые демократы）。大会还通过了新的《章程》，改选了"青年'亚博卢'"的领导人（共同主席），伊利亚·亚申、亚历山大·舒尔舍夫和奥莉加·弗拉索娃当选为新的共同主席。

"青年'亚博卢'"的前身，是由"亚博卢"党（其领袖之一是格里高利·亚夫林斯基）的一些青年成员和青年支持者——莫斯科罗蒙诺索夫国立大学的一些大学生于1995年成立的"'亚博卢'青年联盟"（Молодёжный Союз "Яблоко"），"'亚博卢'青年联盟"自我宣布为社会自由主义的组织，其首任领袖是弗拉基米尔·谢苗诺夫。

1996年埃里克·洛巴赫成为"'亚博卢'青年联盟"的领袖，在他的领导时期"'亚博卢'青年联盟"与"亚博卢"党的领导人之间爆发了冲突。"亚博卢"党的主要领导人格·亚夫林斯基完全反对党的青年组织是独立的政治组织，所以"'亚博卢'青年联盟"在莫斯科的组织实际上被"亚博卢"党的领导人在1997年春取消。1997年5月25日在莫斯科成立了取代被取消的"'亚博卢'青年联盟"在莫斯科的组织、由安德烈·沙罗莫夫领导的"莫斯科的青年'亚博卢'"（Московское Молодёжное "Яблоко"）。"'亚博卢'青年联盟"在圣彼得堡的组织——"圣彼得堡的

---

① 《О движении》（http://daprojest.ru/?page_id=2）.

'亚博卢'青年联盟"（Санкт-Петербургский Молодёжный Союз "Яблоко"）由于在这一冲突中站在"亚博卢"党的领导人一边而得以保存下来，并且在后来被作为"青年'亚博卢'"在圣彼得堡的地区组织。马克西姆·列兹尼克当时是"圣彼得堡的'亚博卢'青年联盟"的领导人，他一直是"亚博卢"党的圣彼得堡地区分部的领导人，直到在2012年被开除。

在2005年之前，"青年'亚博卢'"实际上只是意味着两个地区性组织——"莫斯科的青年'亚博卢'"和"圣彼得堡的'亚博卢'青年联盟"。后来，"青年'亚博卢'"已经发展到有30多个地区分部，但是最大的地区分部仍然是"莫斯科的青年'亚博卢'"和"圣彼得堡的'亚博卢'青年联盟"，紧随它们之后的是"斯维尔德洛夫斯克的青年'亚博卢'"（Свердловское Молодёжное "Яблоко"）。

"青年'亚博卢'"常常在涉及保护公民的人身权利和社会权利的具体问题上与从左翼到右翼的所有政府反对派组织联合采取行动，红色青年先锋队、"民主抉择"、"停止征兵"、"捍卫"、"青年人权保护运动"、"莫斯科赫尔辛基小组"、"争取人权"运动、"声音"联合会等组织都与"青年'亚博卢'"进行过合作。"青年'亚博卢'"参加了由政府的自由主义反对派的联盟——"另一个俄罗斯"组织的"不同意见者大进军"游行。"青年'亚博卢'"还与西欧和东欧的一些青年组织进行合作，与"波罗的海国家青年组织联合会"（LYBS）联系密切，是"欧洲自由青年运动"（LYMEC）的合作伙伴，具有在"世界青年联盟"（IFLRY）的观察员地位。

（1）主要活动

1997年8月7日，"莫斯科的青年'亚博卢'"的积极分子在国家杜马大楼前举行了反对上台150天的维克托·切尔诺梅尔金政府的抗议活动。

1999年2月27日，"莫斯科的青年'亚博卢'"的积极分子、来自俄罗斯一些地区的"亚博卢"党的青年党员以及"第一个自由的一代"运动的积极分子共同在莫斯科举行了反法西斯主义的游行和集会——"亚博卢的民族团结大进军"，作为对前不久由"俄罗斯民族团结"等组织在莫斯科举行的"民族主义者大进军"游行的回应。

1999年3月底—5月，"莫斯科的青年'亚博卢'"的积极分子举行了反对北约国家战机轰炸南斯拉夫的抗议活动。2000年7月3日，他们在莫斯科市卢比扬卡广场上的联邦安全委员会大楼前举行示威，抗议联邦安全委员会在圣彼得堡的大学生中发展对"亚博卢"党的告密者。2001年1月16日，"莫斯科的青年'亚博卢'"的积极分子与前苏联总统米哈伊尔·戈尔巴乔夫的青年支持者一起举行了支持俄罗斯的独立电视台的集会行动。

在2001年9月10日召开的"莫斯科的青年'亚博卢'"的非常会议上，安·沙罗莫夫辞去了"莫斯科的青年'亚博卢'"的领袖职务，但他仍然是"亚博卢"党的中央委员会委员。该次非常会议选举伊利亚·亚申为"莫斯科的青年'亚博卢'"的新领袖。

2002年10月9日，"莫斯科的青年'亚博卢'"在国家杜马大楼前举行了抗议活动，反对政府对俄罗斯的统一动力系统股份公司进行改革的方案，警察拘捕了两名抗议活动的参加者。2004年7月27日，15名"莫斯科的青年'亚博卢'"的成员在领袖亚申的带领下在联邦安全委员会大楼前举行了"反对普京的极权制度"的抗议活动。在抗议活动中他们散发传单，还向联邦安全委员会大楼的外墙上镶嵌的前苏联克格勃主席、前苏共中央总书记安德罗波夫的浅浮雕头像扔掷蘸了红颜料的小皮球，一些抗议活动的参加者被警方拘捕。2004年8月，该组织举行了反对国家杜马通过《福利货币化法》的抗议活动。

2004年9月和10月，"莫斯科的青年'亚博卢'"的积极分子参加了由"亚博卢"党组织的要求保卫宪法、特别是要求保留地方行政长官的直接选举制度的系列请愿活动。2005年1月25日，该组织在俄罗斯联邦国防部大楼前举行了反对取消延期服役、要求军队转为合同制的集会。2005年1—2月"莫斯科的青年'亚博卢'"参加了由"亚博卢"党、俄罗斯联邦共产党等联合组织的反对"福利货币化"的抗议行动。

2005年2月26日，亲政府的"我们的人"青年政治组织在莫斯科近郊的一座膳宿旅馆召集会议时，"莫斯科的青年'亚博卢'"的领袖亚申装扮成记者混入了该旅馆，但是他很快被"我们的人"的成员认出来，并被殴打。

2005年3月12日，"莫斯科的青年'亚博卢'"、"青年正义力量联盟"、"我思考"大学生联盟和"自由的突破"俱乐部与"集体行动"研究所联合成立了"捍卫"运动。"捍卫"运动宣布，它是"普京制度的青年民主反对派"，它的目标是"通过一切合法的方式更换俄罗斯联邦的政治制度"。

2005年4月26日，应白俄罗斯的联合公民党（Объединённая гражданская партия）的邀请，几名加入了"捍卫"的"青年'亚博卢'"的积极分子与"不与普京一起的人"的积极分子一起参加了在白俄罗斯首都明斯克市举行的"切尔诺贝利大道"游行——白俄罗斯反对派每年举行的反政府游行。2005年5月，该组织的积极分子参加了支持米哈伊尔·霍多尔科夫斯基的请愿行动。

在2005年12月4日举行的莫斯科市杜马的选举中，被列入"亚博卢"党的候选人名单的"青年'亚博卢'"的成员都没有当选。

2006年3月16日，"捍卫"的联络员和积极分子（其中一些人是"青年'亚博卢'"的积极分子）在白俄罗斯驻莫斯科大使馆前举行了声援白俄罗斯反对派、反对亚历山大·卢卡申科再次当选白俄罗斯总统的抗议行动。2006年6月3日，在"青年'亚博卢'"第二次代表大会召开前一天，该组织在莫斯科举行了要求实行合同制军队的静默游行。2006年11月23日，"青年'亚博卢'"的共同主席之一亚申和"民主抉择"的联络员玛丽亚·盖达尔共同举行了要求"归还选举"的请愿行动。

"青年'亚博卢'"的一些地区分部的领导人在2007年3月17日参加了由"青年人民民主联盟"组织的第二届"进步青年论坛"，在该论坛上前政府总理米哈伊尔·卡西亚诺夫作为"可能的来自反对派的统一的总统候选人"向青年们发表了讲话。参加论坛的各组织的代表签署了呼吁书——《致俄罗斯反对派》，号召俄罗斯的反对派和社会各界放弃相互之间的琐碎争论，共同致力于不允许普京当选他第三个任期的总统、不允许实现"继承人行动"、不允许政权党攫取杜马，呼吁反对派共同推选出2008年的总统选举的统一的候选人。"青年'亚博卢'"的三名共同主席——弗拉索娃、舒尔舍夫和亚申签署了该声明,但是"青年'亚博卢'"的新西伯利亚的分部和圣彼得堡的分部对"青年'亚博卢'"的共同主席签署该声明提出坚决抗议,认为该声明是不可接受的,要求"青年'亚博卢'"的联邦委员会正式取消该声明。

2007年9月12日,"青年'亚博卢'"的共同主席亚申和舒尔舍夫在克里姆林宫对面的索非亚沿岸街举行了象征性的自焚,抗议被米哈伊尔·弗拉德科夫政府的辞职证明了的"总统的继承人是普京任命的"。在2007年9月15日召开的"亚博卢"党的代表大会上,"青年'亚博卢'"的共同主席弗拉索娃和舒尔舍夫被列入该党参加2007年12月举行的国家杜马选举的候选人名单,但是两人均未当选。而"青年'亚博卢'"的另一名共同主席亚申拒绝作为候选人参加国家杜马选举,他认为必须对国家杜马选举进行抵制。

2007年9月27日,亚申对"统一俄罗斯的青年近卫军"以及莫斯科市政府的家庭和青年政策部向莫斯科市检察院提起行政诉讼,诉讼理由是它们滥用预算资金。

"青年'亚博卢'"的共同主席亚申和舒尔舍夫参加了政府的自由主义反对派组织的"不同意见者大进军"游行示威。在2007年11月24日举行的"不同意见者大进军"游行中,亚申被警察带走;在2007年11月25日举行的"不同意见者大进军"游行中,舒尔舍夫在警察拘捕他时头部遭到警棍的打击,舒尔舍夫失去了知觉,被救护车拉走。

一些俄罗斯媒体在2009年2月报道,从2007年起在"青年'亚博卢'"的内部被安插了几名来自亲政府的青年政治组织的间谍,这些间谍搜集关于政府反对派组织的活动情况的情报,在政府反对派组织的活动中进行挑衅活动。一些这样的前亲政府情报员公开了他们在俄罗斯一些城市的青年政治组织中的活动情况。①

2009年5月12日,"莫斯科的青年'亚博卢'"在俄罗斯国家电视台所在地奥斯坦金诺举行了"争取传媒的自由!"的游行示威。2009年6月

---

① 《Школа разведчиков движения "Наши"》,《Закс. Ру》от 18 февраля 2009 г.

5日在莫斯科的红场举行了呼吁保护贝加尔湖的集会行动。2009年9月8日在莫斯科的普希金广场举行了反对物价上涨的抗议行动。2010年秋"莫斯科的青年'亚博卢'"在俄罗斯的教育部和国防部的大楼前举行了反对征兵制的请愿活动。"莫斯科的青年'亚博卢'"在2011年春参加了"反对憎恶同性恋之周"的游行请愿行动。

（2）纲领主张

"青年'亚博卢'"在它的《纲领》中宣布，必须"保护青年公民的权利和自由，尊重青年的公民权利，防止一切形式的对青年的歧视。

教育：必须使青年人积极参加社会建设和国家建设，使每个青年人得到在劳动力市场上被认可的教育。

就业：消除青年人进入劳动力市场的困难，消除高失业引起的在社会生活中对青年人的排斥。

社会保护：提高对青年的社会保护，巩固青年家庭，改善青年家庭的居住条件。

参加社会生活：吸收青年参与解决青年政策领域以及整个社会生活中的问题"。①

"青年'亚博卢'"的目标和任务是："①为了反对在俄罗斯建立专制制度而进行斗争；②同纳粹主义的一切表现进行斗争；③促进在俄罗斯建立公民社会和建立法治国家；④保护青年公民的权利和自由：尊重青年和大学生的公民权利，防止一切形式的歧视；⑤为了反对征兵制而进行斗争，实现向完全的职业军队过渡；⑥为了加强对青年的社会保护、改善青年家庭的住房条件而进行斗争；⑦吸收青年参与社会生活和政治生活；⑧制定俄罗斯的政治发展纲领、经济发展纲领和社会发展纲领，并且参与这些纲领的实现，制定保护和改善环境的规划，并且参与规划的实现；⑨组织在政权机关的选举中的监督；⑩作为候选人参加基层选举；⑪在各级政权机

---

① «Программа Молодёжного "Яблока"» (http://rudocs.exdat.com/docs/index-213737.html?page=16).

构的选举中支持'亚博卢'党；⑫制定'亚博卢'党的青年纲领。"①

(3) 组织结构

"青年'亚博卢'"是"亚博卢"党的党内的组织，必须是"亚博卢"党的党员才能成为"青年'亚博卢'"的成员。"青年'亚博卢'"的最高领导机关是代表大会。代表大会确定"青年'亚博卢'"的共同主席、联邦委员会成员和检查委员会成员的组成人数。"青年'亚博卢'"内的实权属于联邦委员会和共同主席。联邦委员会每半年召开一次会议，联邦委员会负责代表大会的召开、确定代表大会的代表派遣规则、成立和取消地区分部、成立各个活动方向的委员会、批准各个活动方向委员会的主席和成员人选；共同主席任期两年，共同主席有权以"青年'亚博卢'"的名义发表声明，对外代表"青年'亚博卢'"，负责领导"青年'亚博卢'"的活动，监督对代表大会和联邦委员会做出的决定的执行情况。

检查委员会监督"青年'亚博卢'"的财政和经济活动，监督所有的领导机关、领导人以及地区分部对《章程》的遵守情况。地区分部的主席、地区分部的地区委员会和检查委员会的委员由地区分部的代表会议选举产生。"亚博卢"党的代表大会或者中央局可以决定停止"青年'亚博卢'"的活动。"青年'亚博卢'"只对其领导机关和检查机关的成员规定有最高年龄界限，是 35 岁。

"青年'亚博卢'"的 6 个地区分部（布里亚特共和国、伏尔加格勒州、摩尔曼斯克州、赤塔州、萨马拉州、斯维尔德洛夫斯克州）的首脑也是"捍卫"的联络员。为了恢复地区之间的联系，"青年'亚博卢'"的大约 20 个地区分部的代表 2009 年 9 月在圣彼得堡和鄂木斯克召开了两次会议。②"青年'亚博卢'"的最活跃和相对最有影响的地区分部是"莫斯科的青年'亚博卢'"和"圣彼得堡的'亚博卢'青年联盟"。但是，虽然它们名义上是"青年'亚博卢'"的地区分部，实际上保持着相对的独

---

① «Программа Молодёжного "Яблока"» (http://rudocs.exdat.com/docs/index – 213737.html?page = 16).

② «Молодые яблочники встретились в Ленинградской области» (http://yabloko-saratov.ru/molodye-yablochniki-vstretilis-v-leningradskoj-oblasti/).

立地位，具有自己的活动空间。2010 年 12 月 3 日在"亚博卢"党的中央办公室举行了"莫斯科的青年'亚博卢'"的总结暨改选全体会议。经过秘密投票，基里尔·冈察洛夫连任"莫斯科的青年'亚博卢'"的主席。①"圣彼得堡的'亚博卢'青年联盟"由圣彼得堡国立大学历史系的一些大学生和研究生于 1995 年成立，成立该组织的主要动机是为了抗议俄罗斯当局在车臣共和国采取的军事行动，主要目标是促进青年保护自身的权利和自由，主要任务之一是实现在俄罗斯取消征兵制、向完全的职业军队过渡。"圣彼得堡的'亚博卢'青年联盟"的首任主席是马克西姆·列兹尼克，他在 1995—1997 年担任该组织的主席。2012 年 12 月 16 日，"圣彼得堡的'亚博卢'青年联盟"因为不满以马克西姆·列兹尼克为首的该组织的 22 名积极分子被开除出"亚博卢"党而宣布自行解散，同时宣布准备成立新的组织。②"青年'亚博卢'"在 1999 年出版过报纸《亚博卢的色彩》（«Цвет Яблока»），后来该报停刊。

3. "青年正义力量联盟"

"青年正义力量联盟"（Молодёжный Союз Правых Сил）是"正义力量联盟"（Союз Правых Сил）政党的青年组织，成立于 2001 年 9 月 4 日，大约 100 名"正义力量联盟"的青年积极分子参加了成立大会，成立大会选举伊万·安东诺夫为"青年正义力量联盟"的主席，同时选举了 15 人组成的联络委员会。"青年正义力量联盟"宣布自己是右翼自由主义青年的组织。

"青年正义力量联盟"不是全国性的青年组织，只在莫斯科和俄罗斯的个别地区活动，"正义力量联盟"的莫斯科分部的政治委员会青年政策分委会的共同主席是莫斯科的"青年正义力量联盟"的领袖。"青年正义力量联盟"没有清晰的组织结构。

---

① «Кирилл Гончаров избран лидером Молодёжного "Яблока" в Москве» (http://www.yabloko.ru/regnews/Moscow/2010/12/06_0).

② «Петербургское молодёжное "Яблоко" объявило о самороспуске», «РИА Новости» от 19 декабря 2012 г.

(1) 主要活动

应"正义力量联盟"的盟友——白俄罗斯的联合公民党的邀请,莫斯科的"青年正义力量联盟"的联络员尤利娅·马雷舍娃率领的"青年正义力量联盟"代表团参加了白俄罗斯的政府反对派在2003年4月26日组织的"切尔诺贝利大道"反政府游行。

"青年正义力量联盟"、"亚博卢"党、"俄罗斯共产主义青年团"、"青年左翼阵线"等组织的代表在2004年3月11日一起举行了呼吁抵制2004年3月14日的总统选举的集会。

"青年正义力量联盟"、"莫斯科的乌克兰同乡会"（Украинское землячество Москвы）、"亚博卢"党和一些基辅"狄纳莫"足球队的球迷2004年11月28日在乌克兰驻莫斯科大使馆前举行了声援乌克兰总统候选人、"橙色人士"的领袖维克托·尤先科的集会,集会的100多名参加者胸前别着橙色绦带,手中拿着橙色小旗子或者橙子。"亚博卢"党的领袖格·亚夫林斯基也参加了该集会。①

2005年2月19日"青年正义力量联盟"的积极分子在土库曼斯坦驻莫斯科大使馆前举行了抗议土库曼斯坦总统土库曼巴什（尼亚佐夫）在土库曼斯坦的"专政"、抗议在土库曼斯坦"对俄罗斯族的种族灭绝"的集会行动,抗议行动特别选在土库曼巴什65岁生日这天,参加抗议集会的"青年正义力量联盟"的积极分子建议把他的生日宣布为哀悼日。

2005年3月12日"青年正义力量联盟"、"青年'亚博卢'"、"我思考"大学生联盟（студенческая ассоциация "Я думаю"）、"自由的突破"俱乐部（клуб "Либертарный прорыв"）和"集体行动"研究所（Институт "Коллективное действие"）联合成立了"捍卫"运动。"捍卫"宣布,它是"普京制度的青年民主反对派",它的目标是"通过一切合法的方式更换俄罗斯联邦的政治制度",它"准备用公民的立场、对自身自由的追求和随时准备走上街头,来对抗普京的极权主义警察制度和腐

---

① «Акция в поддержку Виктора Ющенко прошла сегодня у посольства Украины в Москве», «Эхо Москвы» от 28 ноября 2004 г. (http://echo.msk.ru/news/218699.html).

化官僚政权"。

"正义力量联盟"的领导人试图在2005年4月成立全国性的新的青年组织。2005年4月23—24日在莫斯科州的希姆基市召开了"青年正义力量联盟"的第一届联邦青年委员会会议，来自56个地区的100名代表参加了该会议。此次会议选出了"青年正义力量联盟"的组织委员会成员，还宣布准备召开"青年正义力量联盟"的代表大会，但是后来代表大会并没有召开。

来自"青年正义力量联盟"、"捍卫"和"我们"的几十名俄罗斯政府的青年反对派在2006年3月17日宣布，他们将作为白俄罗斯总统选举的独立国际观察员前往白俄罗斯，但是他们的真实目的是为了一起参加白俄罗斯反对派将在总统选举后举行的抗议行动。在2006年3月23日夜间，白俄罗斯特警队奉政府命令捣毁了抗议者在广场上搭建的帐篷营地，拘捕了大约400人，"青年正义力量联盟"的领袖之一、"捍卫"的联络员奥列格·科兹洛夫斯基也在被拘捕者之列。

2006年7月10—11日俄罗斯政府的激进反对派——"另一个俄罗斯"在莫斯科召开了代表会议，"青年正义力量联盟"的共同主席之一科兹洛夫斯基以个人身份参加了该会议，因为"正义力量联盟"拒绝派代表参加该会议。

在2007年9月21日召开的"正义力量联盟"的代表大会上，"青年正义力量联盟"的5名积极分子被列入该党参加2007年12月国家杜马选举的候选人名单。根据官方统计数据，"正义力量联盟"在此次国家杜马选举中获得了0.96%的选票（进入议会的门槛为7%），"正义力量联盟"的领袖别雷赫宣布不承认国家杜马选举的正式结果。

"青年正义力量联盟"举行了多次支持对军队进行改革的请愿和游行活动，多次参加了"正义力量联盟"党组织的纪念在1991年"八月事件"中失去生命的"白宫保卫者"的活动。"青年正义力量联盟"在2003年和2004年为其成员举办了夏令营，"正义力量联盟"党的领导人为参加夏令营的营员举办了讲座。

"青年正义力量联盟"在莫斯科的组织——"莫斯科的'青年正义力

量联盟'"以及来自俄罗斯个别地区的一些"青年正义力量联盟"成员在莫斯科参加了俄罗斯政府的自由主义反对派联合组织的"不同意见者大进军"游行示威。在2006年12月16日举行的"不同意见者大进军"中，"莫斯科的'青年正义力量联盟'"的共同主席科兹洛夫斯基被警方拘捕；在2007年4月14日举行的"不同意见者大进军"中，"莫斯科的'青年正义力量联盟'"的共同主席格里沙诺夫被警方拘捕。

（2）纲领主张

"青年正义力量联盟"没有自己的纲领。2001年12月14日召开的"正义力量联盟"的代表大会通过的"正义力量联盟"的纲领——《俄罗斯自由宣言》宣布："我们的优先任务是培养新的、民主的公民意识，这种意识建立在把国家理解为重要的、远不是唯一的社会职能，理解为解决社会所意识到的问题的工具的基础之上。俄罗斯在21世纪的复兴的道路，是从权力无限的国家转到职能明确的法制国家。国家必须保障公民的权利和自由。建立俄罗斯国家的新的模式、新的爱国主义。俄罗斯的真正的伟大基础，是我们的自由。自由的公民自然热爱自己的国家，自由的大国自然全面鼓励它的公民的自由倡议。在这个基础上我们获得互相的尊重、选举出的政权对我们的尊重。这是国际社会对俄罗斯抱以尊重的前提。

所有权是神圣的、不可侵犯的，当生产资料、土地、金融资本和智力资本的所有人获得广泛的社会支持，当对有效的企业经营活动的法律保证不可逆，俄罗斯才会获得安康。应该建立最有效的职业管理型国家。在人权领域、公民自由和政治自由领域、雇佣劳动领域和企业经营领域实现真正的法律保证，在国家内部实现迁徙自由。

法院应该真正地独立于联邦政府、地方政府和地区政府。我们主张不受政府干预的报刊自由，要求报刊对社会承担道德责任和坚决保护记者的权利和个人安全。民主的联邦制，是在保持统一的法律空间和经济空间的条件下，明确划分中央、地方和地区的权力。

我们承认俄罗斯各民族和种族保持自身独特文化、自身语言和自身传统生活方式的权利，我们平等地对待我国土地上所有的宗教和教会。我们要求在俄罗斯始终不渝地、最快地建成有效的、有竞争力的市场经济。必须对教育进行改革，使之符合使我国经济保持长期的全球竞争力的需要。"①

4."我们"

"我们"俄罗斯民主运动（Российское демократическое движение "МЫ"）是民主倾向的青年政治组织，领袖（共同主席）是罗曼·多布罗霍托夫和伊戈尔·德兰金②，2005年5月在莫斯科成立。

"我们"参加了要求实行合同制军队的请愿和游行活动，参加了俄罗斯政府的反对派组织的"不同意见者大进军"游行示威。2007年10月14日在莫斯科举行的"不同意见者大进军"中，"我们"的共同主席多布罗霍托夫和德兰金被警方拘捕。多布罗霍托夫参加了2007年11月24日在莫斯科举行的"不同意见者大进军"，并且与"联合公民阵线"的副领袖玛丽娜·里维诺维奇、"联合公民阵线"的执行书记捷尼斯·毕鲁诺夫一起向俄罗斯联邦中央选举委员会递交了认为刚刚结束的国家杜马选举不公的抗议书。

"我们"主要存在于莫斯科，2006年在车里雅宾斯克成立过分部，2007年在楚瓦什共和国的切博克萨雷成立过分部。

（1）主要活动

"我们"在成立后采取的第一个行动，是没有被当局批准的2005年6月11日在莫斯科的红场举行的反对取消延期服役的集会，集会的参加者总共不超过20人，他们胳膊上系着橙色绦带，手里拽着橙色气球、挥舞着橙色小旗子，罗曼·多布罗霍托夫在集会中被警察带走。③"我们"还曾计划在2005年8月7日在莫斯科红场向游人散发《俄罗斯联邦宪法》和作为"将在2008年发生的'橙色革命'的象征"的橙色气球，橙色气球上写

---

① 《Союз Правых Сил. Программа (Российский либеральный манифест)》(http://www.sps.ru/?id=3883).

② 德兰金当时还是"青年人民民主联盟"的主席团成员兼"青年人民民主联盟"的莫斯科近郊地区委员会委员。

③ 《Участник движения "МЫ" о своём аресте в ходе акции против отмены отсрочек от службы в армии》, 《Полит. ру》от 11 июня 2005 г. (http://www.polit.ru/news/2005/06/11/vvx.html).

着:"2008年。一切皆有可能"。但是,由于当天莫斯科红场关闭,"我们"的积极分子没能实施该行动计划。① 2005年9月,"我们"向莫斯科市政府申请举行要求普京总统辞职的抗议示威,但是申请被莫斯科市政府拒绝,"我们"的领袖多布罗霍托夫在提交申请时被警察拘捕,一小时后才被释放。

"我们"的网站在2005年10月底遭到黑客的破坏,"我们"宣称这是"我们的人"干的。

2005年11月26日,"我们"针对当天举行的"统一俄罗斯"党的代表大会以及国家强化关于非商业组织的立法,举行了抗议行动,在抗议行动中"我们"的积极分子展开写有"我们厌倦了'统一俄罗斯'党!你们呢?"的横幅。针对2006年1月底俄罗斯一家国有电视台播放了一部披露俄罗斯的人权组织为英国情报机关工作的记录片,"我们"和"我思考"大学生联盟的积极分子2006年2月2日在俄罗斯的联邦安全委员会大楼前举行了抗议活动。

"我们"的共同主席之一多布罗霍托夫与"捍卫"的一些积极分子在2006年3月一起去白俄罗斯参加了白俄罗斯的政府反对派在白俄罗斯的总统选举之后举行的抗议活动。

针对2006年年初俄罗斯政府禁止从格鲁吉亚向俄罗斯进口矿泉水和葡萄酒,2006年5月11日,"我们"、"捍卫"和反战行动委员会(Комитет антивоенных действий)共同在俄罗斯消费品检验局楼前举行了抗议活动。

2007年5月28日,多布罗霍托夫加入了推举弗拉基米尔·布科夫斯基为俄罗斯联邦总统候选人的倡议行动,但是俄罗斯联邦中央选举委员会在2007年12月22日正式拒绝给支持候选人弗·布科夫斯基的选民团进行登记,因为弗·布科夫斯基持有英国的居住证,而且没有在俄罗斯连续居住满10年。2007年6月22日,多布罗霍托夫带领"我们"的积极分子试图在莫斯科红场举行反对普京的政治集会——"反对政治狂想",但是他

---

① «Активисты молодёжного движения "МЫ" так и не смогли провести свою акцию, которую они назвали "политическим хэппенингом" в Кремле», «Эхо Москвы» от 07 августа 2005 г. (http://echo.msk.ru/news/261951.html).

们刚拿出丑化普京形象的张贴画就被警察拘捕。2007年8月12日，由多布罗霍托夫率领的15名"我们"的积极分子在莫斯科举行了支持弗拉基米尔·布科夫斯基的集会。2007年11月17日，"我们"的积极分子在莫斯科举行了反对对普京个人崇拜的抗议活动。2008年1月26日多布罗霍托夫率领30多名"我们"的积极分子在莫斯科举行了支持被俄罗斯当局取缔的英国委员会（Британский Совет）的集会行动，集会行动的参与者在行动中唱着英文歌曲。2008年3月2日，多布罗霍托夫率领5名"我们"的积极分子当众点着了自己的选民证，以此表达对当天举行的俄罗斯总统选举的不满。

（2）纲领主张

"我们"的《纲领》认为，必须"建立遏制和抗衡的制度，加强议会和司法机关的权力。应该大大压缩总统的权力。为了加强议会，必须恢复5%的进入议会的门槛和恢复按照单席位制选举议员，这样才能保证中小政党进入杜马和产生独立议员。同样重要的是，允许地方独立选举联邦主体的首脑。

必须彻底改变军政方针，承认北约国家和其他发达民主国家是我国的战略盟友，停止向极权主义国家提供武器。必须把优先方向从核武器和大规模常备军转变为新装备和规模适中的职业化军队。

必须停止对商业界、媒体和科技界的人士的迫害，停止警察对车臣、巴什基尔和其他地区居民的无法无天。把垂直权力体系居于优先地位转变为人权居于优先地位，只有这样才能保持国家的完整和使恐怖主义失去根基。

只有彻底改善投资气候才能发展俄罗斯的经济，从而解决贫困和落后的问题。国家在这方面的作用首先是对发展基础设施进行投资，消除官僚主义壁垒，打击对市场的垄断和监督遵纪守法。国家的税收政策应该考虑到俄罗斯的税收政策的特色，必须实行以促进社会计划和支持中小企业为目标的灵活的税收政策，不是通过节约（例如，削减社会计划），而是通过支持营利性生产部门、技术进口和吸收外国投资来实现发展。"①"我们"认为，俄罗斯应该以成功地克服了社会问题的那些国家，例如北欧国家和其他的民主国家为发展方向。

5."青年人民民主联盟"

"青年人民民主联盟"社会运动（общественное движение "Народно-демократический союз молодёжи"，简称"НДСМ"）是前政府总理米哈伊尔·卡西亚诺夫领导的"俄罗斯人民民主联盟"（Российский народно-демократический союз）的青年组织，自我宣布为右翼自由主义组织。

2006年5月18日在莫斯科举行了"青年人民民主联盟"的成立会议，在成立会议上通过了"青年人民民主联盟"的《宣言》和《章程》，选举了"青年人民民主联盟"的领袖和领导机关成员，"正义力量联盟"党党员、"捍卫"的联络员之一尤利亚·马雷舍娃当选为"青年人民民主联盟"的领袖，她担任该职务至2008年。2008年之后该组织的领袖是德米特里·费奥克蒂斯托夫。

"青年人民民主联盟"的最高机关是代表会议。代表会议确定"青年人民民主联盟"的主席团的人数，选举该组织的领袖、主席团成员和检查员。"青年人民民主联盟"的常设领导机关是主席团，主席团的主席是该组织的领袖。领袖负责协调主席团成员的活动，提请主席团批准作为他的副手的候选人，在他的副手和主席团其他成员之间分配职责。检查员执行监督职能，监督"青年人民民主联盟"的财政和经济活动。"青年人民民主联盟"的地区分部的主席在由地区分部的共同会议选举出来之后，须经"青年人民民主联盟"的主席团批准。

（1）主要活动

2006年6月18日，"青年人民民主联盟"在莫斯科的胜利广场举行了要求警察停止滥用权力的集会和游行。"正义力量联盟"党和"联合公民阵线"的积极分子、"争取人权运动"的领袖——列夫·波诺马廖夫也参

---

① ""МЫ". Программа"（http://wefree.ru/?id=7）.

加了该活动。①

"青年人民民主联盟"的代表参加了俄罗斯的自由主义反对派在 2006 年 7 月 11—12 日联合举行的自由主义反对派的联盟——"另一个俄罗斯"的成立会议。加入"另一个俄罗斯"的有：俄罗斯人民民主联盟、国家布尔什维克党、联合公民阵线、俄罗斯共和党和"接班"。

2006 年 7 月 14 日，在圣彼得堡举行的由俄罗斯自由主义反对派组织的支持白俄罗斯的反对派的游行中，"青年人民民主联盟"的领袖马雷舍娃和两名"青年人民民主联盟"在圣彼得堡的地区组织的联络员被警察带走。

2006 年 7 月 15 日，"青年人民民主联盟"参加了红色青年先锋队、青年左翼阵线等左翼青年政治组织在八国集团峰会在圣彼得堡召开期间举行的抗议游行。

2006 年 12 月 2—3 日，来自图拉州和俄罗斯其他一些地区的"青年人民民主联盟"的成员参加了由俄罗斯人民民主联盟的图拉州分部组织的第一届"进步青年论坛"。

2007 年 3 月 17 日，在莫斯科近郊举行了由"青年人民民主联盟"组织的第二届"进步青年论坛"，"捍卫"、国家布尔什维克党和"青年正义力量联盟"派代表参加了该论坛。前政府总理卡西亚诺夫以"可能的来自反对派的统一的总统候选人"的身份在论坛上发表了讲话。在论坛上各组织的代表签署了呼吁书——《致俄罗斯反对派》，呼吁"无论反对派还是社会各界，放弃相互之间的琐碎争论，集中力量防止普京当选第三个任期"，"从反对派中推选出 2008 年总统选举的统一的候选人"。②

2007 年 5 月 16 日，"青年人民民主联盟"的积极分子针对"第七大陆"连锁超市（超市拥有人之一是"统一俄罗斯"党党团的国家杜马议员弗拉基米尔·格鲁兹杰夫）发起的抵制爱沙尼亚商品，举行了抗议活动。

---

① «Участники митинга подверглись давлению со стороны правоохранительных органов» (http://nardemsoyuz.ru/last_news/news_rubr/39).

② «М. Касьянов принял участие во втором Форуме прогрессивной молодёжи» (http://www.kasyanov.ru/index.html?layer_id = 92&nav_id = 224&id = 945).

"统一俄罗斯的青年近卫军"试图对这一抗议活动进行挑衅,"统一俄罗斯的青年近卫军"的成员带来成沓美元假钞,把假美钞挨个向抗议活动的参加者手里塞。"青年人民民主联盟"的积极分子要求警察制止这一挑衅行为,但并未受到警察的支持。

2007年6月2日举行了"青年人民民主联盟"的第二次代表会议,此次代表会议通过了新的《章程》,成立了新的领导机关——主席团,在代表会议上马雷舍娃连任"青年人民民主联盟"的领袖。

2007年11月17日,"青年人民民主联盟"的积极分子举行了反对对普京的个人崇拜的抗议集会,但是集会活动刚一开始就被亲政府的青年政治组织"青年俄罗斯"的十几名积极分子冲散。

2007年12月2日,"青年人民民主联盟"、"捍卫"等青年政治组织在莫斯科的跑马场广场联合举行了抗议活动——"我们一起了解选举结果!",抗议政府违反《选举法》,警察拘捕了参加抗议活动的"捍卫"的联络员奥列格·科兹洛夫斯基。

2008年2月22日,"青年人民民主联盟"的沃罗涅日分部的领袖、"捍卫"在沃罗涅日的联络员弗拉基米尔·菲纳耶夫遭到不明身份者的袭击。事后菲纳耶夫本人认为,袭击与3月2日将要举行的沃罗涅日州拉蒙区的自治议员选举有关,因为他是独立候选人。

2008年3月20日,在莫斯科的胜利广场举行了由"青年人民民主联盟"组织的名为"为了没有'禁止'的俄罗斯!"的集会,集会的目的是对政府拒绝对反对派的政党和组织进行登记、对它们遭到当局的禁止、对政治镇压提出抗议。除了"青年人民民主联盟"的积极分子,参加此次抗议集会的还有"联合公民阵线"、"正义力量联盟"、俄罗斯共和党、"劳动俄罗斯"、"捍卫"、"自由激进主义者"、"我们"以及国家布尔什维克党等组织的代表,一共150余人。在这次集会上,3名国家布尔什维克党党员因为在集会中点燃了烟花被警察带进警察局。"青年人民民主联盟"的主席团成员德米特里·费奥克蒂斯托夫被指责违反《集会法》而被警察带走。

2006年12月16日,"青年人民民主联盟"参加了俄罗斯的自由主义反对派在莫斯科组织的"不同意见者大进军"游行。载着"青年人民民主联盟"的来自圣彼得堡的积极分子的大巴车在驶往莫斯科的途中被警察多次拦截,结果没能准时赶上"大进军"的开始。在该大巴车快要进入莫斯科时,这些"青年人民民主联盟"在圣彼得堡的积极分子被警察赶下大巴车并被带往警局,被带走的人中包括"青年人民民主联盟"圣彼得堡分部的领袖皮沃瓦洛夫。2007年3月3日,"青年人民民主联盟"参加了在圣彼得堡举行的"不同意见者大进军"游行,但是游行活动被警察驱散,多名游行的参加者遭到警察的殴打和拘捕。在2007年4月14日在莫斯科举行的"不同意见者大进军"游行中,"青年人民民主联盟"的主席团成员、"莫斯科的'青年正义力量联盟'"的共同主席之一安东·格里沙诺夫被警方拘捕。在预定于2007年5月18日在萨马拉举行的"不同意见者大进军"游行的前一天,"青年人民民主联盟"的乌里扬诺夫斯克分部的领导人克谢尼娅·克雷洛娃在乌里扬诺夫斯克被拘捕,人们认为,警方之所以拘捕克雷洛娃是为了阻止其前往萨马拉。

2007年6月底—7月初,前政府总理、"俄罗斯人民民主联盟"的领袖卡西亚诺夫宣布"俄罗斯人民民主联盟"退出"另一个俄罗斯"联盟和准备成立新的政党,以便能被当局允许参加国家杜马选举。从这时起至2008年,"青年人民民主联盟"没有参加由"另一个俄罗斯"组织的"不同意见者大进军"游行,而是参加了由卡西亚诺夫的俄罗斯人民民主联盟单独举行的"不同意见者大进军"游行。卡西亚诺夫组织的在2007年10月7日举行的"不同意见者大进军"游行得到了当局的许可,但是"青年人民民主联盟"参加的在2008年5月6日举行的"不同意见者大进军"游行没有得到当局的同意,"青年人民民主联盟"的领袖马雷舍娃在去参加"大进军"游行的路上被警察拘捕。

2008年7月11日,在莫斯科近郊的戈利奇诺举行了"青年人民民主联盟"的总结暨选举会议,在会议上德米特里·费奥克蒂斯托夫当选为新的领袖。但是以尤利娅·马雷舍娃为首的一些"青年人民民主联盟"的前领导人不承认会议的选举结果,"青年人民民主联盟"的前主席团成员德兰金和库兹涅佐夫宣布他们准备成立新的组织。

(2) 纲领主张

"青年人民民主联盟"没有自己的纲领,在 2006 年 5 月 18 日的成立会议上通过的《宣言》表示,它拥护当时刚成立的"人民民主联盟"("人民民主联盟"在 2006 年 7 月 1 日更名为"俄罗斯人民民主联盟")的意识形态。

"青年人民民主联盟"的《宣言》宣布,"一小撮隐藏自己面目的人攫取了国家的权力,他们认为俄罗斯领土上的一切都理所当然地是他们的,他们认为其他人都是二等人。这一小撮人攫取了代替我们对于我们对生活需要什么做出决定的权利,建立了极权主义制度","国家近些年来的现实问题一个都没有得到解决,相反,危机局势日益加剧,而且越来越出现新的危机","腐败达到了前所未有的规模",现在的政权将由"建立在现代民主制度基础之上的、反映时代要求的"新的政权所取代。① "青年人民民主联盟"宣布,它拥护"人民民主联盟'的意识形态,它为了这一意识形态的实现而发起社会倡议,支持捍卫宪法所规定的权利和自由的努力,希望"在 2008 年上台的是人民诚实地选出来的、废除垂直权力体系、实行的政策符合俄罗斯人民利益和符合二十一世纪的挑战的新总统",希望"媒体重新是独立的,政治检查制度从电视荧屏上消失","我们拥有过上体面的生活的权利"!②

6. "接班"

"接班"社会运动（Общественное движение "Смена"）自我定位为自由民主方向的青年政治组织,成立于 2004 年年底,是激进的政府反对派组织。"接班"从 2006 年年中起,奉行加里·卡斯帕罗夫领导的"联合公民阵线"的方针,领袖——"接班"的联络员是尼古拉·利亚斯金,新闻秘书是斯坦尼斯拉夫·雅科夫列夫。"接班"存在于莫斯科和俄罗斯的个别地区（例如基洛夫市）,领导"接班"的是联络员。"接班"的分部由分部的联络员领导。

---

① «Декларация НДСМ» (http://nds-tula. narod. ru/html/documents/doc04. html).
② 同上。

（1）主要活动

"接班"在2005年参加了支持米哈伊尔·霍多尔科夫斯基的集会和请愿行动。"接班"的领袖利亚斯金参加了俄罗斯的自由主义反对派联盟——"另一个俄罗斯"的第一次（2006年7月10—11日）和第二次（2007年7月7—8日）代表会议，"接班"在2006年加入了"另一个俄罗斯"。

2007年3月17日，"接班"的代表参加了"青年人民民主联盟"组织的"进步青年论坛"，前政府总理卡西亚诺夫在论坛上以"可能的来自反对派的统一的总统候选人"身份发表了讲话，在论坛上各组织的代表签署了呼吁书——《致俄罗斯反对派》，呼吁"不容许普京当选第三个任期……推选出来自反对派的参加2008年总统选举的统一的候选人"。

在2007年9月30日举行的"另一个俄罗斯"的第一次代表大会上，"接班"的领袖尼古拉·利亚斯金进入了"另一个俄罗斯"的由原组织委员会改组而成的执行委员会，并且被列入了"另一个俄罗斯"的参加国家杜马议员选举的候选人名单。

"接班"参加了俄罗斯的自由主义反对派组织的历次"不同意见者大进军"游行示威。2007年3月24日在下诺夫哥罗德举行的"大进军"游行中，特警队驱散了游行示威者，"接班"的领袖利亚斯金被拘捕。①

2007年11月30日，"接班"的领袖利亚斯金和国家布尔什维克党党员热列宾联合举行了新闻发布会，宣布他们发现，"统一俄罗斯"党的同一个支持者可以在几个选区反复多次投票，从而进行国家杜马选举舞弊。②

（2）纲领主张

"接班"的《宣言》是它的纲领。"接班"宣布，反对取消州（省）长的直选，反对当今俄罗斯的"官僚封建主义"。"接班"认为，在当代俄罗斯"没有优越感、没有真理、没有自由、没有公正"，当今俄罗斯的制度"是最坏的极权主义形式，除了缓慢的、令人窒息的消亡，没有给人们

---

① «Власти препятствуют участникам "Марша несогласных" всеми способами. Хроника событий», «Новая газета» от 18 мая 2007 г.

② «Многоразовые едропутинисты» (http://www.kasparov.ru/material.php?id=474FF25953C4B).

留下丝毫的权利"。"接班"宣布,"自由和民主"是"接班"的信仰,"接班"认为"民主力量还没有做好同政权的极权主义倾向做斗争的准备",应该建立"自下而上的、依据人民的倡议的广泛的公民阵线",反对派应该对克里姆林宫针对反对派的主要指责——破坏稳定做好应对。"接班"宣布,它的优先任务是"给在普京当权下活下来的人民创造最舒适的生活条件和真正的发展条件"①。

"接班"宣布它的纲领性目标是:"①恢复和支持私营媒体,首先是恢复和支持私营电视媒体。②立即把对武装力量的补充转为合同制,不允许军费开支增长。③坚决朝着提供更多自由的方向修改关于非商业组织的立法。④恢复进步的《劳动法》、《教育法》和《福利法》。⑤保护大学生的权利。提高助学金,改善大学宿舍的生活质量。⑥一丝不苟地增强社会对于国家机构和行政机构的活动的监督,首先就是增强对法制机构的活动的监督。⑦为最先进的科技领域(其中包括纳米技术、神经药理学、遗传学等需要经过较长时间才能体现出实际价值的领域)的发展优先拨款。"②

7. "捍卫"

"捍卫"俄罗斯青年运动(Российское молодёжное движение "Оборона")在2006年9月10日之前的名称为"捍卫"青年社会运动(Молодёжное общественное движение "Оборона"),由一些俄罗斯政府的青年反对派政治组织——"青年'亚博卢'"、"青年正义力量联盟"、"我思考"大学生联盟、"自由的突破"俱乐部的活跃分子以及"集体行动"研究所于2005年3月12日共同发起成立。成立"捍卫"的原因,是因为他们认为选举在俄罗斯成了"戏法",抗议情绪在俄罗斯增长,特别是反对取消福利的大规模抗议,以及发生在乌克兰的以"橙色革命"著称的事件产生了巨大影响。

"捍卫"没有正式的领袖,每个地区的"捍卫"由联络委员会或者由

---

① «Манифест "Смены"» (http://www.smena.info/manif.php).
② 同上。

联络员进行领导。"捍卫"的基本行动方法，是组织非暴力的公民不服从行动——集会、游行、请愿、非暴力地封锁国家机关、绝食，等等。此外，"捍卫"通过张贴大字报小字报、通过互联网等积极传播自身信息，还举办电影展、音乐会等活动。

"捍卫"从成立时起内部就分成为两派，一派捍卫在20世纪90年代掌权的"精英"的利益，坚持可以接受前寡头对"捍卫"的资助；另一派认为，为了叶利钦主义的复辟而同现政权进行斗争是没有前景的，坚持不与"被驱逐的商人"进行合作。

2006年1月14日，莫斯科地区的"捍卫"举行了共同会议，在会议上决定将联络员的人数从15人减少到9人，共同会议还选举了联络委员会的新成员，前联络员之一、"捍卫"的非正式的实际领袖伊利亚·亚申没有被选入新的联络委员会。"捍卫"分裂成由亚申的支持者组成的一派和由新的非正式领袖、"莫斯科的'青年正义力量联盟'"的领袖之一奥列格·科兹洛夫斯基的支持者组成的另一派，伴随着相互的尖锐指责的两派之间的冲突一直持续到2006年2月初。2006年2月12日举行了莫斯科地区的"捍卫"的共同会议，在共同会议上"莫斯科的青年'亚博卢'"的大多数成员宣布退出"捍卫"，"捍卫"的一些无党派成员也宣布退出。退出的成员表示，他们之所以退出"捍卫"，是因为在原则性问题——"捍卫"的党性问题和是否接受"寡头"的金钱问题上的严重分歧，他们担心"捍卫"会受到前政府总理卡西亚诺夫的控制，从而在俄罗斯扮演在乌克兰进行"颜色革命"的青年政治组织——"是时候了！"的角色。"青年'亚博卢'"在彼尔姆和托木斯克的地区组织与"莫斯科的青年'亚博卢'"一起退出了"捍卫"，"青年'亚博卢'"在圣彼得堡、叶卡捷琳堡、车里雅宾斯克、摩尔曼斯克、阿尔汉戈尔斯克、伏尔加格勒、萨马拉、下诺夫哥罗德和乌里扬诺夫斯克的组织则留在了"捍卫"之内。①

---

① «Надо запасаться тряпками, а не то демократия пролезет в щели» (http://forums.yabloko.ru/index.php?showtopic=2372&st=0&p=33286&).

(1) 主要活动

"捍卫"的积极分子经常举行未经当局批准的行动或者参加这样的行动，他们因此经常被警察拘捕。"捍卫"的网站多次遭到黑客的攻击破坏。"捍卫"的积极分子定期在莫斯科举行支持白俄罗斯的"政治犯"的行动。

"捍卫"在2005年3月18日——它成立后不到一周，就开通了自己的网站——www.oborona.org。"捍卫"在2005年4月3日举行了第一次公开行动，名为"普京，够了！"的反对普京的抗议集会，有大约200人参加。2005年5月22日，"捍卫"参加了"亚博卢"党在莫斯科组织的要求言论自由的向国家电视台所在地奥斯坦基诺的"进军"游行。2006年4月16日"捍卫"参加了"民主抉择"组织的反对对媒体进行审查的抗议集会。"捍卫"多次参加了支持霍多尔科夫斯基的集会和请愿，在莫斯科和俄罗斯的一些地区（弗拉基米尔、叶卡捷琳堡等地）举行了要求言论自由的行动。"捍卫"还参加了支持被拘捕的国家布尔什维克党党员的行动。2008年3月16日，"捍卫"在白俄罗斯驻莫斯科使馆前举行了"与白俄罗斯的政治镇压牺牲者团结在一起"的集会。

2008年8月初，"捍卫"在特维尔州的伏尔加河河畔举办了第一次夏季营地——"游击队员—2008"，参加此次夏季营地的有"捍卫"在莫斯科和在俄罗斯其他地区的成员以及"接班"、"联合公民阵线"、"正义力量联盟"等的积极分子。2009年8月5日，"捍卫"为俄罗斯政府的青年反对派积极分子组织的第二个夏季营地开营，在帐篷搭建的营地，营员们接受进行各种抗议活动的训练、参加专题讲座和研讨会。①

2008年10月23日"捍卫"的联络员奥列格·科兹洛夫斯基获得了美国的人权保护组织——"人权至上"（Human Rights First）颁发的年度"人权奖"。

在2009年3月3日——二审米哈伊尔·霍多尔科夫斯基的日子，"捍卫"的积极分子举行了"与米哈伊尔·霍多尔科夫斯基团结在一起"的抗议行动。"捍卫"的两名成员爬上了二审法院对面的一座楼房的房顶，展

---

① «Анти-Селигер», «Каспаров. ру» от 12 августа 2009 г.

开了上面写着"还霍多尔科夫斯基自由!"的十米长的横幅。①

2009年3月11日,在莫斯科大学主楼前号召大学生们参加"不同意见者大进军"游行示威的三名"捍卫"的积极分子被警察拘捕。

2009年3月13日,俄罗斯中央选举委员会主席弗拉基米尔·丘洛夫在莫斯科大学法律系发表演说时,一名"捍卫"的积极分子递给他一把剃须刀:因为丘洛夫曾经表示,如果俄罗斯的国家杜马选举是不诚实的,他就刮掉长胡须。

2009年5月19日,"捍卫"和"团结"这两个组织的积极分子、莫斯科大学学生亚历山大·萨维利耶夫在学校宿舍受到联邦安全局人员的质询,他被要求与特工机关合作,否则就会被莫斯科大学开除。②

2009年5月29日,"捍卫"的积极分子在莫斯科地铁的"西南地铁站"出入口处展开写着"普京下台"的长横幅,并邀请行人参加5月31日举行的"俄罗斯反对普京的集会"。

2009年11月29日,"捍卫"和"自由的国家"在莫斯科市郊的电气火车上共同举行了要求改革警察机构的行动,他们播放讲述警察违犯法纪的录音磁带,向乘客散发传单和鲜花,在车厢里张贴标语。③

2010年3月16日,"捍卫"举行了庆祝自己成立五周年的活动。在俄罗斯的一些社会组织于2010年发起的"同警灯做斗争"的社会运动期间,"捍卫"的积极分子在2010年6月17日在沿莫斯科市花园之环行驶的一辆无轨电车车头顶部安上了一个象征俄罗斯高级官员乘坐的轿车车顶的警灯的蓝色小水桶。2010年8月3日,"捍卫"与"自由的国家"、"接班"和"团结"一起在法国驻莫斯科文化公使馆前举行抗议集会,要求承建莫斯科—彼得堡公路的法国万喜(Vinci)公司立即停止对希姆基森林的砍伐。

2010年10月15日,"捍卫"的积极分子在俄罗斯政府大楼白宫的栅

---

① «Активисты "Обороны" провели акцию в поддержку Ходорковского», «Грани. Ру» от 08 апреля 2009 г.

② «Один из студентов МГУ жалуется на угрозы со стороны ФСБ, которые могут помешать ему продолжать учёбу», «Эхо Москвы» от 20 мая 2009 г.

③ «Реформа милиции: агитация в электричке», «Грани-ТВ» от 29 ноября 2009 г.

栏上挂上了写着"普京，走开！"的横幅，其中两名"捍卫"的积极分子还爬上了白宫的一栋附属建筑的楼顶展开了相同的横幅。① 2010 年 11 月 22 日，"捍卫"在圣彼得堡发起了要求恢复直选州（省）长的请愿活动——"V——意味着选举"。2010 年 12 月 10 日，"捍卫"在莫斯科举行要求恢复直选市长和州长的请愿活动，"捍卫"的积极分子给特维尔大街上的尤里·多尔戈卢基的青铜像挂上了一张手绘的写着莫斯科市市长谢·索比亚宁名字的巨型莫斯科—秋明火车票，火车票上面还写着"我们没有选举你！"和"手提箱、火车站、秋明！"② "捍卫"的积极分子在 2010 年 12 月 26 日——在判霍多尔科夫斯基宣判的前一天，在俄罗斯联邦政府大楼对面举行了声援霍多尔科夫斯基的行动，他们把一个头戴普京模样面具的人关进一个铁笼子，同时高喊口号："给霍多尔科夫斯基自由，给普京面包和水。"③

(2) 纲领主张

"捍卫"认为，由于选举制度的改变，已经不可能在俄罗斯通过选举更换制度。④ "捍卫"在它的《宣言》中宣布，它是"普京制度的青年民主反对派"，它的目标是"保护宪法赋予的权利，保护俄罗斯社会的民主价值和共和价值，保护公民的权利和自由，对俄罗斯政权的警察式专制倾向和极权主义倾向组织广泛的公民抵抗，俄罗斯国家的民主化，确立三权分立原则，确定政权的公开性和责任，形成现代的政治竞争机制"，"通过一切合法的手段更换俄罗斯联邦的政治制度"，"准备以自己的公民立场、争取自身自由的渴望和准备随时走上街头，来抵抗普京的极权主义的警察制度和腐败官僚政权"，"准备广泛发起关于俄罗斯的未来的社会辩论，准备组织公民的不服从行动、直接对政权施加压力的行动"，"我们不害怕同

---

① «Восвояси．"Оборона" у здания Белого дома призвала Путина уйти в отставку», «Каспаров． ру» от 16 октября 2010 г．

② «Москва-Тюмень．"Оборона" подарила Собянину билет на проезд домой», «Каспаров．ру» от 10 декабря 2010 г．

③ «Меняю Путина на Ходорковского», «Московский Комсомолец» от 27 декабря 2010 г．

④ «Выпей йаду！», «GZT．RU» от 11 мая 2006 г．

政权的对峙"。①

"捍卫"在它的《宣言》中宣布:"我们是新的、自由的一代。我们成长于一个自由的国家，我们没有习惯于做役畜，没有习惯于把我们赶进畜栏。我们不害怕政权，过去的苏联的经验对我们没有压力"，"我们可能有各种关于20世纪90年代的政治改革和经济改革的意见，但是我们不在无益的关于过去的争论上花费力气，我们感兴趣的是未来"，"我们在斗争中只采用非暴力的方法"，"我们想要通过自由的、全民的选举来民主地更换政权。我们想要从自由的、独立的媒体获得信息。我们想要法律是公正的和一视同仁的，而不是反对不满者的工具"。② "捍卫"的《宣言》向俄罗斯的青年发出号召:"邻国的我们的同龄人已经改变了历史的进程。也许，该我们了?"③

2007年2月11日召开的"捍卫"的共同会议通过了声明——《革命会发生的!》，在该声明中指出，"国内建立了掠夺人民、压制任何不满苗头、破坏宪法的极权主义制度"，"既然政权在反对党具有现实力量的地方非法地将反对党从地方选举中一笔勾销，那么在联邦选举中也会如此"，所以"现在在我国不可能通过选举更换制度，只有准备好通过群众性行动来捍卫人民的选择，才能使政权的更替成为现实"，"只剩下一条道路——革命，即群众性的公民不服从行动"，革命应是"非暴力的、真正的人民的革命，只有这样——通过革命，才能建成自由的社会和获得负责任的政权"。④ 该声明宣布，"捍卫"的任务是:组织为了"建成自由的社会和获得负责任的政权的"非暴力的革命，即针对当局的反民主的和反社会的动议组织街头抗议行动;为俄罗斯的公民提供客观的信息，促进广泛吸收公民参与社会生活和政治生活;支持大学生和其他公民的倡议;实行为了提高俄罗斯青年的公民积极性的教育措施和文化措施。⑤

---

① «Декларация "Обороны"» (http://oborona-spb.org/about-2/declaration).
② 同上。
③ 同上。
④ «Революция будет! Заявление "Обороны"» (http://www.pravda.info/politics/37100.html).
⑤ 同上。

（3）组织结构

"捍卫"具有网状的组织结构，在"捍卫"内部横向的联系大于纵向的联系，每个"捍卫"的地区组织都保持着很大的独立性，联络委员会负责管理最大的地区组织，其他的地区组织由联络员负责管理。

成立"捍卫"的初衷是为了使其成为自由主义青年政治组织的联合，但是联合的过程并不顺利。"捍卫"在俄罗斯的29个地区设有分部，在各分部的领导人——联络员中，6人是"亚博卢"党党员，13人是无党派者，3人是"联合公民阵线"的成员，3人是前政府总理卡西亚诺夫领导的"俄罗斯人民民主联盟"的成员，3人是"正义力量联盟"党党员，1人是国家布尔什维克党党员。

"捍卫"经常与"另一个俄罗斯"联盟（加入"另一个俄罗斯"的有国家布尔什维克党、"联合公民阵线"、"接班"等）共同行动。"捍卫"吸取了一些原苏东国家的青年政治组织〔首先就是乌克兰的"是时候了！"（Пора！）、"我知道！"（Знаю！）和白俄罗斯的"野牛"（Зубр）〕的青年抗议运动的经验。在意识形态和行动方法上与"捍卫"近似的原苏东国家的青年政治组织，还有格鲁吉亚的"够了"（Кмара）、塞尔维亚的"反击"（Отпор）（其标志与"捍卫"的标志相同）、乌克兰的"大学生浪潮"（Студенческая волна）和"清洁的乌克兰"（Чиста Украина）、摩尔多瓦的"够了"（Баста）、白俄罗斯的"暴动"（Бунт）。

（三）民族主义青年政治组织

民族主义青年政治组织以复兴俄罗斯民族为宗旨，宣扬民族保守主义和宗教传统主义，以恢复俄罗斯的大国地位、"重建帝国"为目标。民族主义青年政治组织认为俄罗斯族是优等民族，欧亚大陆的各民族应以俄罗斯族为中心团结起来，共同抵御来自西方的威胁，主要是美国的威胁。具有代表性的民族主义青年政治组织主要有"青年同盟"、"欧亚青年联盟"等。民族主义青年政治组织积极参加俄罗斯的民族主义组织每年举行的游行示威——"俄罗斯大进军"。这类组织表面上是俄罗斯政府的反对派，实际上是亲政府的、坚决支持普京的，因此能够获得当局的对其存在的默许和不公开的支持。

1. "青年同盟"

"青年同盟"（Молодёжный Блок）是"人民联盟"党（партия "Народный Союз"）① 的青年组织，于 2004 年春天成立。根据当时"人民联盟"党的前身——"人民意志"党的中央政治委员会主席团的决定，"人民意志"党党员阿列克谢·杜连科夫被任命为该党的青年组织的联络员（领袖）。当时恰逢"祖国"党和"人民意志"党的合并遭遇失败，这也在两党的青年组织上反映出来。2005 年 2 月 3 日，"青年同盟"的以联络员阿列克谢·杜连科夫为首的部分成员加入了当时由奥列格·邦达连科领导的"为了祖国！"青年联盟（Союз молодежи "За Родину!"），"青年同盟"的副联络员米哈伊尔·西尼岑接替阿列克谢·杜连科夫成为了"青年同盟"的新的领袖。2005 年 2 月 8 日，"为了体面的生活"运动（движение "За достойную жизнь"）的领袖谢尔盖·格拉济耶夫和"人民意志"党的领袖谢尔盖·巴布林签署了合作协议，2005 年 2 月 13 日，两党的相应的青年组织的领袖亚历山大·米宁和米哈伊尔·西尼岑宣布成立统一的青年组织，但是这两个青年组织的合并后来并没有实现。2005 年 3 月 23 日，在"人民意志"党的中央政治委员会主席团会议上通过了关于正式成立该党的青年组织的决定，同一天，在"人民意志"党的中央政治委员会主席团会议上成立了该党的青年组织的联络委员会，米哈伊尔·西尼岑被任命为联络委员会主席。②

"青年同盟"实际只在俄罗斯的莫斯科市和莫斯科州的个别地区存在，其领袖（联络委员会主席）由"人民联盟"党的中央政治委员会主席团任命。"青年同盟"的地区分部的领导人由地区分部的代表会议选出。

（1）主要活动

2004 年 8 月 1 日，"青年同盟"和"为了祖国！"青年联盟共同在莫斯科举行了反对福利货币化的行动。

---

① 即前"人民意志"党（партия "Народная Воля"），全称为"人民意志"民族复兴党（партия Национального Возрождения "Народная Воля"），党的领袖是谢尔盖·巴布林。

② «Молодёжная организация ПНВ "Народная Воля" подвела итоги своей работы за год» (http://www.partianv.ru/molod/m240305.html)。

在 2005 年 12 月 4 日进行的莫斯科市杜马的选举中，西尼岑作为"人民意志"党的竞选名单上的候选人参加了该选举，根据正式数据，"人民意志"党获得了 0.6%（门槛为 10%）的选票。

"青年同盟"参加了"人民意志"党 2006 年 11 月 4 日在圣母原野组织的集会，这一集会实际上变成了民族主义者的游行示威："俄罗斯大进军—2006"。2007 年 3 月 17 日，"青年同盟"在莫斯科举行了"清除俄语中的垃圾"的街头行动，在行动中销毁了"扭曲俄语的庸俗作品"：克谢尼娅·索布恰克（已故前圣彼得堡市市长阿·索布恰克之女）、罗曼·特拉赫滕贝格、格里戈里·奥斯特的作品被撕碎扔进了垃圾桶。国家杜马议员、"人民意志"党中央政治委员会主席团成员维克托·阿尔克斯尼斯也参加了该行动。①

"青年同盟"的领袖米哈伊尔·西尼岑和"俄罗斯民族爱国主义者"运动（движение "Национал-патриоты России"）的领袖米哈伊尔·布特里莫夫在 2007 年 4 月 27 日企图把一只猪头插在爱沙尼亚驻莫斯科使馆的铁栅栏围墙上，以示抗议爱沙尼亚当局把爱沙尼亚首都塔林市的苏军战士解放塔林纪念碑从原处移走。二人被警方拘捕，但是第二天被无罪释放。②

"青年同盟"参加了"人民联盟"党在 2007 年 5 月 26 日组织的要求保护传统价值观、保护东正教文化、反对同性恋者的集会。

2007 年 9 月 20 日召开的"人民联盟"党的代表大会批准了该党参加 2007 年 12 月进行的国家杜马选举的候选人名单，名单中包括"青年同盟"的领袖米哈伊尔·西尼岑。但是俄罗斯联邦中央选举委员会在 2007 年 10 月 28 日拒绝对"人民联盟"党的国家杜马选举候选人名单进行登记，因为认定该党征集的签名是无效的。"人民联盟"党为此向最高法院提出诉讼，但是该诉讼被最高法院驳回。"人民联盟"党中央政治委员会主席团在 2007 年 11 月 15 日决定，在国家杜马选举中支持俄罗斯联邦共产党，但条件是"俄罗斯联邦共产党放弃其战斗性的无神论观点"。

---

① 《Очистим русский язык от мусора!》（http://partianv.ru/news/2007/n170307 - 1.html）.

② 《Свиная голова для нацистов》（http://partianv.ru/news/2007/n040507 - 1.html）.

"青年同盟"参加了"人民联盟"党在 2007 年 11 月 4 日组织的"俄罗斯大进军"游行。在"人民联盟"党的倡议下,2008 年 4 月初成立了全俄罗斯爱国主义大会的筹委会,筹委会的成员有:"人民联盟"党的领袖巴布林,东正教神幡手联盟(Союз Православных Хоругвеносцев)的领袖列昂尼德·西蒙诺维奇-尼克希奇,俄罗斯全民族联盟(Русский Общенациональный Союз)的领袖伊戈尔·阿尔乔莫夫,"基督教复兴"联盟(Союз "Христианское возрождение")的领袖弗拉基米尔·奥西波夫,俄罗斯人民爱国运动(Народно-Патриотическое движение России)的领袖斯坦尼斯拉夫·捷列霍夫,"俄罗斯民族爱国主义者"运动的领袖米·布特里莫夫等。"人民联盟"党的领袖巴布林被选为筹委会的主席,"青年同盟"的领袖西尼岑担任筹委会的联络员。

"青年同盟"还参加了有俄罗斯、乌克兰、白俄罗斯和德涅斯特河沿岸共和国(未被国际承认)的青年组织参加的名为"友谊"的斯拉夫青年节,与东正教神幡手联盟以及其他一些俄罗斯的民族主义组织一起参加了支持塞尔维亚以及纪念南斯拉夫前总统斯洛博丹·米洛舍维奇的游行和集会活动。

(2) 纲领主张

"青年同盟"没有纲领,在它的母党——"人民联盟"党的《纲领》中说:"人民联盟的活动目标,是在下述基本原则的基础上复兴祖国:俄罗斯族是国家的主体民族,俄罗斯族的安全、物质生活和精神生活得不到保证,就不会有俄罗斯的可靠的国家安全,就不会有国家的向前发展,就不会有居住在广阔的欧亚地带的俄罗斯其他民族的祥和的生活。俄罗斯人民,也就是白俄罗斯人、大俄罗斯人和乌克兰人,还有鞑靼人、巴什基尔人、楚瓦什人、卡巴尔达人,以及俄罗斯人民的其他兄弟民族,世世代代形成了俄罗斯民族。俄罗斯民族的未来在于大俄罗斯人、白俄罗斯人和乌克兰人的团结。

东正教是国家和人民的精神生活和道德生活的基础,俄罗斯东正教教会是民族的生活支柱,是民族的世世代代的传统和风俗,是自古已有的价值观和道德准则的主要卫士。东正教认为,必须容许不同的宗教信仰,必须尊重其他的传统信仰，必须尊重不信教者。

社会公平是俄罗斯社会的基本准则，俄罗斯的生活能够并且应该以这一原则为基础。

俄罗斯的历史是连续不断的，包括苏联时期和苏联解体之后的时期在内的每个基本阶段都具有自身价值，这不以现在的理解为转移，每一个基本历史阶段都需要国家和社会的珍视和尊重。

大国性是俄罗斯历史的基本原则，是俄罗斯的有机特性，是俄罗斯的社会制度和政治制度的有机特点，是俄罗斯的实现方式和行为方式，没有大国性就不可能有能够保证对巨大疆域的有效控制、能够保证保持社会和平的主权俄罗斯国家，就不可能有俄罗斯国家在世界上应有的地位。

只有在俄罗斯公民确切理解俄罗斯在当代世界上的地位和作用、确切理解国家的战略目标和任务、确切理解俄罗斯在国际交往中（首先就是和原苏联加盟共和国的交往中）对国家利益的实现和保卫的基础上，民族才能围绕祖国复兴思想团结起来。对俄罗斯人的利益的捍卫与支持大的民族散居体、支持友好的民族共同体对俄罗斯的向往，解决俄罗斯联邦从苏联继承下来的整个问题不可分割地联系在一起。

在政权合乎道德要求、忠诚地为祖国服务、对自身行为向神和人民负责的时候，它才是强大的、极权的。人民及其合法代表永远保有批评政权、批评政权的行为的权利，永远保有在政权不再符合民族利益、不再履行人民的意志的时候撤换它的权利。"①

2."欧亚青年联盟"

"欧亚青年联盟"全俄罗斯青年社会运动（Общероссийское Молодёжное Общественное Движение "Евразийский Союз Молодёжи"，简称"ЕСМ"）是亚历山大·杜金领导的国际欧亚运动（Международное Евразийское Движение，简称"МЕД"）的青年组织，在亚历山大·杜金的倡议下成立，是俄罗斯最活跃的民族主义青年政治组织之一。2005 年 2

---

① «Программа-Политическая партия "Российский общенародный союз"» (http://vsezaros. ru/programma).

月26日，在俄罗斯的弗拉基米尔州亚历山德罗夫市的亚历山德罗夫镇举行了"欧亚青年联盟"的成立大会，① 来自莫斯科市以及俄罗斯的30多个地区、独联体国家、意大利、德国和美国的600多名代表参加了成立大会。成立大会宣布，"伊万雷帝是我们的正式领导人，是'欧亚青年联盟'的领袖。正是从这里，从亚历山德罗夫镇，我们的欧亚之星开始向四面八方扩张"。② "欧亚青年联盟"的领袖是帕维尔·扎里富林（联邦网大本营的首长）和瓦西里·科罗温（联邦网大本营的政委）。"欧亚青年联盟"自称是负有保卫俄罗斯、防止"橙色革命"的使命的"新特辖军团"。2005年9月21日，这一组织被俄罗斯联邦司法部正式登记为全俄罗斯青年社会运动。③

（1）主要活动

2005年8月22日，在自由主义的政党——"正义力量联盟"举行庆祝俄罗斯国旗日的活动时，"欧亚青年联盟"的几名积极分子对该活动进行了干扰破坏，他们高喊支持国家紧急状态委员会的口号，同时袭击参与庆祝活动的"正义力量联盟"的积极分子，其中两名"欧亚青年联盟"的积极分子被警察拘捕并被判处行政拘留。

"俄罗斯大进军"是俄罗斯的民族主义组织的游行示威，"欧亚青年联盟"是2005年11月4日举行的该游行示威活动的组织者之一，当时这一活动有俄罗斯法西斯分子参加，该行动得到了莫斯科市政府的正式许可。但是一年之后，"欧亚青年联盟"拒绝参加"俄罗斯大进军"，理由是将有法西斯分子参加该游行示威。2006年11月4日计划举行的"俄罗斯大进军——2006"遭到了当局的禁止。在这一计划的前几天，"欧亚青年联盟"

---

① 选择该地作为成立大会的举办地不是偶然的，俄国沙皇伊万雷帝在特辖制时期正是驻扎在这里。

② «Евразийская опричнина восстановит в России сакральную власть» (http://www. evrazia. org/modules. php? name = News&file = article&sid = 2255)。

③ «Минюст зарегистрировал "Евразийский Союз Молодёжи"», «Интерфакс» от 29 сентября 2005 г. (http://www. anticompromat. org/esm/esm _ spr. html)；Михаил Бойко и Роман Сенчин: «Доктор Дугин», «Литературная Россия», No. 15 от 13 апреля 2007 г. (http://www. litrossia. ru/2007/15/01412. html)。

已经通知成员拒绝参加这一活动。但是紧随其后在联邦网大本营给它的"战友"① 下达的对于11月4日的行动的正式命令中说,"欧亚青年联盟"决定在2006年11月4日"在加入过我们的帝国的国家","联合这些国家的青年欧亚主义者,联合所有支持以最现代化的、有机的和机动的欧亚帝国的形式恢复我们共同的大空间的人,举行非民族主义的大进军、帝国的大进军,""在6个后帝国的构成体(哈萨克斯坦、乌克兰、波兰、格鲁吉亚、摩尔多瓦、德涅斯特河沿岸共和国②)和俄罗斯国家的11个城市(阿拉木图、基辅、华沙、辛菲罗波尔、塞瓦斯托波尔、基希讷乌、第比利斯、顿涅茨克、哈尔科夫、蒂拉斯波尔、尼古拉耶夫)组织献给俄罗斯复兴日的帝国大进军",游行和集会的基本政治要求是"呼吁这些国家发展与俄罗斯的友谊、最迅速地欧亚一体化、抵制全球化和抵制北约集团及美国的侵略政策。"③

2006年4月26日召开了"欧亚青年联盟"的第二次代表大会,来自俄罗斯的50个地区以及乌克兰、白俄罗斯、哈萨克斯坦、乌兹别克斯坦和吉尔吉斯斯坦的350名代表出席了代表大会。国际欧亚运动的领袖亚·杜金在代表大会上宣布,民族主义已经成为对俄罗斯的主要威胁:"人数不多的民族主义、沙文主义和排外思想,现在是现实的威胁,可能严重破坏社会的稳定。'橙色革命'披上了褐色。"代表大会通过了关于宣布"欧亚青年联盟"是战胜了"橙色分子"的胜利者的决议,在决议中谴责了"橙色分子"的民族主义:"仇恨的民族主义现在成了绝对消极的现象,我们的直接敌人——'橙色力量'正在利用这一消极现象在我们的多民族国家的各族人民之间挑起相互仇恨,从而破坏俄罗斯的局势稳定……在这种情况下,'欧亚青年联盟'不得不暂时放弃利用'民族主义'的概念,以免陷入两难境地。""欧亚青年联盟"宣布,不承认乌克兰和俄罗斯之间的边

---

① "战友"——是"欧亚青年联盟"对它的成员的称呼。
② 德涅斯特河沿岸共和国一直没有得到国际社会的正式承认。
③ «Имперский марш в постимперских странах. Приказ Федеральной Сетевой Ставки Евразийского Союза Молодёжи No. 25 от 30 октября 2006 г. » (http://rossia3.ru/ideolog/prikaz_marsh) .

界,"如果乌克兰被'橙色的'亲西方的傀儡政权所夺取,只有通过起义——建立在乌克兰的欧亚阵线,才能清除被占领土地上的占领者。现在'欧亚青年联盟'的基层组织,就是遍布乌克兰的所有城市和居民点的未来的起义大军的枢纽。只要'橙色分子'重新联合,我们就展开游击抵抗、建立欧亚起义军。没有乌克兰登陆场,欧亚向西的扩张就不可能。我们的信条是——欧亚帝国中的大乌克兰!""欧亚青年联盟"指责美国发动反对欧亚的"网状的战争","西方的基金会和非政府组织"是美国在这场战争中的武器,"欧亚的主宰一个接一个地认识到了这一点,而对美国在乌兹别克斯坦、哈萨克斯坦、白俄罗斯的占领给予反击","欧亚青年联盟"号召独联体国家的青年用自己的网回应他们的网,在欧亚空间的整个地域建立"青年反橙色阵线","'欧亚青年联盟'在这种条件下的任务是成为一个国际性的组织。""欧亚青年联盟"认为高加索是其首要的活动方向,"'橙色组织'最有可能对俄罗斯进行瓦解的薄弱点是高加索","我们面临着争夺高加索的战斗","在高加索布满西方的如布雷一样的网,布满西方的基金会。只要划着一根火柴,高加索就会燃烧起来,继而引燃整个俄罗斯",消除高加索的紧张局势的唯一道路是"复兴传统、复兴文化、高加索的众多民族在统一的战略空间中的自我同一"。在该代表大会上正式成立了"青年反橙色阵线",加入"青年反橙色阵线"的青年政治组织除了"欧亚青年联盟"之外,还有俄罗斯的马里青年联盟(Марийский союз молодежи)、巴什基尔青年联盟(Башкирский союз молодежи)、鞑靼青年联盟(Татарский союз молодежи),乌克兰的"兄弟"党(партия "Братство"),格鲁吉亚的"反克马拉①"运动(движение "Антикмара"),以及土耳其工人党的青年组织等。"青年反橙色阵线"的目标,是"不允许在独联体和俄罗斯的空间发生'颜色革命',支持普京、纳扎尔巴耶夫、卢卡申科的一体化倡议,建立以民族自愿为基础的统一的、民主的、邦联

---

① 青年政治组织"克马拉"(Кмара)在格鲁吉亚的"玫瑰革命"中起到了关键性作用,"克马拉"是该组织的名称的音译,该名称在格鲁吉亚语中的意思是——"够了"。

的欧亚帝国。"①

  2006年8月29日，一些退出或者被开除的前国家布尔什维克党的积极分子和首领，在"欧亚青年联盟"的支持下成立了"国家布尔什维克阵线"（Национал-большевистский фронт），国家布尔什维克党的车里雅宾斯克州马格尼托戈尔斯克市的地区组织的前领导人阿列克谢·戈卢博维奇担任"国家布尔什维克阵线"的领袖，这一组织在成立后随即作为集体成员加入了"欧亚青年联盟"。

  "欧亚青年联盟"在2007年4月8日——俄罗斯东正教的复活节在莫斯科举行了"帝国大进军"游行示威，以之作为对俄罗斯政府的反对派拟于4月14日举行的"不同意见者大进军"游行示威的反示威。但是莫斯科市政府并没有批准"欧亚青年联盟"的游行示威，"帝国大进军"实际仅限于在莫斯科市胜利广场的集会，集会的参加者要求建立帝国、反对美国和支持普京总统。国际欧亚运动的领袖亚·杜金在集会上表达了对普京的支持："我们支持弗拉基米尔·普京，因为他防止了俄罗斯跌入深渊。他应该保证他的方针的连续性。普京必须形成和巩固自己的道路。"② 2007年4月，"欧亚青年联盟"在爱沙尼亚驻莫斯科大使馆旁举行了抗议活动，抗议爱沙尼亚首都塔林市政府把苏军战士从法西斯占领者手中解放塔林的纪念碑从市中心挪到军人墓地和重新安葬解放塔林的苏军战士遗骸。

  2007年8月1日，"欧亚青年联盟"在莫斯科召开了第三次（非常）代表大会，大会秘密进行。来自"欧亚青年联盟"在俄罗斯的47个地区分部，在乌克兰的22个地区分部以及来自格鲁吉亚、未被国际承认的德涅斯特河沿岸共和国，摩尔多瓦，哈萨克斯坦，拉脱维亚，立陶宛和爱沙尼亚的代表参加了此次大会。扎里富林在大会上宣布，鉴于"欧亚青年联盟"的现领导人在2008年年初将转入其他工作，大会推举伊利亚·德米特里耶夫、德米特里·叶夫列莫夫和列昂尼德·萨文作为"欧亚青年联

---

  ① 《Молодые евразийцы будут бороться с коричневой угрозой》，《Росбалт》от 27 апреля 2006 г. (http://www.rosbalt.ru/2006/04/27/252004.html).

  ② 《Александр Дугин: Либо Россия будет империей, либо её не будет вообще》，《Русская линия》(http://rusk.ru/newsdata.php?idar=212758).

盟"的新领导人的候选人。代表大会决定,"欧亚青年联盟""与'我们的人'以及其他的亲政府青年群体在'反橙色活动'中团结在一起,与它们结成在 2007 年 12 月在莫斯科的广场和街头打击'橙色分子'的活动的统一战线。为此,'欧亚青年联盟'负责在选举前占领胜利广场和新普希金街心公园,在这些地方举行'欧亚青年联盟'的大多数集会和示威,不允许在这些地方出现'橙色分子'的帐篷和挑衅者"。代表大会还决定,对"欧亚青年联盟"的新总部附近的希姆基水库周边地区进行巡逻,防止出现恐怖主义行动,防止大西洋阴谋分子、逃亡的寡头和尚未被消灭的最后的瓦哈比教派分子对莫斯科的这一战略性水源进行投毒。大会宣布,准备在 2007 年秋天在乌法、喀山和格罗兹尼举行"帝国大进军"游行示威。"大进军"的"基本任务是防止反俄罗斯的力量和第五纵队在俄罗斯的地区挑起民族之间的冲突","欧亚青年联盟""继续呼吁社会注意以非政府组织或者非政府人道主义基金会作为伪装的间谍组织和破坏组织"。代表大会决定"在'欧亚青年联盟'的基础上成立'帝国智力俱乐部',在俱乐部里联合现有的青年政治组织——首先就是'我们的人'、'统一俄罗斯的青年近卫军'、'青年俄罗斯'、'地方的人'、'新人'等组织的智力力量"。大会还号召抵制在乌克兰举行 2012 年欧洲杯足球赛,"因为乌克兰的领导人抱有新纳粹主义的观点,纵容种族主义、民族主义以及排外倾向的增长"①。

"欧亚青年联盟"在 2007 年 8 月 24 日——乌克兰独立纪念日在俄罗斯天然气工业公司的莫斯科办事处前举行请愿,要求切断对乌克兰的天然气供应或者将天然气价格提高 3 倍。"欧亚青年联盟"和"科索沃阵线"(Косовский фронт)的积极分子 2008 年 3 月 26 日在莫斯科的胜利广场联合举行了声援塞尔维亚的活动,活动的参加者高喊口号:"科索沃——塞尔维亚的土地!""制止北约!"以及其他反对美国的口号。"欧亚青年联盟"在 2008 年 4 月 27 日——东正教的复活节在莫斯科组织了声援塞尔维

---

① 《Фашизм и футбол несовместимы. Политическое заявление ЕСМ》(1 августа 2007 г.)(http://www.rossia3.ru/Regions/prefifns).

亚的游行——"塞尔维亚大进军"。游行的参加者一路高唱赞美歌、作祷告，还呼喊"科索沃是塞尔维亚！""塞尔维亚是俄罗斯！""杀死美国佬和所有喜欢美国佬的人！""塞瓦斯托波尔是俄罗斯！""乌克兰是旅馆！""帝国万岁！""俄罗斯人站起来！""一个民族，一颗心！"等口号，国际欧亚运动的领袖杜金，亲政府的"青年俄罗斯"青年政治组织的领袖、"统一俄罗斯"党党团的国家杜马议员马克西姆·米先科，塞尔维亚激进党（Сербская Радикальная партия）的代表杰利奇将军，塞尔维亚社会党（Социалистическая партия Сербии）的代表叶利奇奇，摩尔多瓦的俄罗斯青年联盟（Лига русской молодежи）的领袖图良采夫等参加了游行。

2008年6月30日，在南奥塞梯首都茨欣瓦利召开了"欧亚青年联盟"的代表大会，国际欧亚运动的领袖亚·杜金和南奥塞梯总统爱德华·科科伊特在大会上发表了讲话。大会宣布，"美国企图使乌克兰、格鲁吉亚和阿塞拜疆加入北约，这对俄罗斯构成了战争威胁"，"由得到外国资助的非政府组织的代表、众多的精英和假新闻的炮制者构成的内部敌人则企图暗中抵制普京和梅德韦杰夫的改革"，"西方情报机构资助的这些间谍和奸细企图瓦解和削弱俄罗斯，在进行一场反对我国的网状的真实的战争"。大会宣布，"对青年俄罗斯人和独联体国家的居民实施动员"，高加索是"欧亚青年联盟"的"高度关注地区"，"如果爆发美国及其傀儡——格鲁吉亚和阿塞拜疆所怂恿的新的流血冲突"，"欧亚青年联盟""准备向南奥塞梯、阿布哈兹和列兹金斯坦派遣成千上万手中握有武器的志愿者，保卫兄弟民族免遭奴役和种族灭绝"。大会还宣布，"欧亚人坚持立即承认南奥塞梯和阿布哈兹作为真正国家的独立，并且欢迎它们随后加入俄罗斯联邦"。①

"欧亚青年联盟"还在2009年举行了"反对篡改卫国战争历史"的集会；在2010年举行了反对北约士兵参加5月9日胜利日在莫斯科红场的检阅的集会；在2011年举行了反对《削减战略性进攻武器条约》的抗议活动；在2011年举行了支持利比亚的卡扎菲政权的集会和游行活动。

---

① 《Евразийцы объявляют Кавказ зоной своего повышенного внимания》，《Росбалт》от 01 июля 2008 г. (http://www.rosbalt.ru/2008/07/01/499291.html)。

(2) 在乌克兰的活动

"欧亚青年联盟"在乌克兰的分部非常活跃。"欧亚青年联盟"在乌克兰的分部由于其亵渎乌克兰的国家象征①、冲击在基辅举办的"乌克兰的大饥荒"展览②、向乌克兰驻莫斯科使馆扔生鸡蛋③等非法行动而在乌克兰声名狼藉,乌克兰的"我们的乌克兰—人民自卫"党(партия "Наша Украина - Народная Самооборона")等许多政党纷纷要求在乌克兰领土上正式取缔"欧亚青年联盟"。④

"欧亚青年联盟"进行了很多活动。在2006年12月举行了烧毁希特勒德国的国旗和二战中站在德国一边作战的乌克兰起义军的军旗的活动,还捣毁了乌克兰起义军的纪念石,因而被乌克兰的哈尔科夫州检察院提起公诉,哈尔科夫州法院判决禁止"欧亚青年联盟"在哈尔科夫州活动。2007年10月18日,"欧亚青年联盟"的三名积极分子爬上了乌克兰的戈韦尔拉山,破坏了放置在山顶的乌克兰的国家象征——乌克兰教会碑、国家宪法碑和乌克兰国徽,往它们上面刷了金黄色的油漆,还拔下了山顶的乌克兰国旗,插上了"欧亚青年联盟"的旗帜并且宣布把该山更名为"斯大林峰"。⑤

2008年2月9日,这一组织的积极分子参加了在顿涅茨克举行的纪念顿涅茨克—克里沃罗格共和国成立90周年的非正式的庆祝活动。2008年4月28日,它的克里米亚的分部的领导人康·克内里克宣布将展开新一轮的反乌克兰行动——"另一个乌克兰"。在该行动的框架内,将"效仿俄罗斯的亲美反对派力量",把组织所有活动"都冠以'不同意见者的集会'、

---

① «Евразийский Союз Молодёжи осквернил украинский Тризуб», «NEWSru. ua» от 19 октября 2007 г.

② «"Евразийцы" разгромили выставку "Голодомор на Украине"», «Lenta. ru» от 17 ноября 2007 г.

③ «"Евразийский союз молодёжи" забросал посольство Украины яйцами и подлодками», «NEWSru. ua» от 27 июля 2008 г.

④ «НУНС требует от России запретить "евразийцев"», «Росбалт-Украина» от 14 июля 2008 г. (http://www.rosbalt.com.ua/2008/7/14/503838.html).

⑤ «Евразийский Союз Молодёжи осквернил украинский Тризуб», «NEWSru. ua» от 19 октября 2007 г.

'不同意见者的大进军'",等等。①

在亚努科维奇 2010 年年初在乌克兰总统选举中获胜之后,亚·杜金在 2010 年 2 月 18 日谈到了"欧亚青年联盟"在乌克兰的活动:"在同'橙色'纳粹主义、同尤先科当局的反犹太主义的新纳粹主义、仇俄主义和种族主义的法律和行动做斗争的时代,欧亚主义者有时在乌克兰的领土上做得过火。所以,亚努科维奇执掌政权,这对我们来说是表达道歉的良好时机。如果我们的在乌克兰的支持者进行的欧亚斗争、欧亚论战在什么地方越过了界限,这纯粹是由于同新纳粹主义的'橙色'政权对峙的严峻性。用通常的文明语言与新纳粹分子交谈是不可能的,在见到法西斯畜牲的地方就应该踩死它,对其实施最大痛苦的打击。"② 但是,正是在亚努科维奇成为乌克兰总统之后,2011 年 11 月 9 日乌克兰最高行政法院最终裁决因在维克托·尤先科执政时期在乌克兰国家领土上从事各种非法活动而强制解散哈尔科夫州的社会组织——"欧亚青年联盟"。③

(3) 纲领主张

"欧亚青年联盟"在揭露外部敌人的基础上制定它的纲领,它认为美国是外部敌人:"美国人在建立它的世界帝国,在这个帝国里没有我们的位置,也没有大欧洲的位置,没有自由亚洲的位置,没有俄罗斯人的位置,没有德国人的位置,没有法国人的位置,没有突厥人的位置,没有中国人的位置","这是新迦太基帝国,在这个帝国里进行统治的是凶手莫洛赫神④:奴隶制、富豪政权、投机资本的无上权力、衰退和解体的教义、

---

① «ЕСМ объявил о создании "Другой Украины"» (1 мая 2008 г.) (http://rossia3.ru/Regions/otherukraine).

② Александр Дугин: «В чём национализм Януковича? В том, что он благодаря своей политике сохранит территориальную целостность Украины и укрепит единство украинского общества, в этом нет сомнений», «Донецкий коммуникационный ресурс» от 18 февраля 2010 г. (http://www.evrazia.info/print/4373).

③ «ВИЩИЙ АДМІНІСТРАТИВНИЙ СУД УКРАЇНИ. УХВАЛА ІМЕНЕМ УКРАЇНИ», 9 ноября 2011 года. (http://reyestr.court.gov.ua/Review/20993670); «Суд ликвидировал Евразийский союз молодежи», «Лига. Новости» от 25 ноября 2011 г. (http://news.liga.net/news/politics/566658-sud_likvidiroval_odioznuyu_prorossiyskuyu_organizatsiyu.htm).

④ 莫洛赫是古代闪米特人神话中的天神、太阳神、火神和战争之神,祭祀莫洛赫时以大量的人为牺牲。

可恶的发财和堕落的道德,正在夺走我们的过去、剥夺我们的未来","没谁可以寄托希望。权力失去,权力软弱。敌人强大和狡诈","我们的使命是成为最后的棱堡,如果不是我们,没有任何人能担负这一使命","我们——欧亚的青年,是国家最后的希望、大陆最后的希望。已经宣布全面动员,祖国的自由处在危急之中,大俄罗斯的生存处在危急之中"。① 除了外部敌人,"欧亚青年联盟"也发现了内部敌人,"为了反击外部的敌人,必须清算内部的敌人。内部的敌人有:美国的支持者、全球化主义者、窃国大盗、白痴官员、堕落的电视工作者、睡着的庸人、形形色色的随波逐流者。这些人是外部敌人的间谍机关,正是他们使国家不能鼓起勇气进行最后的战斗"。② "欧亚青年联盟"宣布力量是它的理想:"你的教会、团体需要强有力的你,软弱无力的你无人需要。"③

"欧亚青年联盟"的正式目标,是在原苏联地区抵抗造成亲美制度的建立的新的"天鹅绒革命"浪潮:"欧亚青年联盟"将成为"在橙色推土机的前进道路上的一道闸门"。④ 它呼吁进行"大清洗":"我们来宣布大清洗的时代。我们的目标是建立新的军队——欧亚军。我们准备进行欧亚革命。为了把控制自己命运的权力掌握在自己手里,我们开始行动。"⑤ "欧亚青年联盟"把斯大林称为"冬至神",认为"斯大林的红色帝国已经死了,欧亚帝国还没有诞生"。⑥ 它的终极目标是建成欧亚帝国:"我们的理想是欧亚帝国,在这个帝国里,所有的民族和文化都有自己的位置。在欧亚帝国里,将由最有智慧和最有力量的人进行统治,回击将是毫不留情的。我们的道德标准,是宁死也不忍受耻辱。不能成为有力量的人,就不能成为优秀的人。对祖先忠诚。不创造比先辈更加伟大的事业,就愧对他们。只有在我们展开从海洋至海洋的边界的时候,我们的逝者的眼睛会

① 《Программа Евразийского Союза Молодёжи》(http://www.rossia3.ru/programma.html).
② 同上。
③ 《Катехизис члена Евразийского Союза Молодёжи》(http://www.rossia3.ru/katehizis.html).
④ Шаген Оганджанян, Дмитрий Тараторин:《Щит на пути оранжевого бульдозера》(28 февраля 2005 г.)(http://evrazia.org/modules.php?name=News&file=article&sid=2257).
⑤ 《Программа Евразийского Союза Молодёжи》(http://www.rossia3.ru/programma.html).
⑥ 《Идеология Евразийского Союза Молодёжи》(http://www.rossia3.ru/ideolog/godisgod).

闪耀静静的透明的光芒：我们的后辈做到了这一点！否则，逝者不会让我们安宁。"①"欧亚青年联盟"称自己为"第三俄罗斯的战士"："我们要建成新的国家——第三俄罗斯、俄罗斯—欧亚、从海到海的大欧亚帝国。这是青春的和力量的俄罗斯、充满活力和热情的俄罗斯、伟大和公平的俄罗斯。第三俄罗斯，这是民族的和社会的俄罗斯、忠诚于先辈和面向未来的俄罗斯。"②

"欧亚青年联盟"将自己未来的活动分成四个阶段："第一个阶段，建立被欧亚思想焊接在一起并且具有清晰结构的强大、团结、坚定的青年组织。交流信息，参加联盟的行动，吸收新的成员和参加者；第二个阶段，积极参加国家的社会生活、文化生活和政治生活，组织以证明欧亚原则的正确性为目的的独立行动。为了大俄罗斯和为了社会公平而斗争，为了反对美国主义、大西洋主义、自由主义和'橙色鼠疫'而斗争；第三个阶段，面对不可避免地日益迫近的2008年危机，把组织转变成历史进程的独立主体，在政权不能顶住国家的解体和崩溃的时刻，该我们承担起对祖国命运的责任：要么我们自己，要么与其他的第三力量代表（如果找到这样的代表）结盟；第四个阶段，建立以传统、先锋、保守的革命和社会公平的原则为基础的大欧亚帝国。这是'刺猬式'的帝国：在外面——朝着敌人的方向，是竖起刺的和侵略性的；在内部——朝着自己的人民的方向，是宽厚的、温柔的和随和的。"③

"欧亚青年联盟"宣布，为了恢复俄罗斯的文化上和政治上的统一，它的优先任务是：在急剧全球化的世界中捍卫俄罗斯的主权，捍卫俄罗斯走自己的、俄罗斯的道路的权利，捍卫俄罗斯选择特殊发展模式的权利，同美国主义和全球主义的一切表现——从伊拉克战争到当代的商业化的廉价大众文化做斗争，全面促进原苏联地区的一体化进程。④

---

① 《Программа Евразийского Союза Молодёжи》（http://www.rossia3.ru/programma.html）.
② 《Катехизис члена Евразийского Союза Молодёжи》（http://www.rossia3.ru/katehizis.html）.
③ 同上。
④ 《Евразийский союз молодёжи》，《Коммерсантъ. Справочник》（http://www.kommersant.ru/factbook/122654）.

(4) 组织结构

"欧亚青年联盟"的最高机关是代表大会,代表大会任命地区分部的领导人(地区网大本营的首长和政委)。在代表大会休会期间,联邦网大本营负责领导组织,联邦网大本营的首长和政委是"欧亚青年联盟"的领袖。地区网大本营的首长和政委领导地区分部。

"欧亚青年联盟"具有双层的组织体系:"网和处于网的中心的骑士团"。网由赞成组织纲领的基本原则的各种组织组成,比如憎恨美国和憎恨帝国主义。但是,越接近网的中心,纪律越严格。在骑士团里,纪律是全方位的。从网向骑士团选拔最优秀、准备成为"政治战士"、具有对权力的总体意志、做好统治准备的青年人,他们应当做好"为了帝国的建设而彻底奉献自己的一切"的准备。

在俄罗斯的一些居民点存在"欧亚青年联盟"的分部。在乌克兰的13个居民点有"欧亚青年联盟"的分部。据"欧亚青年联盟"的支持者统计,在阿塞拜疆、格鲁吉亚、哈萨克斯坦、波兰、土耳其和乌兹别克斯坦也有"欧亚青年联盟"的分部。[①]

"欧亚青年联盟"为其积极分子开办春令营、夏令营和秋令营,在这些营地对其积极分子进行搏斗训练和体育训练,教授如何驱散异己的集会,举办专题研讨会和讲座。2008年6月底至7月初,在南奥塞梯开办了"欧亚青年联盟"的夏令营,该夏令营得到了南奥塞梯的社会党——"祖国"党的大力支持。"欧亚青年联盟"2008年9月在俄罗斯的弗拉基米尔州科夫洛夫市举办了"俄罗斯—塞尔维亚"秋令营,2009年7月在莫斯科近郊组织了夏令营,2009年10月组织了"欧亚社会学"秋令营,2011年5月在莫斯科近郊组织了春令营,2011年10月在莫斯科近郊组织了秋令营。

(四) 无政府主义青年政治组织

当代俄罗斯的无政府主义青年政治组织信仰的是米·亚·巴枯宁和

---

① 《Подразделения ЕСМ и Представительства Международного Евразийского Движения (МЕД) на Континенте》(http://rossia3.ru/news/2005/12/06/23:27:52).

彼·阿·克鲁泡特金的思想，主要有"自治行动"、"不与普京一起的人"等。无政府主义青年政治组织经常与俄罗斯的各种反对派组织，特别是与生态主义青年政治组织协同行动。

1. "自治行动"

"自治行动"（Автономное Действие，简称"АД"）是无政府主义的青年政治组织，于2002年年初成立，没有领袖，由抱有建立无阶级和无国家的社会的思想的小组和个人（在还没有小组的地区）组成。"自治行动"从2003年11月起在下诺夫哥罗德出版报纸——《情况》（«Ситуация»），它在莫斯科的分支出版不定期的杂志——《自治》（«Автоном»）。

（1）主要活动

"自治行动"是反法西斯主义者，参加了同俄罗斯的纳粹分子的街头斗殴，参加了反对车臣战争的抗议行动，宣布它保卫当代俄罗斯的"十二月党人"——国家布尔什维克（被俄罗斯政府取缔的利莫诺夫领导的国家布尔什维克党的党员的自称）。"自治行动"举行了要求取消应征入伍以及反对取消延期服役的请愿和集会行动，组织了反对从国外向俄罗斯运进核废料、要求生态保护的抗议营地，组织了反对举办索契冬奥会的抗议行动。"自治行动"与俄罗斯的其他的无政府主义的组织或者个人一起组织了夏令营，在夏令营里针对一些迫切的问题展开辩论。"自治行动"参加各种组织的多种活动，从"彩虹卫士"这样的生态主义的组织、主张共产主义的俄罗斯联邦共产党直到宣扬自由主义的"亚博卢"党等组织。"自治行动"认为民族主义分子、法西斯分子、现政权以及现政权的所有机构是它的敌人。这一组织主要举行和参加了这样一些活动：

2006年12月19日，"自治行动"和由莫斯科大学的大学生组成的"大自然保卫队"（Дружина охраны природы）在俄罗斯的奥林匹克委员会大楼前举行示威，抗议在索契举办2014年冬季奥运会，认为在索契举办冬奥会会对索契国家公园和高加索自然保护区造成破坏。2007年7月3日，由"自治行动"、"'集体行动'研究所"、"彩虹卫士"和莫斯科大学的"大自然保卫队"联合成立的"反对2014年索契冬奥会"联盟（коалиция "Против Олимпиады - 2014 в Сочи"）举行了抗议在索契举办冬奥会的集会行动。

2007年7月，"自治行动"、"彩虹卫士"、"贝加尔生态浪潮"运动（движение "Байкальская Экологическая Волна"）以及没有加入任何组织的一些生态主义者和无政府主义者组织了反对在伊尔库茨克州的安加尔斯克建立核废料储存库、要求生态保护的抗议营地，7月14日开始在安加尔斯克近郊扎营。2007年7月21日清晨，一些不明身份的人对该抗议营地进行了袭击，袭击者划破抗议者正在其中睡觉的帐篷，用垒球棒、刀子等凶器袭击酣睡中的抗议者，一名无政府主义者的背包被抢走。数名在抗议营地的宿营者受了重伤，其中一名"自治行动"的积极分子死亡。2007年7月30日在安加尔斯克近郊建立的生态保护营地恢复活动，8月11日深夜，一伙携带棍棒和酒瓶的人袭击了住在安加尔斯克市里的租赁住宅内的生态保护营地的参加者。

2007年12月6日，"自治行动"、"彩虹卫士"、莫斯科激进艺术家联盟（Московский союз радикальных художников）等组织的积极分子以及其他一些无政府主义者在俄罗斯联邦原子能局的楼前举行了反对在伊尔库茨克州的安加尔斯克建设对从国外运来的铀进行浓缩的国际铀浓缩中心的抗议活动。

2008年1月23日，一艘装载着放射性核废料的德国轮船抵达圣彼得堡的码头，这些放射性核废料随后将被运往斯维尔德洛夫斯克州的新乌拉尔斯克市进行处理。当日，"自治行动"和"彩虹卫士"的积极分子在德国驻莫斯科大使馆前举行了抗议从国外运进放射性核废料的集会行动。

（2）纲领主张

2002年1月25—27日在俄罗斯的下诺夫哥罗德召开了"自治行动"的第一次代表大会，大会通过了"自治行动"的《宣言》，《宣言》同时就是它的纲领。"自治行动"自我宣布是自由的共产主义者的组织，它的意识形态以混杂了无政府主义和无国家共产主义的彼·阿·克鲁泡特金和米·亚·巴枯宁的思想为基础。

《宣言》宣布，"在欧洲、美国和全世界的当代反全球化运动的街头行动中，支持自由的联合的行动"。"街头行动不是目的，这只是宣传自由的世界观的一种方式，自由的社会、遭受剥削的雇佣工人的自我组织、消灭国家、消灭必不可免地剥削工人的资本主义经济制度，才是自由的世界观的目标"，"只有在一切生活领域的人们的自我组织，能够阻止资本主义的全球化，这种自我组织就是社会自治，也就是消灭国家的权力制度，对生产资料和资源实行社会所有制，而不是国家所有制或者私有制"。它认为"没有社会主义的自由是不公平的特权，没有自由的社会主义是奴役制、牲畜的生活"，在生活中主要的事情"不是商品消费、升迁、权力和金钱，而是创造、人与人的真挚关系和人身自由"。把"自治行动"的成员联系在一起的，是"对任何的人对人的权力、国家的权力、资本主义的权力的抗议，对官方灌输的资产阶级'文化'的抗议，不愿成为制度机器上的不停顿的小齿轮，要求对制度进行集体的抵抗，要求自由的自我实现"。"自治行动""反对在社会中以及在自身组织内的任何形式的统治和歧视"，认为"任何国家都是社会中的特权的少数压迫和剥削劳动的多数的工具。国家和资本的权力是对每个人的个性和所有人的创造力的压制"，所以，"自治行动"认为"自由的共产主义——没有统治的社会"才是所需要的社会制度，"自治行动"的最近目标是"为新的人文文化、社会的自我组织以及对军国主义、资本主义、性别歧视和法西斯主义进行激进的抵抗，奠定传统和基础。"①

"自治行动"的活动形式是直接行动，"为了实现我们的目标，我们不是参加对权力、议会席位和官职的争夺，而是以未经官方许可的方式、利用广泛的议会外行动和文化行动以及必要时利用在形式和内容上革命的广泛行动来实现目标。""自治行动"认为"社会和个人有抵抗压迫和自卫的权利"。"我们认为实现我们的目的的途径多种多样，它们可以是自我组织起来的劳动群众的革命起义，可以是占领性的总罢工，还可以是没有权力的公民社会的自治逐渐地一定程度地取代权力制度、权力关系、资本主义

---

① «Манифест "Автономного Действия"» (http://avtonom.org/index.php/%D0%9C%D0%B0%D0%BD%D0%B8%D1%84%D0%B5%D1%81%D1%82_%22%D0%90%D0%B2%D1%82%D0%BE%D0%BD%D0%BE%D0%BC%D0%BD%D0%BE%D0%B3%D0%BE_%D0%94%D0%B5%D0%B9%D1%81%D1%82%D0%B2%D0%B8%D1%8F%22).

制度和资本主义关系，等等。生活本身将决定，哪种方式最有效和最及时。但是任何时候，通向无统治的社会的道路都不是政府和议员的改革和立法活动，都不是国家间机构和小圈子机构的倡议，都不是最有特权者和统治阶级的倡议。我们的战略是革命性的，它来自下面，从社会的基础结构开始实现，而不是依赖制度的机制和资源，它要求的不是制度内的局部的改变，而是对制度的彻底打碎和取代。"①

"自治行动"的思想原则之一是反对独裁。"自治行动"反对一切形式的专政、领袖至上、中央集权的官僚机构、警察的无法无天，主张社会内部最低限度的垂直联系和最大限度的水平联系，主张非集中的管理、地方自治、直接的基本民主制和联邦制。主张自治的，但是相互联系的个体、小组、村社、地区的自由联合，在这样的自由联合里，自下而上地根据有权立即召回代表的选民委托原则由全体会议选举出的独立的苏维埃或者其他的社会自治制度是协调机关。

"自治行动"反对资本主义，主张消灭阶级社会、雇佣劳动、人压迫人和人剥削人、帝国主义，主张铲除金钱的权力和商品生产，反对人从属于"市场关系的自发势力"。主张"每个人发挥自身能力，根据需求结构的变化、社会的生产能力以及保持天然的平等和多样化，按照个体的需要给予每个人"的原则，组织经济生活和实现经济生活的一体化。"自治行动"认为，资本主义是全面战争的、以发财为目的的和压迫的制度，资本主义的历史前景只有一个——人类在全世界的生态灾难中毁灭；最好的情况也是人类陷入"文明的野蛮"的深渊，资本主义是不可改良的。

"自治行动"反对法西斯主义和民族主义，认为"法西斯主义、种族主义、民族主义是资产阶级和官僚对不同种族和民族的人进行挑唆和隔离、掩盖其统治、保住其利润和对社会的权力的工具"，"自治行动"主张"一个没有边界和民族国家的世界，一个具有多元的文化和传统的统一的

---

① «Манифест "Автономного Действия"» (http://avtonom.org/index.php/%D0%9C%D0%B0%D0%BD%D0%B8%D1%84%D0%B5%D1%81%D1%82_%22%D0%90%D0%B2%D1%82%D0%BE%D0%BD%D0%BE%D0%BC%D0%BD%D0%BE%D0%B3%D0%BE_%D0%94%D0%B5%D0%B9%D1%81%D1%82%D0%B2%D0%B8%D1%8F%22).

世界……坚决反击新纳粹主义的和民族爱国主义的意识形态和组织",主张"建立肉体抵抗纳粹分子的反法西斯突击队"。

"自治行动"是反布尔什维主义的组织,"自治行动"认为,"自由的和团结的社会的出现,不可能是通过本质上极权主义的政党结构,不可能是通过某种政党机构、自封的'先锋队'的夺取国家权力、专政。""自治行动""反对布尔什维克的组织原则,主张建立在相互尊重、平等、团结的自由原则的基础上的组织结构。""自治行动"认为,"在所谓的'社会主义国家'中的制度,充其量只是全世界的国家资本主义(保持经济关系、雇佣劳动、资本主义心理的制度)趋势的庸俗形式,只有资本家是唯一的和集体的政权党精英。'社会主义国家的'资本主义与'西方的'资本主义的区别的实质,只是在于资本主义积累的形式"。"自治行动"认为,"马赫诺运动、西班牙革命、托尔斯泰主义、独立工人运动"是真正的共产主义。"自治行动"反对"同列宁主义者(斯大林主义者、毛泽东主义者、托洛茨基主义者)的任何的思想上和组织上的统一。主张和非极权主义的社会主义者、反政党的左翼共产主义者和自由的马克思主义者紧密合作"。

"自治行动"反对军国主义、反对国家军队,认为国家军队"是暴力体系,是统治集团的统治工具,是使青年人与宗法制的、极权主义的和等级制的统治体系结构的一体化工具","自治行动"反对强制性的兵役制:"我们不应该保卫不过是为了压迫我们而存在的国家和政府。"

"自治行动"在生态保护领域的立场是:"反对为了少数人的利润而无节制地开发环境,反对工业化的组织体系,反对专家治国论者的权力。主张全面发展和采用可替代动力。主张建立生态保护性的居民点,建立人与自然的和谐关系。主张非集中的、人道的、均衡的、为了人的利益的生产,为了子孙后代保护好大自然,逐渐地克服工业技术工艺。积极支持生态保护主义者的社会斗争,参加生态保护行动。"

"自治行动"主张男女平等主义的思想,"反对性别歧视,反对因性别特征而对女人和男人进行压迫、施加暴力和歧视。反对任何阶级社会的极权主义结构——宗法制,反对家庭暴力,反对憎恶同性恋,反对淫秽制品行业和反对年龄歧视。主张妇女最大程度地积极参与社会生活。每一个人在社会上、性别上和年龄上都是独一无二的"。

"自治行动"在文化领域反对"创作的商业化,反对娱乐性演出业,反对一切种类和形式的对意识和行为的操纵,全面支持一切形式的非商业创作、实验艺术和实验教育"。

"自治行动"反对教权主义,主张"充分的'精神'自由,主张每个人在世界观和信仰领域的自由探索","我们不是利用权力机制,而是尽己所能抵制给社会带来仇恨、排外主义、民族主义以及造成极权主义的和教条主义的个性的意识形态体系","我们还要更坚决地反对等级森严的教会组织,金字塔式的、极权主义的教会组织结构不可能服务于解放人的个性的目的。这种教会组织只服务于一个目的:在精神上和肉体上奴役人。在俄罗斯最值得重视和最有影响的这种类型的教会之一,就是俄罗斯正教会,俄罗斯正教会早已经变成了受国家施舍的、具有财政优势和意识形态优势的、强大的资本主义和官僚主义行会"。"自治行动"反对"为了重商主义的利益和权力的利益而利用人的需要来解释世界"。①

2004年8月底在伊万诺沃州的普廖斯市召开了"自治行动"的第四次代表大会,大会通过了《关于同极权主义团体的合作》的决定,决定指出,允许"自治行动"的成员"与极权主义的团体以及以夺取国家权力或者其他政治权力为目的的组织一起"参加同一行动,允许"自治行动"的成员与这些团体的积极分子合作。但是,"自治行动"的成员"不得与""自治行动"认为是"极权主义的"或者"以夺取国家权力或者其他政治权力为目的的"团体一起组织活动。代表大会还通过了《关于政治犯》的决定,宣布支持"所有因为政治活动或者因为合乎无政府主义思想的行为和信仰而受到迫害的反极权主义人士",宣布"自治行动""相信旨在消灭资本主义和国家的直接行动","自治行动""不是人权卫士","自治行

---

① «Манифест "Автономного Действия"» (http://avtonom.org/index.php/%D0%9C%D0%B0%D0%BD%D0%B8%D1%84%D0%B5%D1%81%D1%82_%22%D0%90%D0%B2%D1%82%D0%BE%D0%BD%D0%BE%D0%BC%D0%BD%D0%BE%D0%B3%D0%BE_%D0%94%D0%B5%D0%B9%D1%81%D1%82%D0%B2%D0%B8%D1%8F%22).

动"的目的"不是捍卫法律",而是相反——"消灭法律","自治行动"出于人道主义考虑,在一些情况下"可以帮助政治犯"。①

(3) 组织结构

"自治行动"的主要机关是代表大会、成员普遍调查和所有小组协商。如果这三个机关之一做出的决定不符合宣言、组织原则或者"自治行动"的先前做出的决定,那么就修改或者取消宣言、组织原则或者先前的决定。如果主要机关之一的决定"被要求积极履行,少数人有权不服从多数人的决定(缴纳会费除外),但是不应该以自身的行动阻碍决定的执行。如果决定要求克制某种活动,少数人必须服从决定"②。

"自治行动"的代表大会视需要召开,但是至少两年召开一次,如果在两年期间没有进行普遍调查的话。在代表大会上,每个个体的成员和每个地区小组的成员有同等的一票。在代表大会做出决定时,"自治行动"的成员可以有三种方式参加:亲自出席、委托投票或者转寄选票。代表大会通过协商一致做出决定,如果做不到协商一致,则以三分之二的多数票通过为准。代表大会有权为"自治行动"接收新的小组或者接收个人成员。在必要的时候,通过所有小组的协商一致的方式做出决定。任何小组有权坚持通过所有小组的协商一致来解决某一问题,该小组也因此负责与所有其他小组的沟通,以便获得它们的意见。只要所有的小组表示同意某个决定草案,该决定就被认为得到通过,然后由发出倡议的小组把结果通报给所有小组和联络委员会。另外,也可以通过所有小组的协商一致来接

---

① «Постановление "О сотрудничестве с авторитарными группами"» (http://avtonom. org/index. php/%D0%9F%D0%BE%D1%81%D1%82%D0%B0%D0%BD%D0%BE%D0%B2%D0%BB%D0%B5%D0%BD%D0%B8%D0%B5_%22%D0%9E_%D1%81%D0%BE%D1%82%D1%80%D1%83%D0%B4%D0%BD%D0%B8%D1%87%D0%B5%D1%81%D1%82%D0%B2%D0%B5_%D1%81_%D0%B0%D0%B2%D1%82%D0%BE%D1%80%D0%B8%D1%82%D0%B0%D1%80%D0%BD%D1%8B%D0%BC%D0%B8_%D0%B3%D1%80%D1%83%D0%BF%D0%BF%D0%B0%D0%BC%D0%B8).

② «Как провести собрание группы», «Ситуация» No. 5 (http://avtonom. org/index. php/%D0%9A%D0%B0%D0%BA_%D0%BF%D1%80%D0%BE%D0%B2%D0%B5%D1%81%D1%82%D0%B8_%D1%81%D0%BE%D0%B1%D1%80%D0%B0%D0%BD%D0%B8%D0%B5_%D0%B3%D1%80%D1%83%D0%BF%D0%BF%D1%8B).

收新的小组或者新的个体成员。

在两次代表大会和两次代表会议召开之间的时期组建"自治行动"的联络委员会。联络委员会不具有权力，联络委员会负责统计成员的人数、对例行的代表大会或者普遍调查进行准备、在地区小组之间沟通信息、负责保管"自治行动"的经费并对经费使用情况进行监督。

"自治行动"不允许政党、极权主义的组织和团体以及以夺取国家权力或者其他政治权力为目标的组织的成员加入。"自治行动"没有正式的领袖，非正式的领袖是"自治行动"的小组中的最积极的成员。

2. "不与普京一起的人"

"不与普京一起的人"（Идущие без Путина，简称"ИБП"）由圣彼得堡的一些大学生于2005年1月5日在圣彼得堡成立，由在圣彼得堡和莫斯科的一群积极分子组成，其中个别成员曾是原先的亲政府的青年政治组织——"一起的人"的成员。"不与普京一起的人"的第一任领袖是圣彼得堡的大学生米哈伊尔·奥博佐夫。这一组织在成立之初一度非常活跃，但很快就归于平寂了。

圣彼得堡的"不与普京一起的人"加入过圣彼得堡的"捍卫"和圣彼得堡的"彼得堡的公民抵抗"（Петербургское гражданское сопротивление）。莫斯科的"不与普京一起的人"曾经与莫斯科的"捍卫"进行过合作，在"不与普京一起的人"的在莫斯科的领导人多布罗霍托夫退出"不与普京一起的人"之后，莫斯科的"不与普京一起的人"集体加入了莫斯科的"捍卫"。

（1）主要活动

圣彼得堡的大学生米哈伊尔·奥博佐夫在2005年1月14日向俄罗斯媒体宣布了"不与普京一起的人"的成立。① 奥博佐夫在当晚接受грань.ру网站的采访时说，挂在народ.ру免费服务器上的该组织的网页无法打开，而且该组织的电子信箱也打不开，奥博佐夫认为，实际是克里姆林宫破坏了该组织的网站："有三四个成员是从'一起的人'转到我们

---

① http://www.lenizdat.ru/cgibin/redir?1=ru&b=1&i=1029075.

这边的，他们是我们的组织的积极分子。我们的积极分子大约有 10 个人。还有大约 90 个青年人在看到我们散发的传单后表示支持我们的组织和准备上街游行。我不知道，'一起的人'的前成员会不会走上街头，他们可能害怕暴露他们的面孔、害怕挑衅，因为'一起的人'的领袖亚克缅科已经号召把我们关进监狱。现在网站被摧毁了，我不知道，以后还会有什么压力。"①

2005 年 1 月，"不与普京一起的人"参加了"彼得堡的公民抵抗"组织的反对取消福利的抗议行动。2005 年 2 月 6 日，"不与普京一起的人"在莫斯科成立了分部，莫斯科分部的领导人是莫斯科的大学生罗曼·多布罗霍托夫，该组织宣布，成立分部也是对俄罗斯当局取消直接选举地方长官的抗议。②

2005 年 2 月 12 日，在"统一俄罗斯"党在圣彼得堡举行的支持普京和支持福利货币化的集会上，"不与普京一起的人"和"青年'亚博卢'"的积极分子展开了写着"克里姆林宫的独裁万岁！"的横幅，国家布尔什维克党的积极分子则散发"彼得堡的公民抵抗"的传单，同时他们还高喊："不要改革！""福利给人民！"等口号，他们还向"统一俄罗斯"党的圣彼得堡分部领导人、圣彼得堡市立法会议主席瓦季姆·秋利帕诺夫扔雪球。国家布尔什维克党的 9 名积极分子、"不与普京一起的人"的领袖奥博佐夫以及"圣彼得堡的'亚博卢'青年联盟"的领袖亚历山大·舒尔舍夫随即被警察拘捕，并被法庭判处罚款。

2005 年 2 月 24 日，"不与普京一起的人"的莫斯科分部的领导人罗曼·多布罗霍托夫和"莫斯科的青年'亚博卢'"的领导人伊利亚·亚申宣布成立"拥护民主原则的青年反对派"，他们签署了《拥护民主原则的青年反对派的宣言》的合作协议。多布罗霍托夫出席了 2005 年 3 月 12 日举行的"捍卫"的成立会议。2005 年 3 月 27 日，"不与普京一起的人"的莫斯科分部的两名积极分子向吉尔吉斯斯坦驻莫斯科大使馆祝贺了"郁金香革

---

① ""Идущим без Путина" закрыли сайт», «Грани. ру» от 14 января 2005 г.

② «Молодёжное движение "Идущие без Путина" создало отделение в Москве», «ИА REGNUM» от 07 февраля 2005 г. (http://www.regnum.ru/news/402930.html).

命"的胜利,他们将一束黄色的郁金香送给了使馆的一名工作人员,将其余几束郁金香花束放在了使馆馆舍的墙旁。①

应白俄罗斯的联合公民党的邀请,"不与普京一起的人"的几名积极分子参加了2005年4月26日在白俄罗斯首都明斯克举行的由白俄罗斯的政府反对派组织的每年一度的"切尔诺贝利大道"反政府游行示威。

2005年5月5日,莫斯科的"不与普京一起的人"的领袖罗曼·多布罗霍托夫宣布退出"不与普京一起的人"和着手成立他自己的青年政治组织:"我们"。

"不与普京一起的人"的领袖奥博佐夫在"我们的人"2005年5月14日在圣彼得堡市的战场广场举行的支持普京的集会上,点着了印有"我们的人"的标志的T恤衫,并且高呼:"'我们的人'行不通!""打倒'我们的人'!"

2005年6月5日,"不与普京一起的人"的圣彼得堡分部、"圣彼得堡的'亚博卢'青年联盟"和"士兵母亲委员会"(Комитет солдатских матерей)共同举行了抗议集会,抗议法庭对米哈伊尔·霍多尔科夫斯基和普拉东·列别杰夫做出的判决,集会参加者高喊:"给政治犯自由!""打倒警察国家!""普京,自己走开!""想生活在专政里,就相信检察院!"等口号,集会者还在集会处竖立了一块写着"俄罗斯司法。1980年代末—2005年5月31日"的墓碑。②

在2005年6月13日召开的"莫斯科的'捍卫'"的全体会议上,"不与普京一起的人"的积极分子辛格尔被选进"莫斯科的'捍卫'"的联络委员会。

(2)纲领主张

"不与普京一起的人"没有纲领,它只有《宣言》和面向大学生的一份《呼吁书》。它的《宣言》宣布:

---

① "Идущие без Путина" поздравили сотрудников посольства Киргизии в Москве с победой революции",《Эхо Москвы》от 27 марта 2005 г. (http://echo.msk.ru/news/239536.html).

② "В Санкт-Петербурге установили надгробную плиту российскому правосудию",《ИА REGNUM》от 05 июня 2005 г. (http://www.regnum.ru/news/465366.html).

"①我们是自由的人,我们想生活在自由的国家里。我们不需要革命,我们反对屠杀和暴力。

②我们没有时间做政治游戏——谎言和伪善不适用于我们。

③我们想做有修养的人,而不是军队里听使唤的奴隶。

④我们想获得真实的信息,而不是国家公关人员的宣传。

⑤我们不需要沙皇和领袖——我们自己决定自己的命运。

⑥我们不是扑灭暴力,我们拒绝暴力。"①

在"不与普京一起的人"给大学生的《呼吁书》中写道:

"大学生们!

当局每天都在欺骗我们。

他们跟我们说,给大学生的福利不会被取消。可实际上大学生乘坐公共交通工具的费用涨了几乎三倍。

政权党已经在准备取消在大学里学习的大学生的一切延期服役。

当局控制的法庭宣告佩戴军官肩章的、折磨参加军训的孩子的人渣无罪。

在军队里,老兵欺侮新兵的事情是家常便饭,我们的朋友已经对遭到戏弄习以为常。我们的兄弟在谁也不需要的战争中被用作炮灰。

在我们对国家电视频道的宣传'信以为真'的时候,特工机关还会漏掉多少个'别斯兰事件'?

他们使我们不能沉默。

我们为了保卫我们的权利和自由而联合起来。

我们对极权主义的国家说'不'!

我们对自由的俄罗斯说'是'!

---

① «Манифест движения "Идущие без Путина"» (http://thechechenpress.com/archive - 2005 - year/1520 - % D0% B8% D0% B4% D1% 83% D1% 89% D0% B8% D1% 85 - % D0% B1% D0% B5% D0% B7 - % D0% BF% D1% 83% D1% 82% D0% B8% D0% BD% D0% B0 - % D0% BE% D1% 82% D0% BA% D1% 80% D1% 8B% D0% BB% D0% B8 - % D0% BC% D0% BE% D1% 81% D0% BA% D0% BE% D0% B2% D1% 81% D0% BA% D0% BE% D0% B5 - % D0% BE% D1% 82% D0% B4% D0% B5% D0% BB% D0% B5% D0% BD% D0% B8% D0% B5. html) .

成为青年抵抗的积极分子！解除俄罗斯身上的枷锁！"①

(五) 生态主义青年政治组织

生态主义青年政治组织虽然结构松散，但是它们在俄罗斯的群众当中颇具号召力，主要有"暴风雨"、"彩虹卫士"等。当前在俄罗斯，随着人们、尤其是青年人环保意识的提高，生态主义青年政治组织的影响力有所扩大。

1. "暴风雨"

"'公民的共同绿色抉择'全俄罗斯运动"（Всероссийское движение "Гражданская Объединённая Зелёная Альтернатива"，简称"ГРОЗА"②），也称为"'暴风雨'公民的行动运动"（Движение гражданских действий "Гроза"），是生态保护和人权保护方向的青年政治组织，2005 年 1 月 23 日在沃罗涅日州的首府沃罗涅日市举行了"'公民的共同绿色抉择（暴风雨）'全俄罗斯公民的行动运动"[Всероссийское движение гражданских действий "Гражданская Объединённая Зелёная Альтернатива（ГРОЗА）"]的成立会议，在成立会议上宣布，该组织的自身活动建立在生态公平和社会公平的原则、性别平等的原则、《世界人权宣言》的原则、抵制极权主义趋势的原则、抵制排外倾向和其他形式的歧视的原则的基础之上。③ 领导人（共同主席）是阿列克谢·科兹洛夫和维多利亚·格罗莫娃。"暴风雨"没有纲领。"暴风雨"由存在于沃罗涅日、莫斯科、克拉斯诺达尔、顿河畔罗斯托夫的一些积极分子群体组成，没有清晰的组织结构。

2005 年年底，"暴风雨"的积极分子参加了名为"保卫非商业组织的统一行动日"的示威请愿行动，抗议俄罗斯国家杜马通过关于强化政府对非商业组织和其他社会组织的控制的法案——《对俄罗斯联邦某些法律条文的修订》。在国家杜马 11 月 23 日一读审议该法案时，"暴风雨"、"生态保护！"（Экозащита！）和"坐标系"青年人权保护小组（молодежная

---

① «Обращение к студентам» (http://noputincom.livejournal.com/559.html#cutid2).
② ГРОЗА 正好是俄语中的单词——гроза（暴风雨）。
③ «Движение Гроза» (http://hrdom.hrworld.ru/dvizhieniie-groza).

правозащитная группа "Система координат") 等的积极分子在国家杜马大楼前举行了未经当局批准的抗议示威。2005 年 12 月 14 日,弗拉基米尔州首府弗拉基米尔市的"暴风雨"、"青年人权保护运动"(Молодежное правозащитное движение)、"坐标系"青年人权保护小组等组织的积极分子在该市举行了名为"宪法需要修改"的抗议行动,反对当局强化对于非商业组织的立法,他们在《宪法》上标出在强化对于非商业组织的控制的法律被批准的条件下就成为一纸空文的那些《宪法》条款,然后把做出这样标记的《宪法》寄给了普京总统。

2006 年 4 月 1 日,"暴风雨"、"生态保护!"、"社会生态联盟"(Социально-экологический союз)、"自治行动"、"'我思考'大学生联盟"和"反管道者"倡议小组(инициативная группа "Люди против трубы")等组织的 100 多名积极分子在莫斯科市举行了名为"东西伯利亚—太平洋"的集会请愿行动,抗议修建穿过贝加尔湖水源保护带的石油输送管道,要求保护贝加尔湖,据报道,大约 20 名该请愿行动的参与者被警察拘留。① 同一天,"暴风雨"的代表还参加了在莫斯科市的麻雀山上举行的呼吁保护贝加尔湖的集会。2006 年 5 月 27 日,"暴风雨"的积极分子在该组织的共同主席之一阿·科兹洛夫的率领下,在莫斯科市举行了未经当局批准的表示"与同性恋者团结在一起"的游行示威,但是该游行示威实际上半路夭折,被同样没有得到莫斯科市政府批准的男同性恋者的当日的游行所取代。2006 年 7 月 14—16 日,"八国峰会"在圣彼得堡举行期间,"暴风雨"参加了由左翼人士组织的"反峰会"——"俄罗斯社会论坛"。7 月 16 日,警察驱散了聚集在"八国峰会"举办场所外面的抗议示威人群,"暴风雨"的积极分子伊万·尼年科(伊万·尼年科是对抗议行动的参加者提供免费法律援助的"暴风雨"的法制安全小组的成员)在内的一些示威者被警察拘捕。

"暴风雨"在 2006 年 12 月和"青年人权保护运动"签署了《关于反

---

① «В Москве задержаны более 20 участников акции в защиту Байкала», «ИА REGNUM» от 01 апреля 2006 г. (http://www.regnum.ru/news/616567.html).

法西斯主义和抵制排外倾向的声明》,《声明》指出,"反法西斯主义是公民应有的原则性的立场"①。"暴风雨"在克拉斯诺达尔的地区组织的积极分子 2006 年 12 月 17 日举行了反对在索契国家公园地域内建设冬季奥运会设施的抗议行动。② 2008 年 2 月 1—14 日,"暴风雨"的共同主席之一阿·科兹洛夫与"青年人权保护运动"、"接班"、"联合公民阵线"、"自由激进主义者"(Свободные радикалы)等组织的一些积极分子一起,举行了声援前尤科斯公司副总裁瓦西里·阿列克萨尼扬,要求将其释放的绝食行动,要求在医生报告阿列克萨尼扬的健康状况允许其出庭之前暂时中止诉讼。绝食行动在 2 月 14 日结束,阿列克萨尼扬被转入了民用医院进行治疗,参加绝食的总共有 14 人。③

2. "彩虹卫士"

"彩虹卫士"激进生态主义运动(Радикальное экологическое движение "Хранители Радуги")是以青年为主要成员的激进的无政府生态主义组织,它的成立可以追溯到尚是苏联时期的 1989 年,没有正式的领袖。"彩虹卫士"的活动的发端,是 1989 年 8 月 5 日开始展开活动的、在恰帕耶夫斯克市自发组建的、反对该市的从事化学武器销毁的工厂开工的生态抗议营地。在抗议营地的参加者中,除了生态主义者和一些社会组织人士之外,还有不少当地居民。抗议者们不断地举行群众性的大规模抗议集会,最终迫使苏联政府在 1989 年 9 月初取消了该工厂的开工计划。④

在 1996 年 5 月在莫斯科举行的"彩虹卫士"的代表会议上,通过了类似于该组织的章程的一项决议——《关于"彩虹卫士"国际激进生态主义运动(无政府生态主义运动)的基本活动原则》,该决议实际确认了

---

① «Правозащитники-против ксенофобии и спекуляций на национальной идее и антифашизме» (http://zaprava.ru/content/view/614/40/).

② «В Краснодаре прошла акция против строительства олимпийских объектов на территории Сочинского национального парка», «ИА REGNUM» от 18 декабря 2006 г. (http://www.regnum.ru/news/krasnodar/756557.html).

③ «В Москве пройдет пикет и голодовка в защиту Василия Алексаняна» (http://www.news-ru.com/rossia/29jan2008/piket_alex.html).

④ Сергей Фомичёв: «Партизаны природы», «Газета "Хранители Радуги"», 1997 г., No. 10.

"彩虹卫士"没有清晰的组织结构和它不参加任何选举运动。① "彩虹卫士"在莫斯科和在俄罗斯的一些地区（梁赞州的卡西莫夫市、斯维尔德洛夫斯克州的叶卡捷琳堡市、下诺夫哥罗德州的下诺夫哥罗德市）举行了反对法西斯主义、反对军国主义的抗议行动，举行了要求保护俄罗斯的艾滋病病毒感染者的社会权利的集会和请愿活动。现在在莫斯科市和在俄罗斯的一些地区（克拉斯诺达尔边疆区、罗斯托夫州、梁赞州、斯维尔德洛夫斯克州、下诺夫哥罗德州、圣彼得堡市）存在它的积极分子群体。

（1）主要活动

在1993年7—8月，"彩虹卫士"和其他的生态保护组织一起组织了反对取消"萨马拉岬角"国家公园的抗议营地，要求关停在该国家公园地区开办的采石场。

在1994年9月，"彩虹卫士"的几名积极分子在俄罗斯总统办公厅的楼前举行了要求安全地销毁化学武器的请愿行动，他们用手铐把胳膊互相铐在一起，所有参加者都被警察拘捕，直至次日才被释放。

从1995年8月9日至9月9日，"彩虹卫士"在克拉斯诺达尔边疆区的哥萨克村镇——塔曼镇组织了反对在靠近该镇的地方建设液化烃出口基地的抗议营地，来自俄罗斯和乌克兰的约30名"彩虹卫士"的积极分子参加了该抗议行动。在抗议行动期间，有部分积极分子遭到了工地保安的殴打，并被扭送到了当地的警察局，被处以行政拘留。

1996年"彩虹卫士"的积极分子组织了反对建设穿过"瓦尔代"国家公园的"圣彼得堡—莫斯科高速公路干线"的抗议行动。1998年5月中旬，根据俄罗斯总统的命令该工程被停止建设。"彩虹卫士"的积极分子在1996年和1997年举行了反对在罗斯托夫建设核电站的抗议行动。1997年3月25日，"彩虹卫士"的积极分子在德国西门子公司驻莫斯科代表处前举行示威，抗议该公司在俄罗斯恢复建设由于危险性而被中止建设的原子能反应堆。在1997年6月底—7月初，"彩虹卫士"与"社会生态联

---

① «Резолюции "Об основных принципах деятельности международного радикального экологического движения (анархо-экологического движения) "Хранители Радуги"» (http://tw2000.chat.ru/k01.htm).

盟"、"库班无政府主义者联盟"（Федерация анархистов Кубани）一起组织了反对在黑海沿岸建设炼油厂的抗议行动。在 1998 年 8 月，"彩虹卫士"的积极分子在梁赞州组织了反对在该州建设破坏生态环境的无线电废金属加工厂和化铁炉的抗议行动。

1999 年 8 月，俄罗斯和乌克兰的几十名"彩虹卫士"的积极分子以及来自白俄罗斯、捷克、芬兰和德国的生态主义者在梁赞州组织了要求已经投产的无线电废金属加工厂立即停工的抗议营地，抗议者们要求关停危害生态环境的生产，要求当局放弃建设无线电废金属加工厂的计划，要求拆除非法安装的工厂生产设备。身着迷彩服的不明身份者和废金属加工厂的保安多次袭击了抗议营地，殴打露宿在营地的抗议者。1999 年 6 月初—8月底，"彩虹卫士"的积极分子在萨马拉州组织了反对取消"萨马拉岬角"国家公园的抗议营地。

2000 年 1 月 29 日在莫斯科、2 月 23 日在下诺夫哥罗德，"彩虹卫士"举行了反对车臣战争和要求释放"自由"广播电台的记者安德烈·巴比茨基的游行示威活动。

2001 年 7 月 18 日—8 月 30 日，"彩虹卫士"在乌德穆尔特共和国的沃特金斯克市组织了反对在该市建设固体燃料导弹发动机的回收利用综合体的抗议营地，该抗议营地在 2001 年 8 月 30 日被当局取缔。

"彩虹卫士"的成员参加了 2001 年 9 月 20 日在莫斯科举行的反对建设水下天然气输送管道的抗议行动。2001 年 9 月 23 日，"彩虹卫士"、"自治行动"和"社会生态联盟"的积极分子在克拉斯诺达尔边疆区的格连吉克市举行了反对建设水下天然气输送管道、要求保护黑海的游行示威活动，约 40 人参加了这一游行示威。① 2002 年 8 月 6 日至 9 月初，"彩虹卫士"、"自治行动"和"社会生态联盟"的积极分子以及一些当地居民在克拉斯诺达尔市组织了反对在克拉斯诺达尔边疆区的塔曼半岛建设制氨厂的抗议行动。"彩虹卫士"的积极分子在 2003 年 8 月组织了反对在罗斯托夫州的

---

① «Краснодарский край. В Геленджике милиция разогнала шествие протеста против строительства газопровода "Голубой поток"», «REGIONS. RU» от 24 сентября 2001 г. (http://www. regions. ru/news/633540).

亚速市建设甲醇厂的抗议营地，抗议示威者一度将罗斯托夫—克拉斯诺达尔公路封锁了数小时之久。

2003年10月8日，"彩虹卫士"的积极分子以及"社会生态联盟"、"青年'亚博卢'"的一些成员一起在国家杜马大楼前举行了反对国家杜马二读审议允许森林私有化的《森林法》草案的抗议行动，国家杜马议员、"亚博卢"党副主席谢尔盖·米特罗欣也参加了该抗议行动。2003年11月，"彩虹卫士"的积极分子针对对于允许从国外运进核废料并在俄罗斯进行填埋投了赞成票的国家杜马议员，举行了抗议行动。

2004年3月31日，"彩虹卫士"的积极分子参加了"亚博卢"党组织的在国家杜马大楼前举行的抗议国家杜马通过《集会、示威、游行和请愿法》的集会行动，该法律严格规定了允许进行这类行动的程序，在一读时该法律的草案还规定禁止在国家政府机关驻地附近和在生态危险性设施附近进行此类行动。

2004年6月2日，"彩虹卫士"的积极分子参加了未被当局批准的由俄罗斯联邦共产党和"亚博卢"党组织的抗议《公决法》的集会行动，反对该法律取消了除政府之外的其他任何人或者组织发起公决的可能性。

"彩虹卫士"的积极分子2005年12月18日参加了"亚博卢"党、"正义力量联盟"、"联合公民阵线"组织的以自由主义知识分子为主体的反法西斯主义游行示威。

"彩虹卫士"、莫斯科大学的"大自然保卫队"（Дружина охраны природы МГУ）、"集体行动"研究所、"自治行动"以及"反对2014年索契冬奥会"联盟（коалиция "Против Олимпиады – 2014 в Сочи"）在2007年7月3日试图在莫斯科举行反对在索契举办冬奥会的抗议行动，但是抗议行动被警察驱散。①

2007年7月14日，"彩虹卫士"、"自治行动"和"贝加尔生态浪潮"以及一些独立的生态主义者和无政府主义者共同组织的反对在伊尔库茨克

---

① Д. Фрунзе: «Милиция разогнала в Москве "антиолимпийский пикет" и арестовала человека, похожего на Путина», «Новый регион» от 03 июля 2007 г. (http://www.nr2.ru/moskow/127094.html).

州的安加尔斯克建设国家核废料储存库的抗议营地开始活动。2007年12月6日，"彩虹卫士"、"自治行动"、"莫斯科激进艺术家联盟"和一些无政府主义者在俄罗斯原子能部前面举行抗议活动，反对在伊尔库茨克州的安加尔斯克建设浓缩从国外运进的铀废料的国际铀浓缩中心。①

2008年1月23日，一艘装载着放射性废料的德国轮船抵达圣彼得堡港码头，这些放射性废料随后将被运抵斯维尔德洛夫斯克州的新乌拉尔斯克进行处理。当日，"彩虹卫士"和"自治行动"的积极分子在德国驻莫斯科大使馆前举行了反对运进放射性废料的抗议行动，大约30名抗议者展开写着"你们的废料我们不需要！""不许运进废料！"等内容的标语，并且高喊"欧盟可耻！""乌拉尔不是核垃圾场！"等口号，抗议示威者还在使馆前放置了象征装着放射性废料的装满垃圾的5个大垃圾袋。②

（2）纲领主张

"彩虹卫士"没有纲领。它曾经与"社会生态联盟"一起制定了名为《封锁》（又名《抉择的人类》）的纲领性文件，该文件反映了作为"彩虹卫士"的活动基础的生态保护思想和无政府主义思想：生态教育、保护居住环境、建立没有国家参与的自治社会，等等。

"彩虹卫士"的目标是："扩大个性自由的领域和个性责任的范围，扩大自由联合的范围和地区性群落的范围。建立一个自治的、独特的、独立的、以地方自治为基础的、由不进行相互的经济扩张或者政治扩张的群落联合在一起的人类社会，这样的群落将不得不爱惜自身的居住环境。""彩虹卫士"的纲领性任务是："支持和发起经济的、文化的和其他方面的自治（例如生态村落、公社、合作社等）。保护少数民族的权利。促进地方自治，支持各种形式的区域性自治。支持建立自由联合，支持建立取代全球资本主义体系的地方群落网。同跨国公司、国有部门性公司（例如俄罗斯联邦原子能部）、自然垄断（例如天然气工业公司）、金融寡头组织进行

---

① 《Анархисты украсили забор Росатома бочками с "радиоактивными отходами"》（06 декабря 2007 г.）（http://www.civitas.ru/news.php?code=3981）.

② 《В Москве прошла акция протеста против ввоза в Россию радиоактивных отходов из Западной Европы》（23 января 2008 г.）（http://www.civitas.ru/news.php?code=4233）.

斗争，同它们的国际联合（例如国际原子能机构、世界贸易组织、国际复兴开发银行或者国际货币基金组织）进行斗争。"彩虹卫士"主张生态教育，认为"必须彻底改造社会，以对生活的创造性态度取代消费性态度，以精神价值取代物质价值"。"彩虹卫士"认为实现其纲领性目标的手段是："直接行动的抗议活动，研讨会、会议、讲座，倡议和支持在各地的活动，文化措施（音乐会、文化节、展览会等），出版宣传活动（包括通过电子媒体和互联网进行的活动），研究活动（社会学、文化学、历史学等）以及加入地方自治机关和发起成立地方自治机关。"①

第四节 对"颜色革命"以来的俄罗斯青年政治组织的评析

在原苏联地区发生"颜色革命"之后，俄罗斯青年政治组织相当活跃地登上了历史舞台，但随着"颜色革命"威胁的远去，这些青年政治组织也逐渐归于寂静。亲政府青年政治组织是当局在"颜色革命"的非常时期大力支持组建的，随着"颜色革命"形势的变化，这些组织也逐渐失去了支持而不再活跃。左翼和右翼的青年反对派组织不仅受到政府的打压，同时在所拥有的人力资源、物质资源上远远不及亲政府的青年政治组织，这些青年政治组织的发展就面临着更多的压力和困难。

一、关于亲政府的青年政治组织

总体来看，亲政府的青年政治组织有着共同的特点，主要表现在：第一，它们的宣言都体现着反对政府的反对派的性质：反法西斯主义（政府反对派中的自由主义者也被包括在法西斯主义之内）、同"橙色威胁"做斗争。第二，青年参加这些组织的动机上的一致性：指望飞黄腾达、获得广泛的发展机会。参加这些组织的青年的动机明显地主要具有自私性，从动机来讲，意识形态成分是次要的或者是装饰性的。第三，具有引人注目

---

① «Программа СоЭС "Локализация". Другие названия программы: "Локальные инициативы", "Движение против глобализации", "Альтернативное человечество". » (http://rk. narod. ru/lokal. html).

的进攻性:亲政府的青年政治组织都表现出强烈的进攻性,这首先就在它们的名称上表现出来。例如,"我们的人"的名称本身就暗指存在"不是我们的人",实际就是暗指存在"敌人"——也就是那些从国外得到资助的组织,这些组织就应当是为了维护现有制度而"适用暴力"的主要对象。这些亲政府的青年政治组织往往故意引人注目地"保卫"俄罗斯现在的国家领导人。第四,亲政府青年政治组织的活动受到克里姆林宫的控制。对于克里姆林宫而言,建立青年政治组织,主要是维护现政权的需要。政府是在可控制的范围内建立对青年人的动员体系。吸引青年的着重点就是给青年创造享用某种资源、进入升迁阶梯、成就事业的实现自我的机会。

从亲政府青年政治组织的这些特点可以看出,它们是当局在"颜色革命"这样的非常时期,为了制约和抗衡亲西方的力量而采取的一种预防性措施。如果"颜色革命"的威胁消失,这些组织一定会受到影响。事实也的确如此。在2008年俄罗斯总统选举之后,当局对这些组织的需要度明显减弱。俄罗斯政治学学者斯坦尼斯拉夫·别尔科夫斯基指出:"随着'橙色威胁'的神话被铲除,对这些担负强力抵抗的队伍(亲政府的青年政治组织)的需要也在消失……当权的阶级不打算让在其之外的任何人进入到关键位置:无论是青年人还是年长者,总之无论外部的任何人",但是"仍然还会需要亲政府的青年政治组织在街头'巩固'现政权在选举中的'胜利'"。①

"青年'亚博卢'"的领袖伊利亚·亚申认为,"这些(亲政府青年政治)组织的积极分子已经感到了失望。最成功地表现了自己的那些人员得到了安排。②

---

① «После выборов молодёжные организации оказались никому не нужными», «Новые известия» от 22 января 2008 г.

② 截至2008年年初,亲政府的青年政治组织的领导成员中的七个人在俄罗斯的中央国家机关中获得了位置。"我们的人"的前领袖瓦西里·亚克缅科担任了联邦青年事务署的首脑;瓦西里·亚克缅科的兄弟鲍里斯·亚克缅科进入了俄罗斯联邦社会院;"青年近卫军"的联络委员会主席安德烈·图尔恰克到联邦委员会就职,另几个人是在国家杜马得到了位置:"青年俄罗斯"的领袖马克西姆·米先科、"我们的人"的联邦委员会书记谢尔盖·别洛科涅夫、"我们的人"的前新闻秘书罗伯特·施莱格尔、"一起的人"的前领袖之一帕维尔·塔拉卡诺夫(他是从俄罗斯自由民主党的候选人名单被选进国家杜马的)当选为国家杜马议员。(«"Оранжевая угроза" миновала, выборы прошли - молодёжные организации остались за бортом политической жизни» (http://www.newsru.com/rossia/22jan2008/molodnyk.html).)

可'统一俄罗斯'党内的年长同志对于政权干部的'年轻化革命'的许诺,无非是广告式宣传而已",因此,"在被这些组织所利用了的青年当中,一部分会对政治完全失去兴趣,有的则可能甚至加入到反对派的组织当中去"。①

"青年近卫军"和"我们的人"的积极性主要局限于组织支持总统、支持"统一俄罗斯"党的集会和游行。与苏联的青少年的政治社会化的组织——少先队和共青团相比,当代俄罗斯的"青年近卫军"和"我们的人"这样的亲政府青年组织聚合度很低,缺乏政治主体性,缺乏对政权的影响,不能在国家政权机关中代表青年利益,没有进行独立的、长期的政治活动的能力,对青年们的影响并不大。

二、关于共产主义青年政治组织

在俄罗斯存在为数不少的与维克托·丘利金领导的俄罗斯共产主义工人党—革命共产党人党、维克托·安皮洛夫领导的"劳动俄罗斯"等等这样的激进左翼政治组织有着千丝万缕联系的小的青年左翼反对派政治组织。共产主义青年政治组织的突出特点,是普遍号召用革命方式推翻俄罗斯的现政权、建立共产主义社会、恢复苏联。一些组织虽然宣布要走和平道路实现执政,但在内心里也是认可革命的发展道路的。共产主义青年政治组织里的青年是相当激进的,而且常常怀有民族主义情绪。这些青年看不到能够在现有的体制内实现自我的途径。这些组织难以获得作为政党的正式登记,它们的边缘状况和激进状态也使它们得不到社会的明显支持。但总的来说,在当代俄罗斯青年政治组织当中,共产主义青年政治组织是比较有活动能力的街头力量,这些组织由于它们的强大的意识形态动机,而不是由于物质上的动机,使它们成为具有较大影响的街头力量,为了动员它们并不需要很大数目的资金投入。但在俄罗斯,它们被边缘化了,很难受到主流媒体的关注和报道。

---

① «После выборов молодёжные организации оказались никому не нужными», «Новые известия» от 22 января 2008 г.

在俄罗斯，共产主义青年政治组织基本上还处于各自为战的状态，还没有形成统一的力量，这在一定程度上削弱了它们的整体战斗力。它们进行过在组织上联合起来的尝试，2004年年初，"'劳动俄罗斯'的红色青年先锋队"、"俄罗斯联邦共产主义青年团"和"革命共产主义青年团（布尔什维克）"等组织共同成立了"青年左翼阵线"，但是不久之后由于思想分歧这几个组织又先后从中退出，使得"青年左翼阵线"实际上停止了存在。

当前，俄罗斯的共产主义青年政治组织虽然不断遭到当局的打压和封杀，但是仍然在努力积极地活动。它们纷纷表示，要更多地组织街头斗争，要向人民、特别是向广大青年揭露听命和服务于资产阶级的俄罗斯现政府的真实面目，要发动青年学生、青年工人行动起来，组织罢课、罢工，掀起声势浩大的抗议运动浪潮，把现政府赶下台。有的共产主义青年政治组织甚至直接提出进行暴力革命的口号，声言要像列宁当年领导的布尔什维克那样做职业革命家、准备好为了第二次十月革命献出生命，"在'红色青年先锋队'里有许多这样的小伙子，只要发给他们自动步枪，他们会马上就开枪射击"。①

三、关于自由主义青年政治组织

与其他青年政治组织相比，在2005年俄罗斯的自由主义青年政治组织的数量出现了最明显的增长，这与在原苏联地区发生的"颜色革命"的影响不无关系。俄罗斯各种政治力量纷纷开始关注青年，建立青年组织。在争夺青年的形势下，俄罗斯的主要的自由主义政党"正义力量联盟"党和"亚博卢"党加强了自己的青年政策。早先两党各自有青年分部——"青年正义力量联盟"和"青年'亚博卢'"，但无论"青年'亚博卢'"，还是"青年正义力量联盟"，其人数都是相当少的。在2003年的国家杜马选举中，自由主义政党——"正义力量联盟"党和"亚博卢"党失败了，

---

① Виктор Беккер: «Пассионарная арифметика» (http://www.politnauka.org/library/molpolit/bekker.php）.

"正义力量联盟"党曾冀望于再现青年选民1999年那样的支持，但是它的青年战略和青年政策都是模糊不清的。在2003年，该党争取青年选民的主要方法同四年前一样，是组织青年歌舞明星的开放音乐会、该党领导人在音乐会上发表演说。这些音乐会的确吸引了不少青年人，但是已经不能像1999年那样提高青年人对该党的选举支持热情。"亚博卢"党的青年分部也明显具有装饰性质，实际不怎么为公众和青年们所知。直到2005年4月全国性的"青年'亚博卢'"才得以成立。至于"青年正义力量联盟"，在曾经进入国家杜马的各政党的青年组织当中，在自身的知名度或者活跃度上它是最弱的。"正义力量联盟"党在2005年4月试图成立自己的全国性的、新的青年组织，但是并没有能够实现。

为了增强影响力，自由主义的青年政治组织试图联合起来，为此成立了"捍卫"。"捍卫"强调，它是非党的，它的目的不是支持某个政党或者某个总统候选人，而是保障公民的权利和自由、保障诚实的选举、捍卫选举的结果，它的"基本原则是不使用暴力的公民抵抗"，它的"基本手段是直接的公民行动"。可以说，"捍卫"是在俄罗斯成立与乌克兰的"橙色的"青年政治组织相类似的青年组织的尝试。

事实上，"捍卫"并不是非党的，实际上它是"亚博卢"党的组织，"亚博卢"党的青年政治组织——"青年'亚博卢'"是"捍卫"的基干，但是它享有很大的政治自由活动余地，它的政治行动比"亚博卢"党激进得多，不局限于"亚博卢"党的纲领规定的行动范围之内。随着政治形势的变化，随着青年们政治意识的发展，在俄罗斯，在吸引青年方面，与成立跟具体的政党直接联系在一起的青年政治组织相比，更加有成效的是成立与具体的思想联系在一起的组织。

当前在俄罗斯，"捍卫"是最活跃的自由主义政治领域的青年政治组织，"捍卫"的知名度可以与已经被俄罗斯当局取缔的国家布尔什维克党相提并论。"捍卫"积极进行活动，积极反对"普京的制度"。它的"成功"是与有效地利用"捍卫"的品牌紧密联系在一起的。正是在"捍卫"的旗帜下，"青年'亚博卢'"、"青年正义力量联盟"、"没有普京的俄罗斯"、"集体行动"以及其他一些鲜为人知、边缘性的青年组织的青年人代表共同参加街头的抗议行动。这也是由于在当前俄罗斯自由主义者的威信下降的背景下（从2003年至2016年在四届国家杜马选举中，俄罗斯自由主义政党都连续遭到了失败），自由主义青年政治组织不得不选择联合行动，为了摆脱困境而成立某个更新了的、不与体现自由主义思想的那些早先人物有联系的组织。

四、关于民族主义青年政治组织

民族主义青年政治组织常常自诩为"忠诚的爱国主义者"，它们具有自己的特殊特点：它们不反对总统，不承认自由主义，号召复兴"帝国"，具有鲜明的反西方性质，但是它们的意识形态和言论又与官方的完全不同。民族主义青年政治组织和"我们的人"这样的亲克里姆林宫青年政治组织在目标上是一致的：它们的"敌人"相同，它们同样以对抗"橙色分子"为任务。实际上它们的活动要么是得到了克里姆林宫的默许，要么就是得到了按照克里姆林宫的政治利益进行自身活动的政治人物的庇护，它们是"假的反对派"。民族主义青年政治组织的领导人也表示克里姆林宫对他们的活动是支持的，"中央的支持现在已经对'欧亚青年联盟'的资金状况产生了有益的影响"①，民族主义青年政治组织也对"我们的人"抱有好感。"欧亚青年联盟"的精神领袖亚历山大·杜金早就被认为是与克里姆林宫有着良好关系的政治人物。"欧亚青年联盟"这样的民族主义青年组织有其独特的特点和作用：它们面向的是可能不忠诚于克里姆林宫，但是抱有爱国主义思想、支持更加激进的民族复兴思想的青年人，它们可以使用更加激进的政治斗争方法，但不反对现政府和总统。对于克里姆林宫来说，民族主义青年政治组织的"反橙色"的倾向是可以利用的，但是它们的排外性又是为克里姆林宫不能接受的，政权不得不与它们保持一定距离：虽然55%的俄罗斯人在一定程度上赞同"俄罗斯是俄罗斯人的"这一口号，但是无论整个俄罗斯社会，还是精英，都不打算直接支持排外主

---

① Татьяна Становая: «Молодёжные организации в современной России» (http://www.polit-nauka.org/library/molpolit/stanovaya.php).

义的言论。①

总体而言，民族主义青年政治组织的影响是有限的：一方面，为了吸引青年，它们不得不变得激进，但它们又比较弱小，没有足够的力量，因而不得不与没有威望、边缘性的右翼极端主义力量合作；另一方面，它们的立场是不允许批评总统，而主要抨击亲总统的政党、个别政府成员以及提出民族主义的口号和斥骂寡头。民族主义青年政治组织被认为是政府的工具，它们的主张和活动态势也常常使那些本准备与民族主义青年政治组织合作、而又真正激进的青年人，最终宁愿加入反对派。

五、关于无政府主义和生态主义青年政治组织

20世纪80年代末90年代初，无政府主义青年组织在俄罗斯一度非常活跃，在国家的民主化浪潮中扮演了积极的角色，但是随后迅速萎缩。21世纪以来，特别是在"颜色革命"的感染下新出现的无政府主义青年组织，主要是持不同政见的大学生组织，其生存空间非常狭窄，在俄罗斯的社会政治生活中的影响相当有限。而生态主义青年组织虽然结构松散，但是随着当前俄罗斯青年人环保意识的提高，其影响力有扩大之势。

整体上来说，无政府主义青年组织和生态主义青年组织都属于绝对边缘性的组织，它们的成员人数不足以独立地组织有影响的活动，而常常与从左翼到右翼的持各种主张的其他反对派组织协同行动，这就使得它们被湮没于其他组织之中，难以引起社会的广泛注意。

总体上而言，政党的青年分部的影响是衰落的，而形式上独立的青年政治组织的作用则有所增强，这是俄罗斯青年政治组织当前的突出特点，这与20世纪90年代时的情形相反。在2011年12月4日举行的俄罗斯第六届国家杜马选举中，在被登记的、有参选资格的7个政党中，"俄罗斯爱国者"党根本没有青年组织，俄罗斯自由民主党的青年组织实际早在20世纪90年代末就已名存实亡，"正义事业"党宣布成立青年组织——"正

---

① Татьяна Становая: «Молодёжные организации в современной России» (http://www.polit-nauka.org/library/molpolit/stanovaya.php).

义青年",但是并没有在组织上最终建立起来。俄罗斯联邦共产党利用俄罗斯联邦共产主义青年团（尤里·阿福宁所领导的）作为其青年分支，但是没有被司法部登记的文件。原先的俄罗斯联邦共产主义青年团于2004年一分为二之后，登记文件留在康斯坦丁·茹科夫领导的那一派手里，而康·茹科夫领导的那支俄罗斯联邦共产主义青年团参与了"公正俄罗斯"党的青年组织——"俄罗斯青年社会主义者"的成立，该组织从2009年10月起开始存在，但是影响并不大。俄罗斯"亚博卢"联合民主党的青年组织——"青年'亚博卢'——青年民主主义者"和该党本身一样深陷危机之中。"统一俄罗斯"党的"统一俄罗斯的青年近卫军"还保持一定的活动，但是它并不是真正的政治主体，它从事政治活动的影响力也是相当有限的。

经过一番较量，当前，俄罗斯的"橙色的"青年组织的成员人数是不多的，无论是右翼的"青年'亚博卢'"、"民主抉择"、"我们"、"接班"等等，还是从激进的"红色青年先锋队"到实际独立于俄罗斯共产主义工人党—革命共产党人党的"革命共产主义青年团（布尔什维克）"的左翼青年政治组织，它们都只是处于社会边缘青年的小群体而已，难以形成强有力的青年阵线。至于亲普京政府的青年政治组织，比如"我们的人"、"青年近卫军"、"青年俄罗斯"、"地方的人"等，成立它们的主要目的，是为了解决"反橙色的任务"，但是随着"颜色革命"的威胁在俄罗斯日渐消退，它们的存在也就失去了意义，最著名的亲政府青年组织"我们的人"越来越少地出现在报纸的标题里、电视报道的镜头里。

第四章　当代俄罗斯青年政治组织：态势与政策

在 21 世纪之初的时候，俄罗斯的青年一般被认为是绝对不问政治的群体，但是在"颜色革命"之后走上政治舞台的正是青年人，他们自己"睡醒了"？还是什么人把他们"唤醒"了？我们可以看到原苏联地区"颜色革命"的影响，也可以看到普京政府的作用，从当代青年的现实状况可以看到青年政治参与的变与未变。俄罗斯青年政治组织主要以街头政治的方式进行活动，但现实表明，这些组织的影响是十分有限的，它们还没有真正对大多数青年公民产生影响，缺乏稳定的社会支持，不广为青年所知。

第一节　当代俄罗斯青年政治组织的现实态势

很长时期内，俄罗斯的青年大体上是不问政治的，在原苏联地区发生"颜色革命"之后，在"颜色革命"的压力之下，政权开始密切关注青年，但普京时代青年政治组织的状况并没有令人感到特别乐观，广大青年阶层实际上依然远离现实的政治参与，被隔离在关键性的社会经济进程、精神文化进程和政治进程之外，对国家的政治进程没有真正产生影响。

一、俄罗斯青年的政治消极状态

在当代俄罗斯的政治进程中，青年实际上从来没有被看作是国家政治生活的重要参与者。20世纪90年代在俄罗斯，国家同青年保持着距离，青年只是在选举过程中实现一些政党的政治目的的工具，各政党把将青年吸引到自己那边看作一项战略性任务，以增加青年群体的选票，但是，青年们的政治参与积极性极低。

俄罗斯的政党在20世纪90年代中后期开始吸引青年，以拉拢青年选民和在选举运动中让青年们成为"志愿"助手。比如，在国家杜马的例行选举年——1999年，许多政党开始建立自己的青年组织，正是在这一年成立了"青年祖国同盟"和"青年团结"，后来它们联合成了最大的政党"统一俄罗斯"党的青年组织——"统一俄罗斯的青年近卫军"。俄罗斯联邦共产党也看到了党的队伍里中老年人的比重偏大的问题，在1999年2月成立了俄罗斯联邦共产主义青年团［СКМ РФ，2011年2月起改称俄罗斯联邦列宁共产主义青年团（ЛКСМ РФ）］。2000年以来，特别是原苏联地区发生"颜色革命"以来，政权党以及几乎所有政党都对青年们给予了关注，建立和发展了自己的青年政治组织。参加2003年12月的国家杜马选举的所有政党都有自己的青年组织（"统一俄罗斯"党的"青年团结"，俄罗斯联邦共产党的俄罗斯联邦共产主义青年团，俄罗斯自由民主党的"青年自由民主同盟"，"亚博卢"党的"青年'亚博卢'"，等等），但是，系统的青年工作实际上并未开始。

21世纪初，俄罗斯青年依旧大多是不问政治的，俄罗斯的社会学调查表明，即使是单纯的社会活动（不一定是政治性的），总共也只有2.7%的男女青年积极参与。青年人中的政党成员的比例比成年人中的该比例低得多，在18—23岁的青年人中为1.9%，在24—30岁的青年人中为0.9%，而在31—54岁的成年人中为4.3%，在55岁及55岁以上的成年人中为4%。俄罗斯社会学家指出了造成青年的政治消极性的两个基本原因：社会对青年的不信任和青年对政权制度的不信任。在2004年总统大选的选前运动期间，65%的18—23岁的青年表示打算参加总统选举投票，在24—30岁的青年中为69%。但是后来确实参加了总统选举投票的青年比例，在18—23岁青年中为45%，在24—30岁的青年中为56%,① 后来的历次总统大选也大体如此。青年群体参加选举的积极性不大,准备参加选举投票的人比例并不高。俄罗斯青年的特点是政治消极性,他们更多地参与到经济领域之中,而不是政治领域。

二、俄罗斯青年政治组织淡出政治舞台的现实

在原苏联地区发生"颜色革命"之后,当时的普京政府给予了相当的关注,必须采取有效措施防止反对派青年政治组织发挥大的影响,必须消除"橙色威胁"。俄罗斯的莫斯科人文大学在乌克兰发生"橙色革命"之后不久,于2005年5月进行的一项社会调查表明,大约13%的俄罗斯大学生把人生计划的实现与政府的更换联系在一起,② 这是非常高的"暴动指数"。③ 莫斯科人文大学的调查指出,首先应该引起重视的,是表达这种立场的大学生集中在首都莫斯科的大学里,在首都的大学里"暴动者"的比重接近15%,而在莫斯科以外的大学里只有大约8%。同样应该引起重视的,是在公立大学和非公立大学中的"暴动者"的比重:在首都莫斯科分别为15.2%和14.1%,在地方分别为7.9%和8.1%。因此,占"暴动者"的比重最高是莫斯科的公立大学里。鉴于该调查所选取的对象是在首都莫斯科的最大、最有威望的大学(莫斯科罗蒙诺索夫国立大学、俄罗斯国立人文大学、莫斯科国立师范大学、俄罗斯国立管理大学、俄罗斯各民族友谊大学、莫斯科国立国际关系学院)的人文科学各系的大学生,那么结论是显而易见的:首先应该在首都莫斯科的最好的大学里——恰恰得到

---

① «"Молодёжные выборы" в России» (http://library.by/portalus/modules/rushistory/referat_readme.php?subaction = showfull&id = 1233940673&ar.).

② В. А. Луков: «Государственная молодёжная политика: проблема социального проектирования будущего России» (http://www.zpu-journal.ru/gumtech/projection/articles/2007/Lukov/).

③ 根据哈里斯研究所 (Harris Institute) 在1968年春天,也就是在西方的20世纪60年代末的"大学生暴动"即将爆发前获得的数据,在美国的大学生中"激进分子"只占1%—2%。与之平行地进行的、1969年年初完成的另一项调查表明,在美国的所有大学生中,大约13%可以被归入"暴动的青年",在这13%的大学生当中暴力行动的支持者占3.3%,其他则是"虚无主义者"。(参看 Ю. Н. Давыдов: «Эстетика нигилизма: Искусство и "новые левые"», М.: Искусство, 1975 г., с. 62-64。)

国家的最好扶持的大学里寻找抗议情绪。①

可以看到，国际上的"颜色革命"在一定程度上激发了俄罗斯青年对现实政治的关注。与20世纪90年代中后期相比，21世纪初青年一代的社会积极性已经有了很大的提高。2000年以来俄罗斯的青年政治组织进入了崭新的发展阶段，在数量、形式和原则的多样性、纲领目标的多元化上，都形成了新的特点。据调查显示，对一向激进的青年政治组织，例如"红色青年先锋队"、"青年'亚博卢'"等，抱有好感的青年人数量并不多，②但是"橙色革命"以来的现实表明，这种组织的行动相当顽强和机敏，特别是在俄罗斯社会的抗议情绪增长的条件下。俄罗斯政府敏锐地观察到了青年们的情绪，在邻国发生"颜色革命"之后开始加强在实行国家青年政策方面的包括成立亲政府青年政治组织在内的各种措施。

2000年以后，青年政治组织的大规模成立是因为有人需要它们。在叶利钦担任总统的时候，政府在大选时期之外很少考虑青年。从2005年开始，俄罗斯政治反对派借助社会福利货币化改革带来的社会和民众不满情绪以及独联体地区接连爆发"颜色革命"的势头，发动民众进行街头抗议活动，扩大政治影响。政治抗议的活跃也波及了青年。普京政府看到了这些情况，政权开始密切关注青年。普京成为总统之初，克里姆林宫就已经开始关心起政权的青年支持者，划拨了不少资金，成立了青年组织"一起的人"。"一起的人"的成员穿着印有普京头像的T恤衫在街头巡逻，互相炫耀组织免费配发给他们的传呼机，举行消灭作家弗·索罗金的著作这样的喧闹行动——把"不合时宜的作家"的书籍撕碎扔进抽水马桶，他们没有意识到这种行为反倒败坏了政府的声誉。但是他们的克里姆林宫的庇护人清楚地看到了这一点，于是停止了"一起的人"的存在，在其基础上成立了称为"我们的人"的新的亲政府青年组织，仍然是由"一起的人"

---

① В. А. Луков: «Государственная молодёжная политика: проблема социального проектирования будущего России» (http://www.zpu-journal.ru/gumtech/projection/articles/2007/Lukov/).

② 根据俄罗斯科学院社会学研究所2007年对青年进行的调查，这类青年占4%—5%。(Институт социологии РАН: «Молодёжь новой России: образ жизни и ценностные приоритеты. Аналитический доклад», М. : Институт социологии РАН, 2007 г. , с. 87.)

的前领导人——亚克缅科兄弟俩领导。但是这一政治结构的现在的任务已经与过去不同了：同"法西斯主义"做斗争，保卫祖国防止"颜色革命"的威胁，做好抵抗任何"不是我们的人"的思想准备、战斗准备。如果按照"我们的人"的领袖瓦西里·亚克缅科及其克里姆林宫庇护人的说法——"政治反对派只是梦想着怎么使国家陷入革命火焰的泥潭"，那么可以说，青年反对派是——"纵火者"，而亲克里姆林宫的青年组织是——"灭火者"。①

不仅如此，2005年11月，在"统一俄罗斯"党已有的青年组织"青年团结"的基础上成立了新的青年组织——"青年近卫军"。普京政权希望这些组织能够广泛吸引年轻人，成功应对反政府青年组织，在防范"颜色革命"方面发挥重要作用。但是吸引青年参与政治的过程并不成功。在青年对政治不感兴趣、不认可国家的政治生活的参与方式、忙于实际性活动的现实下，政权实际上也并不想真正地激发青年的政治兴趣，只不过是制造可以操控的、可以派遣到需要的方向的青年政治组织。"统一俄罗斯"党吸引青年加入"青年近卫军"的刺激因素之一，是提供多种多样的免费的教育计划、进修班、培训班。2005年4月，"统一俄罗斯"党的领导人建议在该党的国家杜马大选候选人名单中为青年（21—28岁）留出20%的名额。一些青年人之所以加入"青年近卫军"，比较盲目和想为个人捞取好处的动机占据主流。

总体而言，俄罗斯的青年反对派的街头行动的吸引力和影响力是有限的。在乌克兰发生"橙色革命"之后，在俄罗斯反政府抗议成了一种时髦，反对派青年组织高喊反普京的口号，在建筑物外墙上张贴丑化著名政治家的漫画、写上揭露性的标语，挥舞本组织的旗帜，但是并未引起多少人的关注。"政治上积极的青年人在莫斯科市中心烧掉扎成部长们模样的稻草人，向部长们扔生鸡蛋和蛋黄酱"，② 这样的行动具有强烈的进攻性，

---

① Виктор Беккер: «Пассионарная арифметика» (http://www.politnauka.org/library/molpolit/bekker.php).

② Мария Таланова: «Герои вчерашних дней» (http://www.politnauka.org/library/molpolit/talanova.php).

反对派青年的积极分子认为非法的方法是同政权做斗争的可行的方式之一。对于青年组织的行为,有研究者表达了自己的看法。俄罗斯学者亚历山大·塔拉索夫认为,"我不相信,在总统选举的第一轮投票中可能发生舞弊之后,青年会厮打在一起。最真正的左翼青年组织的目标,并不是资产阶级的议会民主,他们做准备的是对他们的选举欺骗。在这方面看不到任何有关乌克兰的'橙色的'经验的欣喜","不可能把青年人按街垒的两边布置好。一部分左翼可能完全回避这场战斗,认为这不是在玩自己的游戏。政府方面将如何动作还不得而知。召集5万人参加某一盛大的支持政权的示威游行是一码事,派他们去反对一个武装着棍棒的群体则是另一码事。我不相信,这些青年人会去那么做。但是'我们的人'和'欧亚青年联盟'可能被用来镇压不一定和选举有关的任何的自发的不满。"①

一些俄罗斯的社会学家和政治学家也认为,现在的俄罗斯青年并没有高度的社会积极性和政治积极性,被政权操纵、利用的青年,不相信自己能够影响政权的决策过程,不打算积极参与政治生活。在青年的政治倾向上、青年对待政权结构以及青年政治组织的态度上,都表现出政治虚无主义。可以说,俄罗斯青年实际仍然是松散的,既没有在思想上、也没有在组织上联合起来。而且,新的青年政治组织主要集中在莫斯科、圣彼得堡、新西伯利亚、叶卡捷琳堡、伏尔加格勒等大城市,它们的成员人数并不很多,主要是中学生、青年大学生、青年知识分子,还没有能够在青年中确立其支柱地位、建立起广泛的社会吸引力。

第二节 当代俄罗斯的国家青年政策概况

在苏联解体的同时,苏联的国家青年政策也解体了。如果抛开意识形态上的分歧,在当代俄罗斯相当多的人都承认,在国家和青年一代之间关系的建设上苏联制度是有效的、有积极作用的,正是因为在这个制度下,

---

① Виктор Беккер: «Пассионарная арифметика» (http://www.politnauka.org/library/molpolit/bekker.php).

公民自幼就被纳入其中，对青年们的发展来说也比较切实有效。"青年——是社会的潜在资源之一，它的活力取决于对它的动员"①，世界上很多国家都意识到必须形成有效的青年政策。那么，当代俄罗斯的国家青年政策的状况如何呢？在原苏联地区发生的"颜色革命"是新的推动俄罗斯政府制定国家青年政策战略的因素，这也再次证实俄罗斯当局对待青年的态度是形势所迫的这一特点。"颜色革命"促使国家政权机关不得不关注青年，开始积极讨论青年问题，特别是在选举运动时期。显然，对俄罗斯来说，应当关注青年、青年运动、特别是青年政治组织的状况，有必要重新思考国家的青年政策。

在俄罗斯，国家青年政策的制定和实施属于最复杂的问题之一。在市场改革的最初年代，国家实际上不再参与这一问题的解决。在社会紧张局势加剧的时期下，一些青年组织在1992年7—8月举行了引发了全社会关注的全国性的抗议行动——"我们想被倾听"，这直接导致叶利钦总统在1992年9月4日接见了主要青年组织的代表和俄罗斯联邦的各联邦区的青年事务委员会的领导人。这一接见的结果，是最终颁布了总统令——《国家青年政策领域的首要措施》②，这是在后苏联的俄罗斯首次以立法形式为青年确定了经济、法律和组织上的具体保障。该总统令提出的国家青年政策的基本方向是：尊重青年的权利，为青年的德智体发展创造条件，为青年提供就业保障以及基本社会服务保障，扶持青年家庭、天才青年、青年组织，支持国际交流。

俄罗斯联邦最高苏维埃借鉴国际法和发达国家的经验，于1993年6月制定的《关于俄罗斯联邦的国家青年政策的基本方向》③，是对1992年的总统令的进一步拓展，明确了国家青年政策的一般原则、目标和实现形

---

① К. Мангейм: «Диагноз нашего времени», М.: Юрист, 1995 г., с. 441–442.

② Указ Президента РФ от 15 сентября 1992 г. No. 1075 «О первоочередных мерах в области государственной молодежной политики», «Собрание актов Президента и Правительства РФ», No. 12, ст. 924.

③ Постановление Верховного Совета РФ от 3 июня 1993 г. No. 5090-1 «Об основных направлениях государственной молодежной политики в Российской Федерации», «Ведомости Совета народных депутатов и Верховного Совета РФ», No. 25, ст. 903.

式。该决定明确指出,国家青年政策是旨在为青年个体的自我实现,为青年组织、青年运动和青年倡议的发展,创造法律条件、经济条件和组织条件的国家活动。明确规定了青年的年龄下限为 14 岁,上限为 30 岁。该决定还特别规定,各级政权机关必须在其预算资金中为国家青年政策框架内的措施和项目(支持青少年社会组织,支持对特殊青年的社会援助计划,等等)拨付资金。

为国家与青少年组织之间的相互关系规定细则的基本法律文件,则是 1995 年通过的《关于国家支持青少年社会组织》①的联邦法律,该法律规定了国家对青少年社会组织进行支持的一般原则和形式。但是,2004 年 8 月 22 日通过的第 122 号联邦法律(No. 122 – ФЗ)对其做了全面修订,使得该法律规定的细则只具有宣言性质。由于普京政府实行的福利货币化政策,国家以联邦预算资金或预算外资金的专用财政拨款形式对青少年组织的支持措施失去了效力,第 122 号联邦法律实际免除了国家为青少年组织提供优惠条件、拨付补贴、制定联邦的和跨地区的国家支持计划的义务。

由于在俄罗斯缺乏关于青年的联邦法律,确定国家青年政策在一定时期的基本目标的联邦目标规划[《"俄罗斯青年"联邦目标规划(1994—1997 年)》(Федеральные целевые программы "Молодёжь России" на 1994—1997)、《"俄罗斯青年"联邦目标规划(1998—2000 年)》(Федеральные целевые программы "Молодёжь России" на 1998—2000)、《"俄罗斯青年"联邦目标规划(2001—2005 年)》(Федеральные целевые программы "Молодёжь России" на 2001—2005)]就成为国家青年政策的基本实现机制,其基本目标包括:为国家青年政策的实现奠定法律机制、经济机制和组织机制,为青年公民的成长、培养青年人的公民意识、把青年培养成俄罗斯社会改造的积极参与者、青年的自我实现创造条件。虽然联邦目标规

---

① Федеральный закон от 26 мая 1995 г. No. 98 – ФЗ «О государственной поддержке молодежных и детских общественных объединений»,《Собрание актов Президента РФ и Правительства РФ》, No. 27, ст. 2503. 该法律规定,对于人数不少于 3000 人的青少年组织,"视其活动和所计划的项目的成果"拨付国家补贴。但是由于国家预算资金的不足,当时并没有青少年组织获得所许诺的国家财政拨款。

划得到的财政拨款并不稳定，但是它仍然有力地促进了许多创新机制的采用和一些青年项目的实现，促进了地方的相应的目标规划的通过。比如，在实现《"俄罗斯青年"联邦目标规划（1994—1997 年）》的框架内，全国有超过 15000 个青年家庭获得了住宅，在 1995 年为 100 万青年人提供了就业岗位；通过《"俄罗斯青年"联邦目标规划（2001—2005 年）》，在全国成立了近 2000 个为青年提供社会服务的地区性机构和 1500 余个各种青年俱乐部。

随着俄罗斯国内形势的发展，该规划的目标和任务需要依据政府的预算改革计划加以更新，以保障对该规划内的措施的财政拨款。为此，联邦委员会在 2005 年 4 月建议政府将 2006—2010 年的该目标规划纳入由联邦预算资金拨款的项目的清单内，但是没有被政府采纳，后续的《"俄罗斯青年"联邦目标规划》就此中断。

俄罗斯政府在 2006 年 12 月批准了面向 2006—2016 年的《俄罗斯联邦国家青年政策战略》①，这是关于国家青年政策的基本方向的法规性专门文件。《俄罗斯联邦国家青年政策战略》积极探索实现国家青年政策的有效项目和创新机制，鉴于面临的任务的巨大规模和受到的可利用资源的客观限制，该战略决定在下述优先方向实现国家青年政策：吸收青年参与社会实践，发展青年从事创造活动的积极性，不使生活困顿的青年人脱离社会。在《俄罗斯联邦国家青年政策战略》的框架内运行一系列项目，例如"'新眼光'俄罗斯青年信息网"、"俄罗斯志愿者"、"前途"、"俄罗斯青年家庭"、"'俄罗斯青年'计划"、"俄罗斯公民"等。

2008 年 11 月俄罗斯政府批准的《2020 年前俄罗斯联邦长期社会和经济发展纲要》② 是国家青年政策发展的重要一步，目的是为青年的顺利的社会化、青年的自我实现、发挥青年的潜力、使青年致力于国家的创新发

---

① Распоряжение Правительства РФ от 18 декабря 2006 г. No. 1760-р «Об утверждении Стратегии государственной молодежной политики в Российской Федерации», «Собрание законодательства РФ», No. 52, ст. 5622.

② Распоряжение Правительства РФ от 17 ноября 2008 г. No. 1662-р «Об утверждении Концепции долгосрочного социально-экономического развития Российской Федерации на период до 2020 года».

展创造条件。该纲要指出，国家青年政策是"为国家的创新发展形成必要的社会条件的一个独立的方向"。

俄罗斯联邦政府在 2008 年年末批准的《2012 年前俄罗斯联邦政府活动的基本方向》①是国家青年政策的又一重要文件。该文件规定，必须继续实现《俄罗斯联邦国家青年政策战略》确定的青年政策的优先方向，吸收青年参与制定能够吸引青年参与劳动活动和经济活动的有效模式，发展青年就业交流中心，使体育成为对青年人进行爱国主义培养的方向之一，完善对天才青年的支持体系，继续扩大参加竞赛性措施（职业竞赛、创新竞赛、体育竞赛、科学奥林匹克竞赛）的青年数量，制定发展青年的休闲机构、扩大帮助未成年犯罪人员回归社会的机构的综合性措施，实施对生活困难青年的有针对性的社会援助计划以及预防青年犯罪计划等。但是，俄罗斯的国家青年政策在立法领域和财政经济领域一直遭遇到相当大的阻力，例如，关于青年政策的联邦法律草案的制定缓慢，国家杜马在 1998 年开始审议《关于俄罗斯联邦国家青年政策的基础》的联邦法律草案，该草案在 1999 年得以通过，但是最终总统对该法律草案行使了否决权。

当前，俄罗斯的国家青年政策正在过渡到解决国家安全问题的水平上，根据尚未正式通过的《关于俄罗斯联邦的国家青年政策》的联邦法律草案，②国家青年政策是为了巩固国家安全而实行的优先方向和措施的体系。该法律草案规定，只有"被按照俄罗斯联邦法律规定的程序登记的"、成员中"年龄 14 岁至 30 岁的公民人数不少于 75%"的组织才被承认为"青年社会组织"。该法律草案对于被正式登记的青年组织规定有不少好处：第一，国家将在组织上、信息上、物质上和财政上给予它们支持；第二，这些组织可以使用为青年提供的各种社会服务体系，联邦和地方的反映青年利益的法规将得到完善；第三，该法律草案使得各种形式的对于青年组织的财政支持（吸收预算外资金或者从联邦、地方和地区的预算的直

---

① «Основные направления деятельности Правительства Российской Федерации на период до 2012 года» (утв. распоряжением Правительства РФ от 17 ноября 2008 г. No. 1663 – p).

② Проект Федерального закона No. 428343 – 4 «О государственной молодёжной политике в Российской Федерации».

接资助）合法化。

  俄罗斯独立以来，国家的负责青年政策的联邦机构不断变换制约了国家青年政策的成果的继承性。目前，国家级的青年政策负责机构是隶属于俄罗斯联邦教育和科学部的联邦青年事务署，负责青年事务的地方性机构有 150 多个，基层机构有 4500 多个，在这些机构当中工作着逾 10 万专门人员。[①] 这些机构发挥了一定的积极作用。

  普京时代的俄罗斯青年在社会中的作用在增强，在一些领域，主要是在经济领域，例如小微企业、新技术、银行机构，青年显现了自己的关注和作用。然而，正在成长的青年一代的整体状况并没有得到显著改善。2009 年曾被时任俄罗斯总统梅德韦杰夫宣布为"青年年"，梅德韦杰夫强调，必须发展青年的创造潜力、科学潜力和职业潜力，积极吸引青年参与国家的社会经济改造的实现，培养青年的爱国主义情感和公民责任感。"青年年"的主要成就，是在俄罗斯国内形成了必须解决青年这一特殊的社会群体、人口群体所面临的各种问题的社会舆论。

  总体而言，俄罗斯的国家青年政策取得了一定成就，但是青年领域的现实状况并不乐观，长期以来，青年政策在社会经济领域、精神文化领域以及公民社会的发展问题上都是不够充分有效的。若要增强青年政策的效果和发展青年的社会政治积极性，必须大大增加对青年的财政资源投入，提高参与执行青年政策的国家机关和社会机关的相应活动的协调度。规划青年政策就是规划社会的未来、规划社会发展的未来。在俄罗斯，需要为青年与社会的融合、青年的自我实现、青年组织的发展、青年的主动性的增强而创造法律条件、经济条件和组织条件。

---

  ① В. Н. Тарцан: «Государственная молодёжная политика в современной России», «Политические исследования», 2010 г., No. 3.

参考文献

1. Кичигин А. С. Полёт яблока: невыдуманная повесть-калейдоскоп о "неформалах". М., 1988.

2. Неформальные объединения молодёжи и идеологическая борьба. М., 1988.

3. Формы и методы борьбы с подростковыми неформальными группами. Л., 1989.

4. Левичева В. Ф. Молодёжный Вавилон: размышления о неформальном движении. М., 1989.

5. Молодёжь-89: Общественное положение молодёжи и вопросы молодёжной политики в СССР //Высш. комс. школа при ЦК ВЛКСМ. М., 1989.

6. Громов А. В., Кузин О. С. Неформалы: кто есть кто? М., 1990.

7. Запесоцкий А. С., Файн А. П. Эта непонятная молодёжь…: проблемы неформальных молодёжных объединений. М., 1990.

8. Положение молодёжи в советском обществе: Аналитический отчёт //ВКШ при ЦК ВЛКСМ. М., 1990.

9. Неформалы: кто они? Куда зовут? М., 1990.

10. Пашков М. Ю. Рок…Брейк…Что дальше? Кишинёв, 1990.

11. По неписанным законам улицы ... О неформальных молодёжных объединениях. М. , 1991.

12. Молодёжь России: положение, тенденции, перспективы: Доклад Комитета Рос. Федерации по делам молодёжи //Науч. рук. И. М. Ильинский; Ред. кол. : А. В. Шаронов (рук.) и др. М. , 1993.

13. Молодёжь России: воспитание жизнеспособных поколений: Доклад Комитета Рос. Федерации по делам молодёжи //Науч. рук. И. М. Ильинский, А. В. Шаронов. М. , 1995.

14. Положение молодёжи в Российской Федерации: 1995 год //Гос. ком-т Рос. Федерации по делам молодёжи; Рук. и отв. ред. В. А. Луков. М. , 1996.

15. Молодёжь 97: надежды и разочарования //НИЦ при Ин-те молодёжи; Центр социол. исследований Моск. Гос. ун-та. М. , 1997.

16. Положение молодёжи в Российской Федерации и государственная молодёжная политика: Гос. доклад //Гос. ком-т Рос. Федерации по делам молодёжи; Рук. авт. кол. В. А. Луков, В. А. Родионов; Отв. ред. В. А. Луков, Б. А. Ручкин. М. , 1998.

17. Молодёжь новой России: Какая она? Чем живёт? К чему стремится?: Аналит. доклад по заказу моск. представительства Фонда им. Ф. Эберта // Рос. независ. ин-т соц. и нац. проблем. М. , 1998.

18. Молодёжь Российской Федерации: положение, выбор пути: Основные выводы и предложения Государственного доклада Правительству Российской Федерации //Госкоммолодёжи России; Отв. ред. В. А. Луков, В. А. Родионов, Б. А. Ручкин. М. , 2000.

19. Положение молодёжи и реализация государственной молодёжной политики в Российской Федерации: 2000 - 2001 годы //Минобразование РФ; Отв. ред. Э. Ш. Камалдинова, В. А. Родионов. М. , 2002.

20. Положение молодёжи и реализация государственной молодёжной политики в Российской Федерации: 2002 год //Минобразование РФ;

Отв. ред. Ю. А. Зубок, В. И. Чупров. М., 2003.

21. Пастухов В. Б. Три времени России. Общество и государство в прошлом-настоящем-будущем. М., 2007.

22. Ансберг О. Н., Марголис А. Д. Общественная жизнь Ленинграда в годы перестройки. 1985 – 1991. СПб., 2009.

23. Молодёжь в России. 2010：Статистический сборник //ЮНИСЕФ, Росстат. М., 2010.

24. 曲延明：《俄罗斯红色左翼青年政治组织述评》，载《当代世界社会主义问题》2009 年第 2 期。

25. 曲延明：《当代俄罗斯青年政治组织述评》，载《当代世界与社会主义》2009 年第 5 期。

26. 曲延明：《1985—1991 年：非正式青年组织和苏联共青团的解体》，载《当代世界社会主义问题》2015 年第 2 期。

27. 曲延明：《叶利钦时代的俄罗斯青年政治组织》，载《西伯利亚研究》2015 年第 5 期。

28. 曲延明：《"颜色革命"与 2000 年代俄罗斯青年政治组织的发展》，载《北京青年研究》2016 年第 1 期。

29. 刘明主编：《街头政治与"颜色革命"》，中国传媒大学出版社 2006 年版。

30. 米哈伊尔·杰里亚金：《后普京时代——俄罗斯能避免橙绿色革命吗?》，社会科学文献出版社 2006 年版。

31. 蓝瑛波：《当代俄罗斯青年》，光明日报出版社 2007 年版。

32. 孙壮志主编：《独联体国家"颜色革命"研究》，中国社会科学出版社 2011 年版。

33. 赵常庆主编：《"颜色革命"在中亚——兼论与执政能力的关系》，社会科学文献出版社 2011 年版。

34. http：//www.nashi.su

35. http：//www.molgvardia.ru

36. http：//www.rumol.ru

37. http://www.mestnie.ru
38. http://www.newpeople.ru
39. http://www.akm1917.org
40. http://www.trudoros.narod.ru
41. http://www.rksmb.org
42. http://www.rksm.ru
43. http://www.skm-rf.ru
44. http://www.daprojest.ru
45. http://www.youthyabloko.ru
46. http://www.community.livejournal.com/young_sps
47. http://www.wefree.ru
48. http://www.ndsm.ru
49. http://www.smena.info
50. http://www.oborona.org
51. http://www.partia-nv.ru
52. http://www.rossia3.ru
53. http://www.avtonom.org
54. http://www.noputincom.livejournal
55. http://www.community.livejournal.com/groza_green
56. http://www.hrdom.hrworld.ru